# Laufen mit Lydiard

Arthur Lydiard mit
Garth Gilmour

Arthur Lydiard mit Garth Gilmour

# Laufen mit Lydiard

Meyer & Meyer Verlag

Originaltitel “Running with Lydiard“
Verlag Hodder and Stoughton
Auckland/Neuseeland
© 1983
Übersetzung: Jürgen Schiffer, Erftstadt – Friesheim

Die Deutsche Bibliothek – CIP-Einheitsaufnahme

*Lydiard, Arthur*
Laufen mit Lydiard/ Arthur Lydiard. – 3. Auflage
Aachen : Meyer und Meyer Verlag, 2000
Einheitssacht.: Running with Lydiard <dt.>
ISBN 3-89124-051-1


Olten (CH), Wien, Oxford, Québec, Lansing/ Michigan, Adelaide,
Auckland, Johannesburg, Budapest
Einbandgestaltung: Birgit Engelen, Stolberg
Fotos: Rolf Purpar, Meerbusch
Satz: Graphodata, Aachen
Satz: Helvetica
Druck: Burg Verlag Gastinger GmbH, Stolberg
E-Mail: verlag@meyer-meyer-sports.com
Printed in Germany
ISBN 3-89124-051-1

# Inhaltsverzeichnis

# Einführung

1961 schrieb ich im Vorwort zu »Run to the Top«: »Arthur Lydiard ist einer der besten Trainer aller Zeiten.«
Nun, 21 Jahre später, bin ich verpflichtet, diese Aussage zu korrigieren. Die Ereignisse haben gezeigt, daß man daran zweifeln muß, je einen anderen Trainer zu finden, der Lydiards Bedeutung erreichen wird. Er hat bewiesen, daß die körperliche Kondition eine Vorbedingung für sportliche Erfolge ist und eine Art Lebensanschauung für Millionen von zufriedenen Joggern sein kann.

1961 war Lydiard fast unbekannt. Wenige verstanden die sportliche Revolution, die er begonnen hatte. Kaum jemand erwartete von ihm, daß er seine anfänglichen Weltklasse-Erfolge wiederholen würde – Peter Snell (800 m, Gold), Murray Holberg (5000 m, Gold) und Barry Magee (Marathon, Bronze) bei den olympischen Spielen 1960 in Rom -, und in Übersee entstand sogar der Eindruck, er übe einen gewissen mystischen Einfluß auf seine Athleten aus. Es war das von Lydiard erarbeitete System des Trainierens, Konditionierens und Vertrauens, das diese Ergebnisse möglich machte. Heute verwenden die meisten Trainer und Athleten der Welt entweder Lydiards System oder eine Nachahmung davon.

Lydiard hat seine Methode jedem frei zugänglich gemacht, der sie verwenden wollte. Das System ist mit Erfolg beim Konditionstraining für Rugby-Spieler, Radsportler, Squash-Spieler, Football-Spieler und viele andere sporttreibende Menschen angewandt worden. Die Methode hat Gültigkeit für jede Sportart, weil es ihr grundlegendes Ziel ist, ein hohes Maß an Fitneß aufzubauen, welche als Grundlage der speziellen Fähigkeiten dient, die ein Sportler benötigt.

Das System rief das weltweite Interesse am Jogging hervor und ermöglichte damit die Nutzung der mit dem Jogging verbundenen Vorteile.

Die DDR baute sogar ein vollständiges Fitneß-Programm nach Lydiards »Run for Your Life«-Konzeption auf. Einige der erzielten Resultate bei der Olympiade 1976 in Montreal lieferten den Beweis. Dort demonstrierte die DDR die deutlichsten Fortschritte im Sport, seit Lydiards Läufer in den frühen 60er Jahren begannen, die Mittel- und Langstrecken zu beherrschen.

Seit 1961 wurde Lydiards System ständig verändert. Keiner ist sich über die Notwendigkeit einer ständigen Veränderung und Verbesserung mehr im klaren als Lydiard selbst, und keiner verbreitet sein immenses Wissen eifriger; aber es ist grundsätzlich noch das gleiche System, das Snell, Halberg, Magee – und Lydiard mit ihnen – berühmt gemacht hat.

Lydiard hat das System nicht ausgearbeitet, weil er ein Champion werden, weil er Champions herausbringen oder weil er die »laufende Welt« verändern wollte. 1945 war er ein gewöhnlicher Mann, der Football spielte, und ein Gelegenheitsathlet, der ziellos trainierte und irgendwelche Trainingsmethoden anwandte. Irgendwann kam der Punkt, an dem er sich vergegenwärtigte, daß er doch nicht so fit war, wie er selbst gedacht hatte. Er fragte sich deshalb, wie wohl sein Zustand in 10 oder 20 Jahren sein würde und begann zu experimentieren.

Die Experimente, die er anfänglich nur für sich selbst vorgesehen hatte, erweckten jedoch allmählich die Aufmerksamkeit jüngerer Läufer. Um sich selbst praktisch zu prüfen, kehrte er zur aktiven Leichtathletik zurück und wurde in einem Alter, in dem andere sich als zu alt einschätzen, ein Läufer über Distanzen von 1 bis 3 Meilen, ein Crossläufer der regionalen Klasse und ein Bewerber für nationale Titel.

Diese Wettbewerbsteilnahme deckte ernsthafte Fehler in seiner Methode zur Erlangung von Fitneß auf. Er machte weiter und kämpfte sich langsam an sein Ziel heran – das zügige Laufen langer Strecken, das zunehmend Kraft und Ausdauer hervorbringt. Er lief bis zur totalen Erschöpfung, wenn es für den Wettkampf Nutzen brachte und nicht schadete, denn es erleichterte später das intensive Schnelligkeits- und Krafttraining.

Der Zwang zur Perfektion in ihm trieb ihn dazu, weitere Verbesserungen herauszuarbeiten. Lydiard stärkte sich nun bei Läufen bis zu 50 km durch gebirgiges Gelände, besessen, die menschlichen Belastbarkeitsgrenzen herauszufinden und innerhalb dieser Grenzen die Formel für eine erfolgreiche Wettkampfteilnahme bestimmen zu können. Trotz zunehmenden Alters wurde er fitter und wandte sich dem Marathonlauf zu. Er fand bald heraus, daß er durch das Training für Marathonläufe sogar auf der Bahn schneller laufen konnte als vorher.

Als dann einer seiner frühen Schüler, er war Lydiard 2 Jahre lang bei seinen einsamen Läufen gefolgt, das Läuferfeld bei einer Provinz-Meisterschaft mit 80 m Vorsprung schlug, indem er eine Lücke, die er während der ersten Runde herausgearbeitet hatte, bis zum Ende hielt, fand Lydiard auch als Trainer allgemeine Beachtung; eine Qualifikation, die er weder besonders gesucht noch gewünscht hatte. Der junge Mann, Lawrie King, machte weiter und wurde schließlich Neuseelands Querfeldein-Champion, 6-Meilen-Rekordhalter und 1954 Teilnehmer bei den EMPIRE GAMES.

Mittlerweile war Lydiard Neuseelands Spitzen-Marathonläufer geworden. Er lief für Neuseeland bei den EMPIRE GAMES 1950; zu einer Zeit, als er noch versuchte, seinen Leistungshöhepunkt zur richtigen Zeit zu finden, und 1957 zog er sich vom aktiven Wettbewerbslauf zurück, um sich eine Existenz aufzubauen. Aber inzwischen hatte er auch schon Laufschüler; unter ihnen Halberg und Magee. Lydiard kannte seine Läufer. Er hatte Halberg nur ein Jahr trainiert, als er 1953 voraussagte, daß in einigen Jahren Halberg der größte Mittelstreckenläufer sein würde, den Neuseeland je kennengelernt habe, und er beginnen würde, Weltrekorde zu verbessern. Sieben Jahre später gewann Halberg die 5000 m in Rom, wurde zu einem Meilenläufer von unter 4 Minuten und lief eine Reihe von Weltbestzeiten.

Snell bestätigte eine andere kühne Vorhersage und wurde die Halbmeilen- und Meilen-Sensation der 60er Jahre. Er ist möglicherweise der brillanteste Läufer, den die Welt je gesehen hat – einschließlich Walker, Bayi, Coe und Ovett.

Lydiard vervollständigte Mitte der 50er Jahre sein Laufkonzept. Er wußte inzwischen, wie er die »Zutaten« mischen mußte – die hohen marathonartigen Meilenumfänge, das Hügeltraining, das Training zur Verbesserung der Schrittfrequenz und das Sprinttraining, die Motivation und die Regeneration – und wie diese Mischung zum genau richtigen Zeitpunkt einzusetzen war; das heißt, dann seine Läufer an die Starts zu schicken, wenn sie ihren Höhepunkt genau erreicht hatten. Die Sportwelt begann, Interesse zu zeigen und zu bestaunen, wie sein Team sich gegenseitig und großzügig half, die Mittel- und Langstrecken-Titel zu holen. Von 1954 an gewannen seine Läufer in neun Saisons 45 der 63 Goldmedaillen, die für die 1/2 Meile, 1 Meile, 3 Meilen, 6 Meilen, den Marathon, Hindernislauf und Querfeldeinlauf vergeben wurden. Auch die Plazierungen wurden in dem Maße besser, wie Lydiards Schule wuchs und gedieh.

1960 kam der letzte Beweis in Rom. Lydiard war der Mann, der alle Antworten wußte, obgleich er das WIE nicht kannte. Er hatte nur Grundkenntnisse der Physiologie und der Mechanik des menschlichen Körpers. Er wußte lediglich, daß sein System wirksam war, weil er mehr als 10 Jahre damit verbracht hatte, es auszuarbeiten.

Seit 1960 jedoch hat er sein Wissen gewaltig vergrößert. Heute kann er mit Physiologen und Sportmedizinern zusammensitzen und nicht nur in deren Sprache mitreden, sondern auch neue Konzepte vorschlagen. Er kann Trainer und Athleten aller Nationen inspirieren, auf seine Art zu trainieren – obgleich es immer Leute geben wird, die seine Techniken und Theorien anzweifeln. Es ist bekannt, daß sogar unter seinen Kritikern viele sind, die heimlich genau das praktizieren, was er predigt; allerdings mit geringen Veränderungen, um sich selbst vorzumachen, daß sie als erste ihre Methode kreiert hätten.

1945 war es Lydiards Ziel, sich selbst fit zu machen, um sich auch 1965 noch am Leben zu erfreuen. Er genießt das Leben immer noch; und vor drei Jahren, im Alter von 61 Jahren, lief er noch einen Marathon trotz nur geringen ernsthaften Trainings in 2:58:58 Stunden.

Lydiard – der größte Trainer? Dies ist weder eine leichtfertige These, noch bin ich der einzige, der sie vertritt. So schreibt Bill Bowerman in seinem Buch »Coaching Track and Field«: »Es gibt keinen besseren Langstrecken-Trainer in der Welt.«

DAS VORLIEGENDE BUCH ENTHÄLT ALLES, WAS DER BESTE LANGSTRECKEN-TRAINER DER WELT WEISS.

Garth Gilmour, Auckland 1982

# 1. Leistungsphysiologie

Als wir »Run to the Top« Anfang der 60er Jahre schrieben, war die Welt der Läufer noch verhältnismäßig klein. Jogging, die Trainingsform, die bis heute Millionen zu Läufern machte, befand sich erst im Anfangsstadium. Ich hatte mich damals noch nicht tief genug in die Leistungsphysiologie eingearbeitet. Tatsächlich war ihre Bedeutung als eine Erklärung für sportliche Leistungen unverstanden. Forschung wurde in dieser Hinsicht nicht betrieben.

Seit damals habe ich nun einige Jahre hobbymäßig betriebenen Physiologie-Studiums, in Verbindung mit Physiologen und sportmedizinischen Instituten, meinen 48 Jahren praktischer Erfahrung als Athlet und Trainer hinzufügen können. Es ist immer noch unmöglich, über die physiologischen Reaktionen bei hartem Training Genaues sagen zu können, denn unabhängig davon, welchen und wieviele Athleten wir auch immer studieren werden, jeder ist ein ausgeprägtes Individuum mit unterschiedlichen Reaktionen. Was wir jedoch gelernt haben und noch täglich lernen, reicht aus, um mit ziemlicher Sicherheit Trainings-Parameter oder -Leitfäden festzulegen, die helfen, die Athleten zu maximaler Leistung zu bringen.

Grundsätzlich ist mein Trainingssystem auf einer ausgewogenen Kombination von aerobem und anaerobem Laufen aufgebaut. Aerobes Laufen bedeutet Laufen innerhalb der Kapazität, Sauerstoff zu verbrauchen, – jeder, gemäß seiner physischen Kondition, ist in der Lage, eine bestimmte Sauerstoffmenge pro Minute zu verbrauchen. Diese bestimmte Sauerstoffmenge wird durch das richtige Training vergrößert.

Wir nennen die Aufnahmebegrenzung das maximale Steady State. So nennt man den Zustand der körperlichen Grenze, Sauerstoff einzuatmen, zu befördern und zu verbrauchen. Wenn Sie beim Training über dieses maximale Steady State hinausgehen, wird Ihr Lauf anaerob. Dann treten chemische Veränderungen in Ihrem Stoffwechsel auf, um den zusätzlich benötigten Sauerstoff herbeizuschaffen.
Dies ist erneut ein Umwandlungsprozeß mit genauen Grenzen – wiederum durch ausgewogenes Training ausdehnbar bis zu einem bestimmten Maximum.

Die stattfindende Reaktion, die das anaerobe Laufen ermöglicht, wird Sauerstoffschuld genannt. Sie kann schnell eintreten und wird durch Bildung von Milchsäure und anderen Abfallstoffen begleitet, die direkt zu neuromuskulärem Zusammenbruch oder ermüdeten Muskeln führen, die somit ihre Funktionen nicht mehr in ausreichendem Maße ausführen können. Die absolute Grenze für anaerobe Tätigkeiten ist eine Sauerstoffschuld von 15 bis 18 Litern in der Minute. Aber diesen Pegel kann man nur erreichen, wenn man intensiv und umfangreich trainiert.

Ein wichtiges Merkmal der Sauerstoffschuld ist ihre Potenzierung; wenn die Laufschnelligkeit erhöht wird, nimmt der Sauerstoffbedarf rapide zu. Morehouse' und Millers Veröffentlichung »The Physiology of Exercise« führt Werte auf, die diesen Effekt deutlich machen.

| Yard | pro Sekunde | Liter | pro Minute |
|---|---|---|---|
| 5,56<br>bis<br>6,45 | Eine Zunahme<br>um 0,89 Yard<br>pro Sekunde | 5,08<br>bis<br>8,75 | Eine Zunahme<br>des Sauerstoff-<br>bedarfs um 3,67 |
| 9,10<br>bis<br>9,23 | Eine Zunahme<br>um 0,13 Yard<br>pro Sekunde | 28,46<br>bis<br>33,96 | Eine Zunahme<br>des Sauerstoff-<br>bedarfs um 5,5 |

Morehouse und Miller haben auch gezeigt, daß aerobes Training neunzehnmal wirtschaftlicher ist als anaerobes. Nachdem ich bis jetzt Grundsätze meines Systems dargelegt habe, möchte ich mich jetzt dem »laufenden« Körper zuwenden.
Er ist nicht nur ein Bündel arbeitender Muskeln. Es vollziehen sich zudem eine laufende Anpassung der Atmung, chemische Reaktionen in der Blutzirkulation, temperaturregelnde Reaktionen, Nierenreaktionen und vieles mehr.Der gesamte Körper ist beim Laufen einbezogen und wird beeinflußt – einer der Gründe, warum Laufen ein hervorragendes allgemeines Konditionstraining ist.

Die schon erwähnte Milchsäure im Blut bewirkt eine Veränderung des ph-Wertes – sie ist die Maßeinheit, wie alkalisch – oder sauer – Blut ist. Der pH-Wert für normales Blut liegt zwischen 7,46 und 7,48 ,das heißt, normales Blut ist leicht alkalisch. Bei großen physischen Belastungen und anaerobem Training kann jedoch der Anstieg des Säurespiegels den pH-Wert herabsetzen, in extremen Fällen bis 6,8 oder 6,9. Wenn er auf diesem Pegel bleibt, ergeben sich Probleme mit dem Ernährungssystem.

Der Nutzen der aufgenommenen Vitamine wird beeinträchtigt und neutralisiert, und die allgemeine Entwicklung verzögert sich. Der pH-Bereich, innerhalb dessen die Vitamine wirksam sind, ist eng, so daß ein über längere Zeit herabgesetzter ph-Wert schädigend wirken kann. Ein ständig herabgesetzter pH-Wert kann auch das zentrale Nervensystem beeinflussen; Schlaflosigkeit, Reizbarkeit und ein geringes Interesse am Training oder am Wettkampf sind die Folgen. Das ist eine physiologische Reaktion, die zudem ernsthafte psychische Schäden verursachen kann. Die Anzahl der Blutplättchen wird herabgesetzt, und der Athlet ist wegen seiner geschwächten Widerstandskraft empfänglicher für Verletzungen und Krankheiten.

Ihre allgemeine Leistungsfähigkeit und letztlich Ihre Laufresultate hängen grundsätzlich von Ihrer Fähigkeit ab, Sauerstoff aus der Luft aufzunehmen, an die verschiedenen Muskeln und Organe weiterzuleiten und zu verbrauchen. Die meisten Menschen nehmen weit mehr Sauerstoff in ihre Lungen auf, als sie verbrauchen können. Diese Menschen besitzen nicht den notwendigen Blutfarbstoff bzw. den notwendigen Blutfluß vom Herzen zur Lunge, um den Sauerstoff zu verarbeiten. Sie haben normalerweise zu wenig Hämoglobin in den roten Blutkörperchen, das sich mit dem Sauerstoff verbindet, um ihn zu transportieren.

Der aerobe Abschnitt meines Trainingssystems ist darauf gerichtet, die Wirksamkeit dieser Faktoren zu verbessern. Durch aerobes Konditionstraining vergrößert sich der Herzmuskel und verbessert seine Leistungsfähigkeit. Ein trainiertes Herz fördert mit jedem Pulsschlag eine größere Blutmenge als ein untrainiertes, und ist auch in der Lage, schneller zu pumpen.Unbelastet pumpt unser Herz etwa vier Liter Blut pro Minute, aber es kann seine Kapazität um das Acht- oder Zehnfache steigern. Ein Athlet, der täglich längere Zeit läuft, setzt sein Kreislaufsystem einem ausreichend hohen Reiz aus und entwickelt so ständig eine bessere Blutzirkulation und die Fähigkeit, größere Blutmengen zu den verschiedenen Körperbereichen zu befördern.

Diese ständige Arbeit und die damit einhergehenden Reize verbessern allmählich die Lungentätigkeit. Die Lunge arbeitet daher mit zunehmender Aktivität des Lungen-Kapillarnetzes ökonomischer, was das durchfließende Blut befähigt, leichter und schneller Sauerstoff aufzunehmen. Hand in Hand mit der Entwicklung der Lunge wird durch den allgemein erhöhten Blutdruck der arterielle und allgemeine Blutkreislauf erweitert. Muskeln von Athleten und Arbeitern wurden wissenschaftlich fotografiert, um zu zeigen, daß das arterielle Netz mit gut entwickelten Kanälen für die Blutzirkulation ausgestattet ist. Bei körperlich wenig aktiven Menschen ist die Entwicklung eingeengt und gefestigt; eine vollkommene Blutzirkulation ist unmöglich.

Eine andauernde Beanspruchung der Muskeln über längere Zeit hinweg verursacht tatsächlich die Entstehung neuer Kapillaren in diesen Muskeln. Außerdem bewirken diese Kapillaren einen besseren Abtransport der Schlackenstoffe. All diese Faktoren führen zu der guten Ausdauer, die wir durch aerobes Training zu entwickeln versuchen.

Vor Jahren experimentierten Physiologen an der Sporthochschule Köln mit Ausdauersportlern und bewiesen, daß, wenn Muskelgruppen kontinuierlich über längere Zeiträume arbeiten – insbesondere über Perioden von zwei Stunden und mehr – eine gute muskuläre Ausdauer erzielt wird. Sie fanden heraus, daß dies auf die direkte Ausdehnung der vernachlässigten und die Entstehung vollständig neuer Kapillarnetze zurückzuführen ist, die eine Verbesserung des Sauerstofftransportes und seines Verbrauches bewirken.

Eine weitere Konsequenz der allgemeinen körperlichen Verbesserung ist die Optimierung der Herztätigkeit, die sich durch ein allmähliches Absinken des Pulsschlags bemerkbar macht. Dieser Pulsschlag wird durch viele Faktoren beeinflußt, deshalb ist es schwierig, ihn als Maßstab für Fitneß zu gebrauchen. Es ist auch irreführend, den Pulsschlag von Athleten zu vergleichen, weil der normale Pulsschlag zwischen 50 und 90 Schlägen pro Minute variieren kann.

Dennoch, was auch immer Ihr normaler Pulsschlag sein mag, Sie werden, wenn er von Zeit zu Zeit unter gleichen Bedingungen gemessen wird, beobachten, daß konstantes Training ein ständiges Absinken des Pulsschlages hervorruft. Er kann sich schließlich um 25 Schläge pro Minute verringern.

Vor Jahren, als ich durchschnittlich 24 km pro Tag lief, bemerkte ich, daß, wenn ich meine Strecke derart aufteilte, daß ich 32 km an einem und 16 km am anderen Tag lief, ich einen besseren Effekt erzielte, ohne meine Gesamtlaufstrecke von 48 km in zwei Tagen zu verändern. Die längeren Läufe entwickelten die größere Laufausdauer, die kürzeren führten zu Regeneration und Festigung des Erreichten.

Ausgedehntes aerobes Training entwickelt eine gute allgemeine Herzwirksamkeit bzw. ein höheres maximales Steady State. Es ist jedoch zusätzlich notwendig, die anaerobe Kapazität zu entwickeln, um den Körper darauf vorzubereiten, der maximalen Sauerstoffschuld zu widerstehen. Das bedeutet, mit einem Teil Ihres Trainings müssen Sie Erschöpfungszustände erzwingen, um Ihren Stoffwechsel zu Gegenreaktionen zu stimulieren.

Diese Stoffwechselaktivität kann, wie bereits erwähnt, einen Sauerstoffmangel von 15 bis 18 Litern pro Minute kompensieren. Auf diesem Pegel kann der neuromuskuläre Zusammenbruch oder die vollständige Erschöpfung der Muskeln solange zurückgehalten werden, bis die Konzentration der Milchsäure eine Höhe von 2 mg pro 100 ml Blut erreicht hat.

Wenn ein Läufer zum Beispiel ein Steady State von 3 Litern pro Minute hat, eine Sauerstoffschuld von 15 Litern ertragen kann und die Arbeit, die er leistet, vier Liter pro Minute erfordert, kann der Einsatz 15 Minuten gehalten werden.
Wenn die Arbeit auf fünf Liter pro Minute gesteigert wird, wird der Läufer diese Leistung nur 7 1/2 Minuten halten können, weil die Rate, mit der die Sauerstoffmangelkapazität »aufgebraucht« wird, sich auf zwei Liter pro

Minute verdoppelt. Jeder Läufer weiß, daß bei einem Sprint mit vollem Einsatz keine großen Entfernungen zurückgelegt werden können. Dies wird durch die aerobe Kapazität bestimmt.

Die kritischen Faktoren sind Umfang, Intensität und Regelmäßigkeit, mit denen Sie sich selbst Erschöpfungszuständen aussetzen. Viele Trainingsprogramme sind auf diesem groben Prinzip aufgebaut. Viele Trainer und Athleten streben jedoch nach extremen Belastungen, um eine Sauerstoffschuld hervorzurufen, in der Hoffnung, den Stoffwechsel zu steigern, um so eine größere Widerstandskraft gegen Erschöpfung zu entwickeln. Sie versuchen, den Vorgang zu beschleunigen und zu konzentrieren, und vergessen dabei, daß anaerobe Belastungen immer unwirtschaftlich sind und daß, wenn Erschöpfung provoziert wird, dem Körper Regenerationspausen zugestanden werden müssen, bevor weitere ermüdende Belastungen durchgeführt werden.

Wenn das maximale Steady State, die obere Grenze der aeroben Belastung, relativ niedrig ist, werden Sie schon bei verhältnismäßig geringem Tempo anaerob laufen. Wenn das maximale Steady State steigt, dann werden die langsameren anaeroben Laufgeschwindigkeiten bald aerob und damit wirtschaftlich. Wenn das Training sich an dem Prinzip orientiert, daß aerobe Belastungen neunzehnmal wirtschaftlicher sind als anaerobe, dann werden die Möglichkeiten, länger und schneller zu laufen, zunehmen.

Das täglich eingehaltene aerobe Laufprogramm ist sehr wichtig, um die richtige Atmungs- und Kreislaufentwicklung zu erreichen. Je länger die Laufdauer, desto besser werden die erzielten Ergebnisse sein. Der anaerobe Abschnitt in Ihrer Vorbereitung sollte nur dann in Angriff genommen werden, nachdem Sie die aerobe Kapazität entwickelt und das maximale Steady State auf Ihren persönlichen Höchststand gebracht haben. Danach muß für einen definierten Zeitraum unter ziemlich extremen Bedingungen eine entsprechend hohe anaerobe Kapazität entwickelt werden. An diesem Punkt angelangt, sollten Sie den Körper vermehrt Sauerstoffmangelzuständen aussetzen, um den pH-Wert abzusenken, so daß Ihr Stoffwechsel stimuliert wird, einen Puffer gegen Erschöpfungszustände aufzubauen. Wenn Sie diesen Puffer bis zur maximalen Wirksamkeit aufgebaut haben, ist es sinnlos und sogar riskant, mit dem erschöpfenden Training fortzufahren. Vier bis fünf Wochen, vielleicht sogar weniger, reichen in den meisten Fällen aus. In diesen Wochen wird an drei Tagen hart trainiert, um den pH-Wert zu senken – danach leichtes Training für einen Tag, um ihn wieder nahe an den Normalwert ansteigen zu lassen, und anaerobes Training am nächsten Tag, um ihn wieder nach unten zu drücken. Der ph-Wert sollte also schwanken. Wenn Sie ihn ständig niedrig lassen, bringen Sie das gesamte System durcheinander.

Meine meist wiederholte Mahnung an Athleten und Trainer ist: »Trainieren, nicht strapazieren.«

BOWERMAN hat behauptet, daß Übertraining sich in Abgestumpftheit und Lustlosigkeit niederschlägt; und obgleich er Abgestumpftheit nicht genau definiert hat, empfiehlt er regelmäßige Wettkämpfe als ideale Lösung. Ich verstehe Abgestumpftheit als eine physiologische Reaktion, verursacht durch übertriebene anaerobe Belastungen, die sich aufgrund der Wirkungen des andauernd niedrig gehaltenen ph-Wertes im zentralen Nervensystem psychisch auswirken. Regelmäßige Wettkämpfe werden das auch nicht ändern.

Ich habe keine Lustlosigkeit bei Athleten gesehen, die aerob über verschiedene Distanzen trainierten. Normalerweise bekommen sie keine Probleme, nur weil sie während des Konditionstrainings 160 km pro Woche aerob im Steady State laufen. Wenn sie dann in die anaerobe Laufphase eintreten und physiologische Probleme auftreten könnten, ist das Herz in der Lage, das dauernd wechselnde Ansteigen und Sinken des ph-Wertes zu tolerieren, ohne daß der Nebeneffekt der Abgestumpftheit auftritt.

Ein praktisches Beispiel:
Wir haben den Läufer A darauf trainiert, drei Liter Sauerstoff zu verbrauchen, und Läufer B , fünf Liter Sauerstoff zu verbrauchen. Beide setzen wir jetzt einem anaeroben Training von gleichem Umfang und gleicher Intensität aus. Weil sein maximales Steady State niedriger ist, wird Läufer A aus dem Gleichgewichtszustand kommen und an Form verlieren; er muß gegen eine ständig wachsende Sauerstoffschuld ankämpfen. Läufer B wird seine Bestform halten. Er kann den Sauerstoff besser und länger ausnutzen.

Durch dieses Beispiel ist es leicht einzusehen, wie die physiologische Wirkung bei A ein psychologisches Problem werden kann – er wird B niemals schlagen können, ohne zur Grundausbildung zurückzukehren, um das maximale Steady State zu steigern. Wenn wir beide Läufer zusammen in einen 1500 m Wettbewerb schicken, werden sie nach der ersten Runde noch zusammen sein und keiner wird eine Anstrengung empfinden, weil sie bis zu diesem Zeitpunkt nicht anaerob laufen. Wenn sie aber die dritte Runde erreicht haben, wird A, da seine Kapazität, Sauerstoff zu verbrauchen, nur 3/5 von B's Kapazität beträgt, das Tempo spüren und rasch eine Sauerstoffschuld eingehen, um mit B Schritt zu halten. Es kommt zu einer Milchsäureansammlung, und ein neuromuskulärer Zusammenbruch kündigt sich an. Wenn B auf der Zielgeraden zum Endspurt ansetzt, wird A stark zurückgefallen sein.

Eine meiner größten Schwierigkeiten, Trainer und Athleten zu überreden, mein System zu übernehmen, war, daß die Mehrheit an die Prinzipien des

Intervalltrainings förmlich angekettet war. Das anaerobe Intervalltraining oder die Wiederholungsarbeit werden dabei als die WICHTIGSTE Phase eines Trainingsprogramms angesehen und betont. Meiner Meinung nach ist es die UNWICHTIGSTE Phase.

Die anaerobe Kapazität kann durch verschiedenartige Trainingsarten, die nicht strikt kontrolliert zu werden brauchen, leicht zu ihrem Maximum entwickelt werden. Die Athleten sollen sich ganz einfach durch anaerobes Training ermüden und dann aufhören, wenn sie meinen, genug getan zu haben.

Wenn sie schnellstmöglich sprinten würden, würden sie wahrscheinlich nicht weiter als 135 m kommen, und ihre Körper würden nach Regeneration verlangen. Würden sie ein wenig langsamer laufen, könnten sie eine größere Strecke zurücklegen, weil die Zuwachsrate der Sauerstoffschuld sich im Verhältnis zur Belastungsreduktion, begründet durch die geringere Laufgeschwindigkeit, ebenfalls verlangsamt. Unerheblich nach welcher Art und Weise vorgegangen wird, bei beiden wird man das gleiche Endergebnis erreichen.

Keiner kann Genaues über diese Trainingsart sagen. Wenn wir hart, intensiv und lange genug arbeiten, wird der pH-Wert absinken. Es ist also kein reglementiertes Programm, keine festgelegte Anzahl von Wiederholungsläufen über festgelegte Distanzen in festgelegten Zeiten nötig, um das zu erreichen. Der Unterschied ist, ob Sie Ihr Training beherrschen oder ob Ihr Training Sie beherrscht.

Ich wehre mich gegen alle Trainer, die genau sagen, was jeder einzelne Athlet für sein anaerobes Training tun sollte. Trainingsarten verändern sich dauernd, und der Zustand des Athleten muß sich nahezu von Tag zu Tag ändern. Deshalb müssen Sie Wiederholungen durchführen, ohne daß sich jemand über die in den Pausen zurückgelegten Distanzen – solange sie den Distanzen der Belastungsintervalle in etwa entsprechen –, die Anzahl der Wiederholungen oder das Lauftempo Sorgen macht. Sie können ein Pyramidentraining durchführen – von 100 m bis auf 400 m steigern und wieder langsam reduzieren –, aber dies erscheint vorbestimmt und reglementiert, und daher vermeide ich es.

Ich halte meine Athleten gerne solange wie möglich von der Bahn fern. Ich ziehe einen Wanderweg im Wald oder ein Gebiet mit angenehm wohltuendem Umfeld vor, fordere die Läufer auf, sich aufzuwärmen, und lasse sie bis zu einem Baum oder einer anderen natürlichen Markierung zügig laufen und wieder zurücktraben.

Ich lasse sie weitermachen, bis entweder ich oder sie glauben, daß sie genug getan haben. Wir machen vielleicht ein Fahrtspiel, mit harten Sprints hier und da und einer bestimmten Anzahl von Wiederholungen. All dies ist besser, als sich auf einer geschlossenen Bahn systematisch zu schleifen. Unterschiedliche Athleten, die in derselben Gruppe unterschiedliche Methoden anwenden, können alle ermüdet von ihren Trainingseinheiten zurückkommen, alle mit einem abgesenkten pH-Wert. Jeder wird auf seine Weise seine anaerobe Kapazität bis zum Maximum entwickelt haben. Die Trainingsart spielt keine Rolle. Was zählt, ist, daß die Athleten die physiologischen Reaktionen, die sie zu erreichen versuchen, verstehen, ihren Gefühlszustand genau kennen und wissen, wann sie genug getan haben und warum sie sich so fühlen. Ein Athlet wird sein Training kaum so überziehen, daß er mit Ohnmachtsanfällen oder Erbrechen konfrontiert wird, weil er den pH-Wert zu weit hinuntergedrückt hat und das zentrale Nervensystem gestört ist. Es ist jedoch wichtig, bei der Entwicklung der anaeroben Kapazität über Strecken von 200 m oder mehr für längere Zeit zu laufen, um den pH-Wert des Blutes abzusenken. Mit kurzen, scharfen Sprints wird das nicht erreicht.

Während einer achtmonatigen Tour durch die Vereinigten Staaten erwähnte ich bei Gesprächen mit Trainern 1970 in Abilene, Texas, daß ich nur zweimal im Jahr 20 x 400 m Wiederholungsläufe durchgeführt hatte. Und das nur deshalb, weil wir uns auf einer Bahn befanden, die zufällig diese Länge hatte, und die Läufe hilfreich waren, das Tempogefühl zu entwickeln. Am Ende meines Vortrags sagte mir ein Hochschultrainer, daß er einen Haufen junger Meilenläufer trainiere und der beste 4:17 Minuten, die anderen ungefähr 4:24 Minuten laufen könnten. Er ließ sie jeden Montagmorgen 25 x 400 m Tempoläufe neben ihrem übrigen anaeroben Training und den Wettkämpfen durchführen. Meistens liefen sie ihre Wiederholungsläufe in Zeiten von 68 bis 69 Sekunden.

Ich sah diesen Trainer später noch einige Male, aber er hatte nichts weiter zu sagen, bis wir am Ende meiner Reise für die Drake-Staffel-Läufe in der Iowa State University in Des Moines waren. Als ich begann, über anaerobes Training zu sprechen, bat er darum, zuerst von seinen Erfahrungen mit meinem Trainingskonzept berichten zu dürfen. Als er mir vor acht Monaten das erste Mal zugehört hatte, hatte er sich entschieden, meine vorgeschlagenen Methoden zu übernehmen und damit begonnen, seine Jungen lange Dauerläufe durchführen zu lassen. Er fand einen steilen Hügel ungefähr zwölf Meilen außerhalb von Abilene. Dort führte er das Hügeltraining durch.

Der erste Tag, an dem die 400 m Wiederholungsläufe auf dem Trainingsplan auftauchten, brauchten die Jungen anstelle ihrer üblichen 68 bis 69 Sekunden 72 bis 73 Sekunden. Der erste Gedanke des Trainers war: Lydiard hat mein Programm kaputt gemacht. Aber, sagte er, er fühlte sich verpflichtet, sich daran zu halten. Als die Wiederholungsläufe zwei Wochen später wiederum durchgeführt wurden und die Jungen nicht besser liefen, dachte er, die ganze Saison sei ruiniert.

Zu diesem späten Zeitpunkt hatte er keine Alternative, als mit meinem System bis zu den Hochschul-Wettkämpfen in Wichita fortzufahren. Er schickte seine Läufer ohne große Hoffnung in die Wettkämpfe – der Schnellste lief 4:09 Minuten, der Langsamste 4:13 Minuten, und sie holten den Titel. Der Trainer gestand in Iowa: »In all den Jahren hatte ich große 400 m Wiederholungsläufer entwickelt, aber eine schnelle Meile konnten sie nicht laufen. Jetzt können sie die Wiederholungsläufe nicht sehr gut laufen, aber sie können schnelle Meilen laufen.« Er argumentierte für mich weitaus besser als ich es konnte.

Anaerobes Training ist etwas, was wir durchführen müssen, wenn wir beabsichtigen, gute Rennen zu laufen; aber gleichzeitig müssen wir stets daran denken, daß wir unseren größten und wesentlichsten Vorteil, den wir in Form einer guten Kondition, die unser Leistungsniveau bestimmt, aufgebaut haben, durch Übertreibung verlieren können. Achten Sie deshalb in der gesamten Phase, in der Sie Ihre anaerobe Kapazität aufbauen, darauf, daß Sie Ihre gute Kondition nicht verlieren, sonst wird das ganze Programm sinnlos.

Wir alle kennen Läufer, die zu Saisonanfang Gutes leisten und dann, in der Mitte der Saison, vollständig ihre gute Form verlieren. Fast immer sind es Läufer, die ihre Leistungsspitzen mit exakt geplantem anaeroben Training erreichten, aber dann mit dem harten Training weitermachten. Es ist keinesfalls erforderlich und physiologisch unmöglich, über die gesamte Saisonlänge ein straffes anaerobes Trainingsprogramm einzuhalten.

Wenn Sie die anaeroben Trainingseinheiten abbrechen, verlieren Sie die Fähigkeit, sich anaerob zu belasten; wenn Sie zuviel tun, verlieren Sie Ihre gute Kondition. Sie müssen deshalb ein ausgewogenes Gleichgewicht einhalten. Das ist der Moment, wo »Scharfmacher«, d.h. schnelle Sprints angewendet werden. Sie verbessern zwar die Spritzigkeit, können jedoch Ihre gute Kondition gefährden; denn sie rufen eine große Sauerstoffschuld hervor, die ausreicht, Ihren Stoffwechsel dazu anzuregen, die gegen Ermüdung aufgebauten Puffer und damit Ihre anaerobe Wettkampfleistung auf einem hohen Niveau zu halten. Es klingt nach einer Gratwanderung, ist jedoch leicht zu erreichen.

«Scharfmacher« sind kurze Sprints (50 bis 100 m) mit zwischengeschalteten 50 bis 100 m langen Trabpausen. Wenn Sie hinausgehen und insgesamt 2000 m in Gestalt von 20 x 50 m Sprints laufen, werden Ihre Beinmuskeln wegen der plötzlichen Anhäufung von Milchsäure sehr müde sein. Sie haben den pH-Wert in den beanspruchten Muskeln gesenkt. Aber sie werden nicht allgemein müde sein. Sie werden gezwungen sein, Ihr Training abzubrechen, weil die beim Laufen beanspruchten Muskeln den weiteren Dienst verweigern. Würden zwei verschiedene pH-Werte, einmal der der Beinmuskulatur und einmal der des Ohrläppchens, nach den »Scharfmachern« gemessen werden, würden zwei völlig unterschiedliche Werte herauskommen. »Scharfmacher« sind ungefähr wie Liegestütze, die beanspruchte Muskulatur verhindert ein Weitermachen, aber einige Momente später hat sich doch keine allgemeine Müdigkeit eingestellt.

Einmal pro Woche angewandt, ist diese Trainingsmethode am wirksamsten für die Beibehaltung des maximalen anaeroben Entwicklungsniveaus und kann in Verbindung mit Wettkämpfen oder Tempoläufen unbegrenzt fortgesetzt werden. Sie werden diese Tatsache in den in diesem Buch aufgeführten Trainingsplänen wiederfinden.

Die verbesserten Bahnzeiten während der letzten zehn Jahre wurden verbesserten Trainingstechniken und einer aufgeklärten und aufopfernden Einstellung zum Training zugeschrieben. Ich stimme damit nicht ganz überein. Gewiß, das Training der Athleten hat sich allgemein verbessert, aber was die Zeiten wirklich so schnell verbessert hat, war die Einführung neuen Bahnmaterials. Es wäre interessant gewesen zu sehen, was ein Läufer wie Peter Snell in seinen besten Zeiten auf diesen Bahnen geleistet hätte. Er hätte auf ihnen einen wirklich schnellen Abdruck gehabt und hätte gute Zeiten laufen können, die heute zu unterbieten schwierig sein würden. Er lief seine Meilen-, 800 m- und 880 Yards-Weltrekorde entweder auf Gras oder grob umfunktionierten Aschenbahnen, die pro Runde mindestens eine Sekunde langsamer waren als moderne synthetische Bahnen.

Vergleichen Sie vor diesem Hintergrund seine 3:54,1-Minuten-Meile von 1964 mit dem heutigen Weltrekord von 3:47,4 Minuten, und Sie sehen, wie groß – oder wie gering – die Leistungssteigerungen in 18 Jahren waren. 1972 war ich in Aarhus, Dänemark, als die Australierin Pam Ryan, eine der profiliertesten Hürdenläuferinnen, dort ankam. Sie war bis zu diesem Zeitpunkt noch nie auf einer Kunststoffbahn gelaufen. Beim ersten Mal lief sie gleich in die erste Hürde, etwas, was ihr bisher noch nie passiert war. Sie sagte mir, sie hätte sich nicht vergegenwärtigt, daß sie durch den Wechsel der Bahn soviel schneller werden würde und spürte sofort, daß, wenn sie ihren Laufschritt besser auf die Bahn abstimmen könnte, sie den Weltrekord holen würde. Drei Tage später auf einer Kunststoffbahn in Polen holte sie ihn dann tatsächlich.

Als Kunststoffbahnen aufkamen, wurde der 5000 m Weltrekord um ungefähr eine halbe Minute verbessert, und eine große Anzahl von 10.000 m Läufern begann, an Ron Clarkes Weltbestzeit heranzulaufen, und sie unterboten sie schließlich. Auf einer Kunststoffbahn, das hat man errechnet, gewinnt man ungefähr 2/10 Sekunden auf 100 m.

Aber Derek Clayton lief bereits vor einigen Jahren eine Marathonbestzeit von 2:08:24 Stunden, und lediglich zwei Läufer haben diese Zeit seither um einige wenige Sekunden verbessert. Das hat physiologische Gründe. Ein männlicher Läufer mit einer Sauerstoff-Aufnahmekapazität von rund 7 Litern oder 88 ml pro kg – nahe dem menschlichen Maximum – kann bei einem Marathonlauf rund 2:12 Stunden aerob laufen. Wenn er eine Sauerstoffschuld von 15 bis 18 Litern eingehen und sein Lauftempo während des gesamten Laufs kontrollieren kann, so daß er während des größten Teils der Strecke kaum in einen anaeroben Zustand gerät, und seine Sauerstoffschuldkapazität vom Start bis zum Ziel streckt, dann kann er die Zeit auf 2:08 oder 2:09 Stunden verbessern. Ob er dies jedoch schafft und somit das physiologische Maximum in einem Marathonlauf erreicht, hängt auch von den Gegnern, dem Wetter und der Bodenbeschaffenheit ab.

Aus diesem Grunde ist der Marathonlauf ein derart fesselndes und forderndes Ereignis. Die erste Person, mit der sich ein Marathonläufer auseinandersetzen muß, ist er selbst. Er muß seine anaerobe Kapazität möglichst wirtschaftlich ausnutzen, indem er seinen Lauf so kontrolliert, daß er das maximale Steady State kaum überschreitet und diesen Punkt beim Laufen hält. Wenn man zu schnell oder zu weit in den anaeroben Zustand hineinläuft, wird sich zu schnell Milchsäure ansammeln, die den Läufer dazu zwingt, langsamer zu werden oder ganz aufzugeben. Marathonläufern passiert dies meistens, wenn sie gegen Läufer antreten, die ihnen überlegen erscheinen. Sie passen ihr Lauftempo an, gehen eine große Sauerstoffschuld ein und wundern sich dann, wenn sie zurückfallen und unfähig sind, das Tempo weiter zu halten. Sie würden besser daran tun, die guten Läufer ziehen zu lassen und ein Lauftempo beizubehalten, bei dem sie die Sauerstoffschuld sehr langsam abbauen. Sie sollten auf die Chance bauen, daß die anderen Läufer das eigene Tempo falsch eingeschätzt haben und zurückfallen. Bei einem Marathon sollten Sie in erster Linie gemäß Ihren Fähigkeiten laufen, und wen Sie auf dem Weg zum Ziel überholen werden, hängt größtenteils davon ab, wie gut Ihnen das gelingt.

# 2. Marathon-Konditions-Training

Seit der Aera Halberg-Snell-Magee in den frühen 60er Jahren ist meine Gestaltung des Konditionstrainings schwerpunktmäßig durch die Tatsache diktiert worden, daß ich die Athleten, die ich trainiere, nicht oft sehe. Deshalb ermutige ich sie, lieber in angegebenen Zeitabschnitten als auf Distanz zu trainieren. Dieses Vorgehen hat sich bei einer Betreuung auf Abstand als sinnvoller herausgestellt, insbesondere für schnellere Athleten, die bei 25 km-Läufen nicht so lange laufen. Sie würden andernfalls den wichtigsten Aspekt des Konditionstrainings, nämlich den zeitlichen Trainingsumfang, vernachlässigen.

Ein zweiter Aspekt, der für das Training in Zeitabschnitten spricht, ist, daß Athleten, die einigermaßen regelmäßig über abgemessene Strecken laufen, geneigt sind, sich selbst in ein wettkampfähnliches Verhalten hineindrücken zu lassen. Sie wollen die Strecke jedesmal schneller laufen. Wenn sie einfach hinausgehen und z.B. für 1 1/2 Stunden laufen würden, ohne unter Druck zu stehen, dann würden sie bessere Ergebnisse erzielen. Behalten Sie das fest im Gedächtnis, wenn Sie dieses Kapitel und die Hinweise zu Trainingsumfängen und -zeiten lesen.

Wenn Sie das marathonartige Training vorher noch nicht praktiziert haben, müssen Sie intensiv darüber nachdenken und zu verstehen versuchen, was Sie eigentlich erreichen wollen. Sie müssen das Training, das Sie durchführen werden, auf die physiologischen Veränderungen und den Nutzen, der im vorausgegangenen Kapitel ausgeführt worden ist, beziehen. Differenzieren Sie die Trainingsformen ihrer unterschiedlichen Bedeutung entsprechend, und stellen Sie einen ausgewogenen Trainingsplan auf.

Nehmen Sie jede Phase als eine gesonderte Einheit in Angriff, eigenständig und unterschiedlich von allen anderen, obgleich jede auf das gleiche Endziel hinausläuft. Nur, wenn Sie positiv auf die physiologischen und mechanischen Aspekte Ihres Trainings eingestellt sind, werden Sie das Selbstvertrauen im Training entwickeln, welches Sie benötigen, um ein Meister zu werden.

Das grundsätzliche Prinzip des Trainings ist so einfach, daß dies der Grund sein könnte, warum es so häufig wiederholt werden muß. Es geht darum, durch wiederholtes Training genügend Durchhaltevermögen zu entwickeln, um Sie zu befähigen, die erforderliche Schnelligkeit über die volle Wettkampfdistanz zu halten. Viele Läufer auf der ganzen Welt sind fähig, 400 m in 46 Sekunden und schneller zu laufen, aber bemerkenswert wenige von ihnen haben ausreichendes Durchstehvermögen, 800 m in 1:44 Minuten oder jeden 400 m-Abschnitt in 52 Sekunden zu laufen. Das zeigt klar, welche Rolle das Durchstehvermögen bei Mittel- und Langstreckenläufen spielt. Es ist absolut »lebenswichtig«.

Bedenken Sie nochmals die angeführten Zeiten. Sie werden Ihnen helfen, sich zu vergegenwärtigen, was durch wirklich schnelle Läufer erreicht werden könnte, wenn sie sich auf die Entwicklung ihrer Ausdauer konzentrieren und ihre Aufmerksamkeit längeren Distanzen widmen würden.

Peter Snell war eigentlich der langsamste Läufer im 800 m Finale, sowohl bei den Olympischen Spielen in Rom als auch in Tokio, aber er hatte das nötige Durchstehvermögen, das ihn durch die Vor- und Zwischenläufe brachte und ihn auf den letzten 100 m des Endlaufs schneller als jeden seiner Rivalen sprinten ließ. Diese waren zum Zeitpunkt des Endspurts dann zu müde, um ihre überlegene Schnelligkeit einzusetzen. Snell war darauf trainiert, einen guten Marathon laufen zu können, seine Rivalen waren es nicht. Das war sein Vorteil, der ihm zum Erfolg verhalf. Es ist der gleiche Vorteil, den Sie sich selbst aneignen können.

Das bedeutet ganz einfach, daß Sie Ihren Körper in einen nahezu ermüdungsfreien Zustand versetzen, so daß eine Sauerstoffschuld erst spät eintritt und die Erholungsfähigkeit ausgeprägt ist. Dieses Durchstehvermögen wird am besten erarbeitet, wenn man Skilanglauf praktiziert. Danach ist Laufen die beste Trainingsart.

Das Laufprogramm ist dann erfüllt, wenn man ungefähr 160 km pro Woche so eben unterhalb des maximalen Steady States läuft. Zusätzlich können Sie noch etwas joggen, vorausgesetzt, daß Sie Lust oder die Zeit dazu haben.

Als wir das Buch »Run to the Top« Anfang der 60er Jahre vorbereiteten, bauten wir die Phase des Marathon-Konditions-Trainings auf diesen 160 km pro Woche auf. Viele Läufer übernahmen das irrtümlich als eine fest vorgegebene Forderung, was natürlich nicht zutrifft. In diesem Zusammenhang erwähnte einmal ein australischer Arzt, der großes Interesse an der Sportmedizin hatte, daß die 160 km pro Woche unzureichend wären und australische Athleten zweimal soviel laufen würden.

Er verstand nicht, was meine Athleten taten. Vielleicht deswegen nicht, weil wir es nicht verständlich genug erklärt hatten. Meine Athleten liefen 160 km pro Woche mit nahezu bestem aeroben Einsatz, und zwar im Rahmen ihrer abendlichen Trainingsläufe und der langen Dauerläufe am Wochenende. Aber ebenso wie die Australier liefen sie nochmals 160 km – in wesentlich langsamerem Tempo – in morgendlichen und mittäglichen Trainingseinheiten. Meine Mittelstreckenläufer, Peter Snell und John Davies, liefen wöchentlich die wenigsten Meilen, aber selbst sie spulten ungefähr 250 km pro Woche herunter.

Ich fragte den Arzt, ob er als Physiologe glaube, daß ein Läufer mehr als 160 km pro Woche über Monate hinweg mit vollem aeroben Einsatz trainieren könnte. Er konnte nicht antworten, weil er es einfach nicht wußte.

Aber ich hatte mir schon selbst bewiesen, daß kein Läufer das leisten konnte. Jahrelang lief ich viele Kilometer beim Versuch, die richtige Ausgewogenheit für mein Konditionstraining zu finden. Ich wußte, daß es sowohl im Hinblick auf den Umfang als auch auf die Intensität genauso leicht war, zu viel wie zu wenig zu trainieren. Ich lief vom niedrigsten Extrem von nur 80 km bis zum hohen Extrem von 500 km pro Woche mit meinem nahezu besten aeroben Einsatz, bevor ich mich auf 160 km pro Woche festlegte. Wenn ich außerdem noch zusätzlich die langsameren Ergänzungsläufe zu anderen Tageszeiten durchführte, fand ich heraus, daß sie mir halfen, mich von den langen aeroben Anstrengungen zu erholen. Außerdem beschleunigten sie meine Weiterentwicklung.

Laufen ist ohne Frage das beste Training für Läufer, und solange man auf den Grad der Anstrengung achtet, kann man sich wirklich nicht überanstrengen. Einige Physiologen behaupten, daß, wenn der Pulsschlag nicht auf 150 bis 180 Schläge gebracht werde, sich das Herz des Athleten nur geringfügig entwickelt. Das ist absolut falsch. Ich habe das nie geglaubt, denn wenn ein Athlet mit einem normalen Pulsschlag von 50 bis 60 Schlägen pro Minute diesen auf 100 erhöht, muß bei ihm eine Herzentwicklung stattfinden. Deshalb ist jedes ergänzende Jogging, auch wenn es nicht den gleichen Reiz auf den Organismus ausübt wie das Laufen im Bereich des maximalen Steady States, vorteilhaft für das Herz-Kreislauf-System. Darüber hinaus trägt es zur Erholung der Athleten bei.

Das lange, gleichmäßige Laufen, das ich als Marathon-Konditions-Training bezeichne, wurde entwickelt, um einen angenehmen Ermüdungszustand herbeizuführen und nicht einen Erschöpfungszustand, der das Programm des folgenden Tages durchkreuzt. Sie werden danach ziemlich schnell wieder regeneriert sein.

Deshalb müssen Sie zunächst herausfinden, was Ihre Basisfähigkeiten sind – der Ausgangspunkt, von dem aus Sie beginnen, Ihr maximales Steady State zu steigern. Der beste Weg, dies zu tun, ist ein Pendellauf von ca. 30 Minuten. Laufen Sie 15 Minuten in einem gleichmäßigen Tempo hinaus, so daß Sie das Gefühl haben, deutlich unterhalb Ihres vollen Einsatzes zu liegen. Machen Sie anschließend kehrt und laufen Sie wieder zurück. Versuchen Sie dabei, das Tempo beizubehalten und jede Kraftanstrengung zu vermeiden. Wenn Sie 20 Minuten für den Rückweg benötigen, zeigt das, daß Sie für Ihre Kondition anfangs zu schnell gelaufen sind. Wenn Sie ohne erkenntliche Erhöhung des Einsatzes weniger als 15 Minuten benötigen, waren Sie anfangs nicht schnell genug.

Zielen Sie darauf ab, beim nächsten Mal Ihr Lauftempo den aus dem ersten Lauf gewonnenen Erkenntnissen anzupassen.

Je mehr Sie über sich selbst lernen und Ihre allgemeine physische Kondition verbessern, desto weiter und schneller werden Sie laufen. Aber mittlerweile sollten Sie fest davon überzeugt sein, daß es die Laufschnelligkeit ist, die Sie aufgeben läßt, nicht die von Ihnen gelaufene Distanz. Ein Lauf, der Sie atemlos macht und Sie zum Kampf mit sich selbst zwingt, ist nicht aerob, sondern anaerob, und muß vermieden werden. Es ist weitaus besser, zu langsam als zu schnell zu laufen. Wenn Sie die Wichtigkeit dieser Tatsache erkennen und sich daran halten, dann sind Sie auf dem besten Weg, ein größerer Läufer zu werden, als Sie für möglich gehalten haben.

Wir haben bereits erwähnt, daß Sie anfangs lieber orientiert an Zeitabschnitten als entfernungsorientiert trainieren sollten. Auf diese Weise vergleichen Sie Ihre Anstrengungen nicht mit der 4:00-Minuten-Meile und entmutigen sich nicht selbst durch eine falsche Einschätzung Ihrer Leistungsfähigkeit. Jedermann hat einen anderen Fitneßstand und -hintergrund, der unabhängig von Alter oder Geschlecht ist, so daß es keinen verbindlichen Trainingsplan zu befolgen gilt. Deshalb soll der wöchentliche Trainingsplan morgens drei Dauerläufe beinhalten, die der Athlet in Abhängigkeit von seinem persönlichen Fitneßzustand als lang ansieht.
Wenn ein Läufer erst einmal bequem 15 Minuten pro Tag bewältigen kann, so könnte der Routineplan folgendermaßen aussehen:

Montag 15, Dienstag 30, Mittwoch 15, Donnerstag 30, Freitag 15, Samstag 15 und Sonntag 30 Minuten.

Wenn dieser oder ein ähnlicher von Ihnen ausgewählter Trainingsplan von Ihnen bequem bewältigt wird, verlängern Sie allmählich die Laufzeit, bis Sie folgenden Trainingsplan – und Sie werden überrascht sein, wie schnell das geht – erreicht haben:
Montag 1 Stunde, Dienstag 1 1/2 Stunden, Mittwoch 1 Stunde, Donnerstag 2 Stunden, Freitag 1 Stunde, Samstag 2-3 Stunden und Sonntag 1 1/2 Stunden.

Das Laufen muß kontinuierlich und gleichmäßig in einem Tempo erfolgen, welches Sie am Ende zwar ermüdet, Ihnen aber die Gewißheit gibt, daß Sie schneller hätten laufen können, wenn Sie gewollt hätten.

Die meisten Athleten bezweifeln, daß sie tagaus tagein lange Dauerläufe absolvieren können oder sogar, ohne zu stoppen, eine Stunde und länger laufen können. Insbesondere glauben sie dann nicht daran, wenn sie sich während der anfänglichen kurzen Dauerläufe extrem müde fühlen. Es ist eine Hürde, die Sie zu bewältigen haben, wenn Sie sich verbessern wollen. Aber Sie können sie mit Geduld und Beharrlichkeit bewältigen. Innerhalb weniger Wochen werden Sie herausfinden, daß das, was Ihnen unmöglich erschienen war, stetig leichter wird und Freude bringt. Nur, überstürzen Sie nichts. Wenn Sie erst einmal leichter die kurzen Dauerläufe absolvieren, werden Sie ein oder zweimal pro Woche die langen Dauerläufe durchführen, um Ihre Leistungsfähigkeit zu verbessern und Ihr Selbstvertrauen aufzubauen. Danach wird es Ihnen auch leicht fallen, den vorher erwähnten Trainingsplan in Angriff zu nehmen.

Der folgende Trainingsplan, der verglichen mit dem letzten eine erneute Steigerung darstellt, ist strecken- und nicht zeitbezogen. Er birgt das Risiko in sich, daß Sie beim Laufen abgemessener Laufstrecken anfangen werden, mit sich selbst zu wetteifern.

| | |
|---|---|
| Montag: | 15 km bei 1/2 Einsatz über unebenes Gelände |
| Dienstag: | 25 km bei 1/4 Einsatz über ziemlich flaches Gelände |
| Mittwoch: | 20 km bei 1/2 Einsatz über hügeliges Gelände |
| Donnerstag: | 30 km bei 1/4 Einsatz über relativ flaches Gelände |
| Freitag: | 15 km bei 3/4 Einsatz über flaches Gelände |
| Samstag: | 35 km bei 1/4 Einsatz über relativ flaches Gelände |
| Sonntag: | 25 km bei 1/4 Einsatz über ein beliebiges Gelände |

Es sind mehrere Strecken für dieses Training auszumessen. Jeder Kilometer wird gekennzeichnet, so daß Sie selbst mit ziemlicher Genauigkeit die Zeitnahme durchführen können. Sie dürfen diese Kennzeichnungen jedoch nicht wie 1 km-Abschnitte in einem Wettkampf benutzen. Der Einsatz muß immer kontrolliert sein.

Theoretisch werden Sie jetzt viele Kilometer in einem Tempo laufen, welches gerade innerhalb Ihres maximalen Steady States liegt, um so Ihr Atmungs- und Herz-Kreislauf-System der äußersten, sicher aeroben Belastung auszusetzen, um den bestmöglichen Entwicklungsfortschritt zu erzielen. Alle Ihre Läufe aber müssen Sie mit der Gewißheit beenden, daß Sie ein wenig schneller hätten laufen können.

Wenn Sie bei einem dieser Läufe etwas zurückstecken müssen, um Rhythmus und Atmung wiederzugewinnen, war das ein Warnzeichen dafür, daß Sie in den anaeroben Bereich vorgestoßen sind. Das ist weder wirtschaftlich noch wünschenswert. Sie könnten zwar ihre Läufe anaerob und ziemlich gleichmäßig für einige Tage fortsetzen, danach aber wären Sie wegen des allmählichen Zusammenbruchs Ihres ganzen Systems unfähig weiterzumachen. Übersehen Sie deshalb diese frühen Warnzeichen nicht und vermindern Sie Ihr Lauftempo.

Wenn Sie erst einmal den besten aeroben Einsatz für die einzelnen Strekken herausgefunden und festgelegt haben, können Sie die nachfolgenden Läufe entsprechend vorher bestimmter Zeiten durchführen. Das Laufen muß allerdings zügig und gleichmäßig sein. Sie dürfen nicht versuchen, Zeiten zu verbessern, die Sie früher möglicherweise auf den gleichen Strecken gelaufen sind.

Sie hatten vielleicht den Eindruck, daß marathonartiges Training langsames Laufen bedeutet. Das ist, abgesehen von den zusätzlich gelaufenen Kilometern, nicht der Fall. Die Läufer der Spitzenklasse joggen in dieser Phase ihrer Vorbereitung nicht einfach daher, sondern laufen mit Geschwindigkeiten von 3:45 bis 3:15 Minuten pro Kilometer. Es gibt immer noch Langstreckenläufer, die glauben, daß sie nicht schneller als 4:15 Minuten laufen sollten. Sie meinen, daß schnelleres Laufen kräftezehrend wirkt und zu schlechteren Ergebnissen führt; auch dies trifft nicht zu. Diejenigen Läufer, die ihr Tempo so einrichten, daß sie gerade innerhalb des maximalen Steady States bleiben, werden in weitaus geringerer Zeit die gleiche allgemeine Herzentwicklung erreichen wie Läufer, die mit einem Tempo unterhalb ihres maximalen Steady States trainieren.

Bei allem was bisher gesagt wurde, ist es natürlich wichtig, sich stets daran zu erinnern, daß es keine zwei gleichen Menschen gibt. Die in diesem Buch angeführten Trainingspläne, Zeiten und Strecken sind Richtlinien, die gemäß der individuellen Fitneß, dem Alter und Geschlecht flexibel zu handhaben sind. Das Alter darf keinen davon abhalten, Langstrecken in Angriff zu nehmen, solange man sich gut dabei fühlt und vorsichtig trainiert.

Vor ein oder zwei Jahrzehnten standen wir alle dem Problem sehr skeptisch gegenüber, ob es ganz jungen Menschen erlaubt werden sollte, Langstrecken zu laufen oder nicht. Heute wissen wir, daß es ihnen leicht fällt und gut tut, viele Meilen zurückzulegen, sofern sie nicht gedrängt werden. Ich habe von nur 10 Jahre alten Jungen und Mädchen gehört, die pro Woche bis zu 160 Kilometer laufen. Es gibt viele Männer und Frauen im Seniorenalter, die mit der gleichen Leichtigkeit wie junge Menschen bemerkenswert lange Strecken zurücklegen. Ihre relative Schnelligkeit mag völlig unterschiedlich sein, aber ihre allgemeine Entwicklung ist genauso gut – sie alle haben sich eine gute Ausdauergrundlage geschaffen.

Keiner kann genau sagen, wo die Grenze für den Einzelnen liegt. Jeder muß seinen Lauf darauf abstimmen, was er mag und womit er bequem umgehen kann, immer auf der Grundlage, je länger der aerobe Lauf ist, desto besser sind die Aussichten für die Entwicklung.

Wir werden uns den Anforderungen an junge Läufer später zuwenden. Aber ich möchte hier erwähnen, daß die Schwarzafrikaner einfach deswegen als bemerkenswert erfolgreiche Läufer herausgekommen sind, weil Laufen immer ein Teil ihres täglichen Lebens war. Viele von ihnen wurden Läufer, weil sie viele Meilen zu Fuß zurücklegen mußten. Wohin sie auch gingen, beispielsweise zur Schule, die schnellste Art, den Weg zu bewältigen, war eben das Laufen. Es war kein kontrolliertes Laufen, aber es war ein wichtiges Training, welches den Grundstein für ihre spätere Entwicklung als gute Wettkampfläufer legte. Sie lebten mit der Natur und gesünder als die meisten Menschen; so entwickelten sie ziemlich früh eine bessere Muskel- und Herzleistungsfähigkeit. Sie wurden besser, nicht weil sie Schwarze waren, sondern weil sie, ohne es zu wissen oder bewußt daran zu arbeiten, mehr Konditionstraining absolvierten als irgendein anderer.

Unsere Kinder bewältigen den Weg zwischen Elternhaus und Schule im Auto oder Bus; die Afrikaner erreichen die Schule bzw. das Elternhaus durch Laufen.

Ich hielt mich gerade in Saarijarvi, Finnland, auf, als Clarke zur Teilnahme an einem 3000 m-Wettkampf eintraf. Einer meiner Läufer, John Davies, der die Bronzemedaille hinter Snell in Tokio gewonnen hatte, lief ebenfalls in diesem Wettbewerb. Davies war diese Distanz vorher noch nie gelaufen. Weil er aber marathonartig trainiert hatte, war ich überzeugt, daß er trotz Clarkes Teilnahme gewinnen könnte. Ich riet ihm, bis auf die letzten 150 Meter hinter Clarke zu bleiben, mit der Begründung, selbst wenn Clarke geistig den Wettlauf bis dahin nicht aufgegeben hätte, er doch angesichts der Tatsache, Davis nicht loswerden zu können, die Endspurtschnelligkeit nicht haben würde, Davis' Herausforderung anzunehmen.

Und genau so geschah es. Davis schlug Clarke ganz bequem in 7:58 Minuten. Zwei Wochen später lief Davis in der Tschechoslowakei die gleiche Distanz und schlug den amtierenden olympischen 5000-Meter-Champion Bob Schul in 7:52 Minuten. Jeder seiner Erfolge war eine überzeugende Demonstration, welchen Wert die durch das marathonartige Training erworbene Ausdauer in Verbindung mit der Entwicklung der Laufschnelligkeit hat.

Nach dem Wettkampf in Saarijarvi fragte mich Clarke, warum er keine Schnelligkeit und keinen Antritt gehabt hatte, um Davis' Sprintkraft zu begegnen. Wir analysierten sein Training und fanden heraus, daß er, als er 1961 mit Cook und Vincent trainierte, ein Meilentempo von ungefähr 7 Minuten lief (ca. 4:15 Minuten pro Kilometer). Er fand, daß er durch dieses Laufen konditionell immer besser geworden war. Während Cook, Vincent und die übrigen Läufer ihr Lauftempo beibehielten, begann Clarke, schneller zu laufen. Sein Steady State verbesserte sich, und er begann Distanzen zu laufen, die er niemals zuvor versucht hatte. Zum Zeitpunkt der COMMONWEALTH GAMES in Perth war er fit genug, über 3 Meilen hinter Murray Halberg Zweiter zu werden.

Obwohl es richtig war, mit zunehmendem Steady State das Lauftempo zu erhöhen, unterließ Clarke es, das Programm bis zum geeigneten Abschluß durchzuziehen, um den vollen Nutzen aus seiner bis dahin erfolgten Entwicklung zu ziehen. Er konnte gewiß schneller laufen, aber seinem Training fehlte die wesentliche anaerobe Sprint-Komponente. Beides hätte zur Ausgewogenheit seines Trainingsprogramms beigetragen und ihm die notwendige Tempohärte und Spritzigkeit gegeben.

Auf meinen Rat hin begann er nun mit Wiederholungsläufen auf der Bahn, um seine Fähigkeit, anaerob zu laufen, zu verbessern. Das machte sich in einer hervorragenden Kondition so schnell und wirksam bezahlt, daß er bald nach Saarijarvi seine großartigen Weltrekorde über 6 Meilen und 10.000 Meter in Oslo lief.

Clarke war das gute, frühe Beispiel eines Athleten, der sich durch Intervalltraining nicht, wie man es hätte erwarten können, verbesserte. Er wurde der nutzlosen Schleiferei überdrüssig. Nachdem er einmal begonnen hatte, aerob zu trainieren, machte ihm sein Laufen wieder Spaß. Er verbesserte sich so erheblich, daß er nicht bereit war, das Training wieder aufzunehmen, das ihm zuvor nichts eingebracht und ihn so entmutigt hatte.

Ich glaube immer noch, daß Clarke der beste Langstreckenläufer war, den die Welt bisher gesehen hat, aber leider waren seine Trainingspläne unangemessen, und er versagte deshalb bei wichtigen Wettkämpfen. Er bewies, daß es nicht immer die besten Athleten sind, die große Wettkämpfe gewinnen – es sind die am besten vorbereiteten, jene, die am Tag des Wettkampfs voll da sind.

Beim Konditionstraining müssen alle Athleten auf den Unterschied zwischen der Entwicklung des Herz-Kreislauf-Systems und des muskulären Systems achten. Nur durch Hochtreiben des Körpergewichts gegen die Erdanziehung, durch den Einsatz der kraftvollen Oberschenkelmuskeln und der Fußgelenke, können Sie das Herz über längere Perioden wirklich intensiv belasten. Läufer sind in der glücklichen Lage, alle für ihren Sport benötigten Muskeln während des Konditionstrainings tatsächlich zu beanspruchen. Um die Entwicklung abzurunden, ist es lediglich nur noch notwendig, bei jeder Gelegenheit Beweglichkeits- und Auflockerungsübungen durchzuführen. Der Laufumfang darf dadurch allerdings nicht geschmälert werden.

Der Untergrund, auf dem Sie laufen, ist wichtig. Je besser der Untergrund und die damit verbundene Bodenhaftung, desto besser wird die Entwicklung des Kreislauf- und Atmungssystems sein. Gute Bodenhaftung erlaubt wirtschaftliches und ausgewogenes Laufen, was wiederum ein höheres Tempo über längere Perioden innerhalb des maximalen Steady States ermöglicht.

Es ist erwähnenswert, daß Skilangläufer ein höheres maximales Steady State entwickeln als Läufer, weil sie mehr Muskeln bei ihrem Sport beanspruchen. Aber bei Läufern ist die Entwicklung des Beinkreislaufs besser.

Davon ausgehend ist wichtig, darauf hinzuweisen, daß, weil der Skilanglauf mehr Muskeln beansprucht – Arme, Schultern und Rückenmuskeln spielen eine große Rolle -, Skilangläufer einen schnelleren Energieverlust aufweisen. Dies zeigt auch, daß beim Einsatz von Muskeln, die nicht beim Laufen beansprucht werden (beispielsweise übermäßige Arm-und Schulterbewegung), eine Energievergeudung zu beobachten ist, die sich auf das Lauftempo und die Laufdistanz negativ auswirkt.

Die meisten meiner Läufer trainierten auf Asphaltstraßen, weil die Bodenhaftung hier am besten war. Wir stellten das fest, indem wir eine Stunde querfeldein liefen und die gelaufene Distanz mit der Strecke , die wir nach einer Stunde auf der Straße zurückgelegt hatten, verglichen. Auf der Straße wurde ohne Mehreinsatz eine viel größere Strecke zurückgelegt. Das allein deshalb, weil die bessere Bodenhaftung einen wirtschaftlicheren Bewegungsablauf erlaubt.

Querfeldeinlaufen ist wegen des andauernden Widerstands des bergauf und bergab Laufens auf schlüpfrigem, nassem oder schwerem Boden, wo die Bodenhaftung mittelmäßig bis sehr schlecht ist, ermüdend. Leistungseinbrüche werden hier durch die Muskeln hervorgerufen, nicht durch das Herz. Selbst wenn Straßen hügelig sind, kann der Läufer aufgrund der guten Bodenhaftung wesentlich entspannter laufen als beim Querfeldeinlauf. Die allgemeine Ermüdung mag größer sein, aber das ist kein Problem, so lange der Läufer innerhalb des Steady States läuft. Grundsätzlich trägt eine gleichmäßig hohe ökonomische Belastung zu einer besseren Entwicklung des Herz-Kreislauf-Systems bei als die begrenzte, ungleichmäßige Belastung beim Querfeldeinlauf.

Haben Sie keine Angst, auf Straßen zu trainieren. Wenn Sie gute Schuhe mit Gummisohlen tragen, ist die Verletzungsgefahr oder sind die Beinprobleme tatsächlich geringer, als wenn Sie mit Spikes auf harten Aschenbahnen laufen.

Im ersten Jahr Ihres marathonartigen Trainings bekommen Sie wahrscheinlich Reizerscheinungen im Bereich der Beine, besonders oberhalb der Knie und Schienbeine. Gewöhnlich verschwinden die Reizerscheinungen, wenn Sie vorsichtig weitertrainieren. Bleiben die Reizerscheinungen, muß ein Arzt aufgesucht werden. Setzen Sie während dieser Zeit die Beine keinen starken Stauchungen aus; vermeiden Sie es, zu schnell bergab zu laufen, suchen Sie sich einen weicheren Untergrund zum Trainieren aus und halten Sie die betroffenen Stellen warm.

Wir werden Läuferprobleme später ausführlich besprechen,aber Sie sollten wissen, daß Schienbeinreizungen normalerweise von zu lang gezogenen Schritten oder zu schnellem Lauf bergab stammen. Beides läßt die Fußballen hart nach unten schlagen, wodurch die Schienbeinmuskeln erschüttert, die Nerven und das Bindegewebe zwischen Knochen und Muskeln gereizt werden. In einigen Fällen reißen die Muskelhüllen.

Verkürzen Sie Ihre Schritte, laufen Sie nicht schnell bergab, und Sie werden das Problem in den Griff bekommen, obgleich es nicht leicht ist. Schienbeinreizungen brauchen, wenn sie erst einmal aufgetreten sind, einige Zeit bis zur völligen Genesung. Wenn Sie ein Läufer mit großer Schrittlänge und anfällig für Schienbeinreizungen sind, können Sie den »Klatscheffekt« mindern, indem Sie den vorderen Teil des Schuhs mit einer gesonderten Gummisohle versehen.

Bei allen Beinbeschwerden ist Waten in kaltem Wasser eine ausgezeichnete Hilfe. Eispackungen helfen ebenfalls.

Bei allen Läufern treten anfangs Beschwerden auf. Aber alles ist überwindbar, wenn mit Überlegung und Vorsicht vorgegangen und guter, professioneller Ratschlag befolgt wird. Die meisten der weltbesten Athleten haben ihre Rückschläge erlebt und haben sich von ihnen wieder erholt.

Ich habe die Wichtigkeit entspannten Laufens unterstrichen, deshalb lassen Sie mich erklären, was ich meine. Während des langen Dauerlaufs müssen Sie sich immer darauf konzentrieren, entspannt zu sein, insbesondere im Oberkörper. Halten Sie Ihren Kopf oben und Ihre Hüften bequem vorn; dies erlaubt Ihnen, einen längeren und wirtschaftlicheren Laufschritt einzuschlagen.

Vergeuden Sie niemals Ihre Energie, halten Sie Ihre Arme tief. Läufer mit hohen Armbewegungen sind nicht entspannt und neigen dazu, ihre Oberkörper von einer Seite auf die andere zu werfen. Die Fortbewegung wird dadurch etwas gemindert und Energie wird sinnlos vergeudet.

Prüfen Sie Ihre Fußabdrücke beim Laufen auf Sand oder auf taufeuchtem Gras. Wenn Sie ausbalanciert laufen, dann verlaufen die Fußabdrücke nahezu auf einer Linie.

Laufen Sie nicht auf den Fußballen. Wenn Sie aerob oder im unteren anaeroben Bereich laufen, bewegt sich der Körperschwerpunkt nur langsam über den führenden Fuß. Wenn Sie also auf den Fußballen aufsetzen, entsteht zuviel Bodenreibung und die Bewegung wird gehemmt. Das führt zu Blasen an den Füßen und Schienbeinreizungen.

Das Laufen auf den Fußballen beansprucht auch die Wadenmuskulatur auf unnatürliche Weise, was auf einer langen Strecke unbequem und ermüdend ist. Es ist dagegen wesentlich wirtschaftlicher und natürlicher, mit fast flachem Fuß aufzusetzen, d.h., mit der Ferse geringfügig früher als mit dem übrigen Fuß, und dabei leicht vom Außenrist nach innen abzurollen. Es gibt Läufer, die auf ihren Fußballen laufen können; aber ich behaupte, nach der beschriebenen Methode würden sie noch besser laufen.

Über 800 m und kürzere Distanzen laufen Sie natürlich auf den Fußballen, wie es alle Sprinter tun, wenn sie ihre Körper nach vorn werfen, um eine maximale Schnelligkeit und einen optimalen Antrieb zu erreichen. Bevor Sie jedoch soweit sind, vorausgesetzt, dies ist Ihre beabsichtigte Wettkampfstrecke, werden Sie trainingsmäßig entsprechend vorbereitet.

Einige Läufer scheinen ziemlich straffe oder kurze Sehnen auf den Beinrückseiten zu besitzen, die sie bei aeroben Belastungen am Abrollen hindern. Dies führt zu der oben erwähnten Bewegungshemmung. Diese Läufer haben oft Fußprobleme, wie Blasen und Verletzungen des Mittelfußknochens, die durch Reibung während intensiven aeroben Laufens verursacht werden. Sie müssen darauf achten, die Bewegung Ihrer Füße in den Schuhen einzuschränken, indem Sie die Schuhe fest und richtig zubinden und die Füße vielleicht zusätzlich mit einem gleithemmenden Mittel einreiben.

# 3. Schnelligkeit und das anaerobe Leistungsvermögen

Die Phase, die dem Marathon-Konditions-Training folgt, sollte bereits von Anfang an in Ihren Gedanken verankert sein. Sie sollten sich darauf einstellen, indem Sie ziemlich regelmäßig Kraftarbeit für Ihre Beinmuskeln durchführen und Ihre Sehnen dehnen, um Flexibilität und Geschmeidigkeit zu erreichen. Sprungläufe bergan und Bergläufe dürfen in Ihrem Marathon-Konditions-Training nicht fehlen. Diese Übungen sind ein zusätzlicher Anreiz für die Entwicklung der Oberschenkelmuskeln und Gelenke. Diese Trainingsformen sollten Bestandteile Ihrer ergänzenden Joggingeinheiten sein.

Am Ende des Marathontrainings sollten Sie eine hohe allgemeine Ausdauer besitzen und körperlich in guter Verfassung sein, um mit der Entwicklung der Schnelligkeit und der Verbesserung der anaeroben Kapazität beginnen zu können – zwei Bestandteile des Programms, die wir bis jetzt absichtlich außeracht gelassen haben.

Einige von Ihnen können sich glücklich schätzen, gewisse natürliche Talente bzw. Veranlagungen zu besitzen, die Ihnen auf einigen Gebieten des Trainings helfen werden. Eine gute Grundschnelligkeit mag eines dieser Talente sein. Sie ist ein bestimmender Faktor bei der Festlegung der für Sie am besten geeigneten Wettkampfdisziplinen. Beim jetzt erreichten Konditionsstand ist es an der Zeit, das herauszufinden. Vorher waren Sie nicht fit genug, um sich selbst genau zu prüfen, aber unabhängig davon, ob Sie nun als ein aussichtsreicher 800 m-, 10.000 m- oder Marathonläufer hervortreten, Ihr Konditionstrainingsprogramm wäre das gleiche gewesen.

Der wesentliche Punkt ist, daß kein Mensch und auch kein Training einen grundsätzlich langsamen Läufer zu einem grundsätzlich schnellen Läufer machen können. Größere Schnelligkeit kann durch Muskeltraining und allgemeines Konditionstraining bis zu einem gewissen Grad entwickelt werden, aber ein grundsätzlich langsamer Läufer wird im Verhältnis zu anderen Läufern grundsätzlich langsam bleiben. Wenn er gewinnen will, muß die Entscheidung auf Distanzen fallen, bei denen das Manko der fehlenden Grundschnelligkeit keine Rolle spielt, dafür aber andere Qualitäten, wie Ausdauer und Kraft, gute Aussichten auf Erfolg bieten. Ich erinnere Sie an meine frühere Aussage, daß Snell wesentlich langsamer war als die meisten anderen 800 m-Läufer, auf die er traf, – und an die Endergebnisse dieser Wettkämpfe.

Ihre Muskeln enthalten eine Anzahl von Fasern, einige davon sind rot, die anderen weiß. Die roten Muskelfasern enthalten Myoglobin, welches chemisch mit dem Hämoglobin des Blutes verwandt ist. Muskeln, in denen rote

Muskelfasern überwiegen, sind für langsame, kraftvolle Kontraktionen geeignet. Sie sind nicht leicht zu erschöpfen. Die weißen Muskelfasern dagegen enthalten weniger Myoglobin und sind auf schnelle Kontraktionen spezialisiert, ermüden jedoch sehr viel eher.

Läufer mit einer guten Grundschnelligkeit scheinen einen höheren Anteil weißer Muskelfasern zu haben, als dies normalerweise der Fall ist. Sie wurden mit diesem Vorteil geboren, und nichts kann das ändern, obgleich die Muskelfasern durch spezielle Trainingsformen dicker und allgemein leistungsfähiger werden.

Es gibt zwei Arten von Muskelkontraktionen, isotonische und isometrische. Die Kontraktion ist isotonisch, wenn die Muskelarbeit zu Bewegungen führt, wie etwa Heben, Drücken oder Ziehen eines bewegbaren Gegenstandes. Die Kontraktion ist isometrisch beim Drücken, Ziehen oder Heben eines unbeweglichen Gegenstandes. Beiden Krafttrainingsformen kommt ein angemessener Wert im Training zu, und die Frage ist lediglich, ob Athleten und Trainer sie auswerten und spezifischen Entwicklungsphasen zuordnen.

Wenn es das Ziel ist, Schnelligkeit zu entwickeln, muß man sich auf die weißen Muskelfasern konzentrieren. Von diesen Muskeln wird verlangt, daß sie sich beim Sprinten während eines kurzen Zeitabschnitts in kurzen Abständen sehr stark kontrahieren. Deshalb müssen diese Muskeln wiederholten kurzen und schnellen Belastungen ausgesetzt werden. Diese dürfen nicht zu erschöpfend wirken, müssen aber ausreichen, alle Muskelfasern zu reizen, damit sie reagieren. Ich habe herausgefunden, daß isotonisches Training besser ist. Der Grund ist nicht der bewegliche Gegenstand, sondern der sich in Bewegung befindliche Körper; und bei Hügelsprüngen leistet der Athlet eine isotonische Arbeit, die der im Wettkampf verlangten ähnelt, allerdings ohne die übermäßige anaerobe Anstrengung.

Grundsätzlich wird Schnelligkeit auf zwei Arten erreicht – durch eine Vergrößerung der Schrittlänge und durch eine höhere Schrittfrequenz. Um eine vergrößerte Schrittlänge zu entwickeln, müssen Kraft und Beweglichkeit der Beine verbessert werden. Um die Schrittfrequenz zu erhöhen, müssen Sie schnelle Reflexe und bessere Bewegungskoordination entwickeln, sich allerdings auch in Entspannung üben sowie Technik und Beweglichkeit ausarbeiten.

Bei allen Laufarten ist es wichtig, einen starken Quadrizeps zu besitzen, um gute Kniearbeit (hohe Kniehaltung) über die ganze von Ihnen zu laufende Distanz beizubehalten. Wie hoch die Knie gezogen werden, ist abhängig von Ihrem Lauftempo. Ein Marathonläufer wird nicht mit besonders ausgeprägter Kniearbeit laufen, aber er sollte in der Lage sein, die Knie viel höher nach oben zu bringen, als es tatsächlich nötig ist. Nicht nur, weil es zu einer Verlängerung der Schrittlänge führt, sondern weil es den Hebelarm verkürzt und die Füße dadurch in den Sekunden des Laufes, in denen der Läufer seinem Körper alles abverlangt, hoch und schnell durchgezogen werden.

Denken Sie über diesen Hebelarm nach: Wenn Sie aus dem Handgelenk heraus eine 3 m lange Stange bewegen, werden Sie keine Chance haben, das äußere Ende so schnell wie das eines 10 cm langen Stabes zu bewegen. Das Hochheben der Knie hat die gleiche Wirkung bezogen auf die Füße, weil es zu einer effektiven Verkürzung des Hebelarmes führt.

Daß diese Qualität nicht weit genug entwickelt wird, kann bei den 400 m-Läufern auf der ganzen Welt beobachtet werden. Ich habe zu viele Läufer beobachtet, die die letzten 50 m ohne jegliche Kniearbeit liefen. Ihre Oberkörper versteiften sich, und ihre Beine begannen zu schwanken, weil ihre Quadrizeps nicht stark genug waren, eine gute Kniearbeit beizubehalten. Die meisten von ihnen sind gute 300 m-Läufer, die die letzten 50 bis 100 m zum Ziel kaum durchstehen. Wenn dies leicht über 400 m passieren kann und derartige Auswirkungen hat, stellen Sie sich einmal vor, was bei Langstreckenläufen passieren kann.

Suchen Sie deshalb regelmäßig steile Hügel auf. Laufen Sie sie hoch, damit die großen Oberschenkelmuskeln beansprucht werden. Lassen Sie die Muskeln die Belastung spüren, aber versuchen Sie nicht, die Hügel zu schnell hinauf zu laufen. Diese Trainingsform ist zur Verbesserung des anaeroben Leistungsvermögens nicht geeignet.

Halten Sie während dieser Phase die Beweglichkeits- und Lockerungsübungen auf einer regelmäßigen Grundlage bei. Widmen Sie der Gelenkbeweglichkeit dabei besondere Aufmerksamkeit. Beobachten Sie die Fußgelenke von Turnern und Balletttänzern, und Sie werden sehen, welch große Beweglichkeit erzielt werden kann. Der Vorteil der höheren Schritteffizienz rechtfertigt den geringen Aufwand, den es erfordert, die Fußgelenke zu stärken und beweglich zu machen.

Während des Schnelligkeitsaufbaus beobachten Sie sorgfältig Ihre Technik. Ihre Laufhaltung muß ausbalanciert und entspannt sein, und Sie müssen eine wirtschaftliche Schrittlänge beibehalten.

Zurück zur Bestimmung Ihrer Grundschnelligkeit. Für den Sprint, mit dessen Hilfe Ihre Grundschnelligkeit gemessen werden soll, sollten Sie fit genug sein – laufen Sie lieber über 200 m als über 100 m, weil Ihr Start auf der kürzeren Strecke die Zeit zu stark beeinflussen und somit kein genauer Wert erzielt werden kann. Bei Strecken über 200 m dagegen ist Ausdauer erforderlich, und das kann ebenfalls das Ergebnis beeinflussen.

Der Sprinttest ist der beste Weg, Ihre Möglichkeiten zu beurteilen. Es sind nicht Körperbau, Beinlänge oder Gewicht, die diese Entscheidung für die Festlegung der Wettkampfdistanz beeinflussen, sondern es ist Ihre Grundschnelligkeit. Wenn Sie zum Beispiel 200 m nicht schneller als 26 Sekunden laufen können, können Sie die Halbmeilendistanz vergessen; kein Training der Welt wird Sie zum 800 m Champion machen.

Halbergs 200 m-Bestzeit betrug ungefähr 24 Sekunden. Um 800 m in 1:52 Minuten zurückzulegen, mußte er nahezu mit seinem vollen Sprinttempo laufen. Er konnte einfach nicht schneller laufen. Er verfügte jedoch über eine derartige Ausdauer, daß er, nachdem er 800 m in dieser Zeit gelaufen war, bald darauf nochmals 800 m in dieser Zeit laufen konnte. Er konnte zwölfmal so lange Distanzen in einem Tempo zurücklegen, das nahezu seiner Grundschnelligkeit entsprach. Dennoch konnte er auf keinen Fall jemals ein großer 800 m-Läufer werden.

Der Athlet, der 200 m in 22,5 Sekunden laufen kann, ist grundsätzlich schnell genug, Olympiasieger über 800 m zu werden. Snell bewies dies, denn er lief 22,3 Sekunden. George Kerr konnte 21 Sekunden laufen, aber ihm fehlte das Durchstehvermögen, das schnelle Tempo über die gesamte Distanz durchhalten zu können, während Snell über 800 m fast keine Müdigkeit verspürte. Roger Moens, der Zweite hinter Snell über 800 m in Rom, und Snell waren die langsamsten 200 m-Läufer im Feld, aber beide waren Männer mit Durchstehvermögen und konnten die 800 m mit nahezu höchstmöglicher Geschwindigkeit durchlaufen. Schnelle Läufer ohne Durchstehvermögen hatten keine Chance gegen sie, sofern das gleiche hohe Tempo in den Vorläufen und im Endlauf beibehalten wurde.

Ich habe diese Theorie überprüft und habe sie so oft bewiesen, daß es eigentlich keine Theorie mehr ist. Es ist eine Tatsache, die man nicht mehr verleugnen kann. Versuchen Sie beispielsweise die Leistungsfähigkeit eines Läufers nach seinem Äußeren zu beurteilen. Der durchschnittliche Langstreckenläufer ist ein drahtiger Typ, der Mittelstreckenläufer ist kräftiger gebaut. Der Sprinter wiederum sieht noch kräftiger aus. Aber es gibt so viele Ausnahmen, daß Mutmaßungen aufgrund der körperlichen Erscheinung bedenklich sind.

Ein sehr bekannter Trainer richtete sich nach körperlichen Kriterien, wie lange, schlanke Füße, um eventuelle Erfolgsaussichten auszuloten. Ich fragte mich oft, wie er wohl Snells gewaltige Füße eingestuft und den Unterschied zwischen Snells 76 kg und Halbergs 57 kg bewertet hätte. Diese beiden Läufer waren trotz ähnlicher läuferischer Fähigkeiten körperlich völlig verschieden.

Athleten und Trainer erkennen immer noch nicht die Bedeutung der Grundschnelligkeit. Das Ergebnis ist, daß eine Menge Läufer nicht richtig eingesetzt werden, weil sie über Distanzen laufen, die sie niemals meistern können, bis sie sich auf ihnen »sauer« gelaufen haben. Einer von Neuseelands ersten großen 1/2 Meilen-Läufern, Doug Harris, quälte sich jahrelang als ein Durchschnittssprinter. Er wechselte zur Halbmeilendistanz, weil er seiner ständigen Niederlagen überdrüssig war. Die Neuseeländer erkannten, daß sie einen Läufer von internationaler Klasse hatten, denn er hätte die Meile unter 4 Minuten laufen können, als andere davon noch träumten. Aber unglücklicherweise erlitt er eine Verletzung und war gezwungen, vom Sport Abschied zu nehmen, bevor er sein Potential oder die ihm zustehende Anerkennung erreichen konnte.

Dies bedeutet nicht, daß ein Sprinter auch ein guter Mittelstreckler ist. Es bedeutet vielmehr, daß viele Möchtegern-Sprint-Champions bessere Mittelstreckler abgeben würden, weil sie wegen ihrer mangelnden Grundschnelligkeit geschlagen werden.

Beim Laufen kann man sich selbst als »Zieher« oder »Treiber« einordnen. Der »Zieher« ist derjenige Läufer, der über den Boden gleitet ohne eine sichtbare große körperliche Anstrengung, und das ist gewöhnlich die ideale Voraussetzung für den Crosslauf. Der Laufstil des »Treibers« ist mühseliger, und er kann auf rauhem oder weichem Boden in Schwierigkeiten geraten, weil er härter arbeiten muß, um das Tempo beizubehalten. Dabei ermüdet er natürlich schneller.

Der Irländer Ron Delaney war ein typischer »Treiber«, er lief verkrampft. Halberg war ein »Zieher«, er glitt nur so dahin.

Der entspannte und wirtschaftliche Bewegungslauf von Barry Magee, der die Bronzemedaille im Marathonlauf in Rom gewann, überzeugte mich, lange bevor er an eine Marathonteilnahme dachte. Er war das Musterbeispiel eines Läufers, der jeden unnötigen Kraftaufwand scheute und 65 km laufen konnte, ohne sich müde zu fühlen. Sein endloses Gleiten war natürlich. Alles, was ich für mich in Anspruch nehmen kann, ist, daß ich seine Leistungsfähigkeit erkannt habe und ihn auf der Distanz einsetzte, für die er am besten geeignet war, und daß ich den Plan ausarbeitete, der ihn zur »Spitze« laufen ließ und ihn dort gehalten hätte, wenn nicht andauernde Beinbeschwerden ihn gezwungen hätten, sich vom Sport zurückzuziehen. Jetzt, als Seniorenläufer, kann er einen Marathon bei geringem Trainingsaufwand noch in 2:30 Stunden laufen.

Das Alter bestimmt Ihre Leistungsfähigkeit ebenfalls. Sie dürfen nicht übereilt auf Ihrer besten Distanz eingesetzt werden. Zum Beispiel sollte ein eigentlicher 3 Meilen-Läufer mit 25 Jahren reif genug sein, seine besten Läufe zu absolvieren und sollte nicht entmutigt sein, wenn er mit zweiundzwanzig noch keine Klassezeiten erreicht. Es war diese Überzeugung und die Situationseinschätzung, die mich voraussagen ließ, daß Halberg ein Weltrekordler werden würde, lange bevor es tatsächlich eintrat.

Snell war mit zweiundzwanzig Jahren ein Champion und hatte es in der Hand, der größte Läufer der Geschichte zu werden. Ich glaube immer noch, daß seine Laufqualität niemals überboten worden ist. Als wir das Buch »Run to the Top« schrieben, sagte ich voraus, daß für alle zu diesem Zeitpunkt aktiven Läufer 3:47 Minuten über die Meile, 1:44 Minuten über die halbe Meile, 13 Minuten über 3 Meilen und 27 Minuten über 6 Meilen innerhalb des Erreichbaren wären. Snell erreichte nur zwei Jahre später die 1:44 Minuten in einem bemerkenswerten Sololauf auf einer Grasbahn.

Snell, Halberg und Magee, sie alle gebrauchten ihre unterschiedliche Grundschnelligkeit zu ihrem besten Vorteil, und das ist es, was in Ihrem Lauf so wichtig ist – zu entdecken, wie hoch Ihre Grundschnelligkeit ist, so daß Sie anfangen können, sich Ziele zu setzen, die Aussicht auf Erfolg haben.

Sie befinden sich jetzt in der Trainingsphase, in der Ihr maximales Steady State so hoch wie möglich sein sollte und Sie bereit sein sollten, sich daran zu gewöhnen, anaerob zu trainieren. Ihr Trainingsplan enthält jetzt kleine Anteile anaeroben Laufens, und diese werden in Intensität und Volumen stetig zunehmen.

Das ist, ähnlich wie die meisten anderen Phasen, zeitaufwendig. Deshalb sollten Sie jetzt unnötige Trainingsinhalte vermeiden. Die Steigerung der Schnelligkeit, der Kraft, der Beweglichkeit, der Technik und Ihrer anaeroben Fähigkeit verlangt von Ihnen genug, worauf Sie sich konzentrieren müssen, und jede vergeudete Zeit bedeutet einen Verlust der angestrebten Verbesserung.

Wie ich bereits vorher sagte, ist Laufen das beste Training, und wenn Sie berufstätig sind, wird Ihre Zeit ohnehin begrenzt sein. Weil Sie deshalb möglicherweise keine Zeit haben, das notwendige Laufen und die anderen wichtigen Aktivitäten getrennt durchzuführen, haben wir Lauftrainingsformen zusammengestellt, die alle diese Bestandteile enthalten. Führen Sie diese Trainingsformen auf die richtige Art und Weise durch, und Sie werden nicht nur Zeit gewinnen, sondern auch gute Resultate erzielen.

Meine Trainingspläne sind so aufgebaut, daß alle wesentlichen Aspekte innerhalb jeder Trainingseinheit Berücksichtigung finden. Passen Sie jedoch auf: Die Klugen trainieren nur gemäß ihres Alters, ihrer körperlichen Kondition und Leistungsfähigkeit. Sie lernen schnell, Ihre Grenzen zu erkennen und trainieren dieser Erkenntnis entsprechend. Sie erhöhen Trainingsumfang und -intensität nur dann, wenn Sie fühlen, daß Ihre Kondition dies zuläßt. Wenn Sie versuchen, zu schnell zu laufen (sowohl im Training als auch im Wettkampf), werden Sie Enttäuschungen hinnehmen müssen. Sie müssen Ihr Training und seine Auswirkungen klar verstehen. Ihr Training muß von diesem Verständnis geleitet sein.

Gehen Sie Ihren Trainingsweg mit Gefühl und Geduld, und führen Sie auf jeder Stufe nur das Training durch, wozu Sie sich befähigt fühlen. Die Trainingspläne in diesem Buch geben nur Hinweise, was das wünschenswerte Optimum sein könnte. Die Pläne können berichtigt und die Belastung verringert werden, und trotzdem können noch ausgezeichnete Ergebnisse erzielt werden. Dies ist besser, als sich beim Trainieren abzuquälen, um die angegebenen Richtwerte zu erreichen.

Versuchen Sie, einen Hügel mit mindestens 300 m Hanglänge von 30 % zu finden. Die beste Laufstrecke ist ein Rundkurs mit einem kleinen, steilen Hügel für das Laufen bergauf und einem flacheren Hügel für das Laufen bergab sowie ziemlich flachen Abschnitten auf den Hügeln bzw. zwischen den Hügeln für Schnelligkeitstraining und Jogging.

Wenn Sie mit Ihrem Training auf dem Hügelrundkurs beginnen, laufen Sie zuerst im Aufwärmtempo ungefähr zwei Kilometer. Wenn es die Temperatur erlaubt, legen Sie unnötige Kleidung ab, um Bewegungsfreiheit zu erhalten. Das ist in dieser Phase des Trainings wichtig.

Am Fuß des steileren Hügels beginnen Sie, auf den Fußballen nach oben zu springen. Sie müssen den Körperschwerpunkt hochdrücken und nach unten fallen lassen, um Ihr Körpergewicht als einen von den Beinmuskeln zu überwindenden Widerstand wirken zu lassen. Die extreme Beinarbeit verhilft Ihnen zu kräftigeren und beweglicheren Muskeln. Drücken Sie sich mit den Fußballen kräftig nach oben, beugen Sie Ihre Fußgelenke so weit wie möglich, und wenn Sie mit dem Vorfuß aufsetzen, senken Sie die Ferse bis unterhalb der Zehenhöhe ab, wenn das Gewicht abgefangen wird. Das dehnt die Wadenmuskeln so weit wie möglich und übt Widerstand aus, was die Muskelfasern gründlich trainiert.

Ein anderes Beispiel für das Prinzip des kurzen Hebelarms, das ich früher erwähnte, ist ein sich auf dem Fleck drehender Eisläufer, der seine Drehgeschwindigkeit durch weggestreckte oder an den Körper angelegte Arme kontrollieren kann. Die Drehgeschwindigkeit verringert sich bei weggestreckten Armen und erhöht sich, wenn die Arme an den Körper angelegt werden. Wenn Sie also die Schrittfrequenz erhöhen wollen, müssen Ihre Beine so dicht wie möglich am Gesäß von hinten nach vorn durchgezogen werden. Wenn Sie Ihre Füße dicht über dem Boden nach vorne bewegen, ist die Schrittfrequenz viel langsamer. Sie können Ihre Füße jedoch nicht mit einer hohen Beinbewegung nach vorn bringen, wenn Sie Ihre Hüften nicht vorn haben. Einige der weltbesten Sprinter laufen in einer scheinbar nach rückwärts gelehnten Haltung; ich schlage nicht vor, daß Sie derart übertreiben, Sie müssen jedoch zugeben, daß es der bequemen, wirtschaftlichen und schnellen Beinarbeit einfach zuträglich ist.

Konzentrieren Sie sich auf das Laufen mit hoch erhobenem Kopf, und schauen Sie geradeaus. Wenn Sie Ihren Kopf nach vorn fallen lassen, werden Ihre Hüften hinten gehalten, und das verhindert, daß die Knie nach oben geführt und die Füße hoch genug durchgezogen werden.

Ich habe Athleten beim Laufen beobachtet, die ihre Hüften hinten hielten, eine ausgeprägte Vorwärtsneigung aufwiesen und ihre Fersen dicht ans Gesäß brachten. Sie vermittelten mir immer das Gefühl, als wollten sie geradewegs in den Boden hinein laufen. Ihre Körperhaltung zwang sie, mit kurzen Schritten zu laufen, wodurch sie sich selbst daran hinderten, eine höhere Schnelligkeit zu erreichen. Ich kannte Sportler, die krampfhaft versuchten, bei einem Mittelstreckenlauf mit dem Feld mitzuhalten, obwohl sie durch eine Verlagerung der Hüften nach vorne ihren Schritt hätten verlängern können. Dadurch hätten sie Kräfte sparen und somit eine höhere Laufgeschwindigkeit erreichen können. Das hat nichts mit Konditionstraining oder ähnlichem zu tun, sondern ist einfach eine schlechte Technik.

Dies alles hängt mit dem bereits erwähnten entspannten Laufen zusammen, mit der Koordination der Arme und Beine sowie den entspannten Arm-, Schulter-, Hals- und Gesichtsmuskeln.

Berücksichtigen Sie diese Tatsachen. Wenn Sie einen Sprunglauf bergan durchführen, müssen Sie dies mit entspannten Bewegungen tun. Halten Sie Ihren Kopf hoch und schauen Sie voraus. Nehmen Sie dabei die Hüften leicht nach vorne, bewegen Sie die Beine aktiv nach vorne-unten und drükken Sie sich dynamisch mit den Fußballen ab, wodurch Sie den Körperschwerpunkt nach oben bringen. Die Beinmuskeln nehmen dann den Widerstand des Körpergewichts in dem Moment auf, in dem die Füße auf den Boden auftreffen. Ihr Lauf den Hügel hinauf wird nicht schnell, aber gleichmäßig sein.

Betreiben Sie die Sprungläufe bergan nur so intensiv, wie es Ihre Kondition erlaubt, und erhöhen Sie nur dann die Belastung, wenn sich Ihre Muskeln an die letzte Steigerung gewöhnt haben. Erholen Sie sich anschließend oben auf dem Hügel durch leichtes Jogging, hören Sie nicht auf zu laufen. Sind Sie am Abhang angekommen, sollten Sie mit entspannten, langen Schritten etwas schneller laufen. Die Muskeln, denen nun kein Widerstand mehr entgegengesetzt wird, können sich weiter erholen. Sie werden ein allgemeines Dehnungsgefühl in den Beinen, den Bauchmuskeln und in den Hüften spüren. Es wird Sie daran erinnern, etwas mehr für Ihre Bauchmuskeln zu tun. Das hilft Ihnen, eine leichtere Atmung während des Tempolaufens zu erreichen, wenn sich Ihr Herz und Ihre Lunge ausgedehnt haben. Sind Ihre Bauchmuskeln nicht geschmeidig, setzen Sie Ihr Zwerchfell unter Druck. Die Bänder, die das Zwerchfell mit dem Skelett verbinden, werden gespannt. Dies führt dann zu Magenkrämpfen oder Seitenstichen. Wenn Sie schon einmal Seitenstiche hatten, dann wissen Sie, daß diese zu einer drastischen Verringerung der Laufgeschwindigkeit führen und Sie sogar zur Aufgabe zwingen können.

Bergablaufen führt zu einer nach hinten gebeugten Körperhaltung, die die Bauchmuskeln entspannt und zu einem erhöhten Druck auf das Zwerchfell führt. Das ist eine gute Übung, um Seitenstiche zu erzwingen und sich somit gegen sie abzuhärten. Ihre Bauchmuskeln trainieren Sie, indem Sie sich mit angezogenen Knien auf den Rücken legen und den Körper in Sitzhaltung aufrichten. Die angewinkelten Beine verhindern ein Verspannen der unteren Rückenmuskeln.

Seien Sie gewarnt: Falls Sie die Bergläufe auf der Straße durchführen wollen, ist es unumgänglich, Schuhe mit dicker Gummisohle und Fersenkeil zu tragen, flache Schuhe ohne Fersenkeil sollten nicht getragen werden.

Benutzen Sie das flache Gelände unterhalb der Hügel für Ihre Sprintwiederholungen, die Sie in jeder Runde variieren sollten. Sprintwiederholungen können Sie über unterschiedliche Distanzen laufen. Von 50 bis 400 Meter, aber die besten Ergebnisse erzielen Sie mit schnellen Sprints über 50, 100, 200 und 400 Meter. Wenn die Runde kurz ist, dann laufen Sie die schnellen Sprints nur alle 15 Minuten.

Der Grund dafür ist, daß Sie nun anfangen sollen, Ihre anaerobe Kapazität weiterzuentwickeln. Das ist der Punkt, an dem das Dauerlauftraining zur Verbesserung des maximalen Steady States seinen Höhepunkt erreicht, und Sie sollten sich sehr schnell an das anaerobe Training gewöhnen – Sie müssen die Trainingsintensität jedoch noch in vernünftigen Grenzen halten. Es ist dabei nicht ratsam, große Umfänge intensiven anaeroben Trainings durchzuführen, wie viele Athleten es tun. Sie müssen Ihr anaerobes Training genauso vorsichtig und sachte steigern, wie Sie es bei Ihrem aeroben maximalen Steady State getan haben, ohne dabei die bereits angeeignete, gute Kondition zu opfern. Sie bildet nämlich das Fundament, auf dem Sie Ihre zukünftigen Stärken aufbauen werden.

Wenn Sie Ihr anaerobes Training in diesen Trainingseinheiten auf Wiederholungen beschränken, die Sie auf einer flachen Strecke von 600 bis 800 m Länge ausführen können, ist es kaum möglich, daß Sie zu viel tun. Der Nutzen wird sich allmählich aber in ausreichendem und effektivem Maße einstellen.

Jede Stufe des Trainings soll auf die gleiche allmähliche Art und Weise angegangen werden, damit sich Ihr Körper an die unterschiedlichen Trainingsformen gewöhnen kann. Sie werden sehr bald die Auswirkungen des beginnenden anaeroben Trainings spüren. Nachdem Sie einige Zeit die längeren, langsameren Straßen- und Querfeldeinläufe durchgeführt haben und Sie jetzt zu den schnelleren Sprints übergehen, werden Sie ein brennendes Gefühl im Hals und andere unmittelbare Auswirkungen spüren. Sie werden aber auch von Woche zu Woche sehr deutlich die Verbesserungen spüren. Die innere Belastung nimmt ab, obwohl die äußere Belastung zunimmt. Trainieren Sie ausführlich und vernünftig, damit Sie gut vorbereitet auf die Bahn gehen, wo intensive Wiederholungen und Intervalle durchgeführt werden.

Ein ausgereifter Läufer mit guter Kondition sollte ungefähr eine Stunde auf dem hügeligen Trainingskurs trainieren, wobei er sich vorher und nachher für jeweils ungefähr 15 Minuten durch Jogging auf- bzw. abwärmen sollte. Sie erzielen die besten Resultate, wenn Sie das Training vernünftig und nicht übermäßig durchführen. Sollten Sie sich nach einer halben Stunde auf dem Trainingsgelände körperlich erschöpft fühlen, hören Sie einfach auf.

Wenn Sie in Ihrer Nähe keinen Hügel finden, verzweifeln Sie nicht. Sie können das Hügeltraining auch durch ein Training auf ebenem Gelände ersetzen, denn Ihr Körpergewicht bietet den Beinmuskeln genügend Widerstand. Die Beanspruchung der Fußgelenke allerdings ist dabei nicht besonders ausgeprägt. Das können Sie jedoch kompensieren, indem Sie sich auf irgendeine Erhebung stellen (Ziegelstein oder dgl.) und die Fersen heben und senken. Vielleicht können Sie ein Stadion mit Tribüne aufsuchen oder ein Gebäude mit Treppen finden, wo Sie dann Ihre Sprungübungen durchführen können. Das Laufen bergab müßten Sie jedoch durch schnelles Laufen in entspanntem Zustand auf ebener Strecke und mit wirklich ausgeprägtem Laufschritt ersetzen.

Das Treppenlaufen ist eigentlich eine der besten Übungen, die Schnelligkeit zu verbessern. Vor ein paar Jahren traf ich in Jacksonville, Florida, einen Trainer mit folgendem Problem: Wo kann man an einem Ort wie Jacksonville, umgeben von flachem Land, Hügeltraining durchführen? Ich zeigte auf ein hohes Gebäude und sagte ihm, er solle seinen Hügel im Gebäude suchen – das Treppenhaus. Zwei Jahre später hatte dieser Trainer seine Tochter zu einem Sieg bei der High School Meisterschaft geführt und der ganzen Mannschaft zu hervorragenden Leistungen verholfen. Die einzige Änderung, die er an seinem Trainingsplan vornahm, war, daß er die Mannschaft zum ca. 3 km entfernten Gebäude joggen und dann die elf Stockwerke hochlaufen ließ. Dann fuhren alle mit dem Fahrstuhl ins Erdgeschoß und liefen nochmal hoch in den elften Stock. Zurück wurde wieder gejoggt. Die anfänglichen Mühen, die das Training bereitete, machten sich bezahlt.

Das Laufen bergauf kann variiert werden. Statt jedesmal den Hügel im Sprunglauf zu bewältigen, versuchen Sie während des Laufens durch Hochziehen der Knie den größten Teil der Arbeit auf die Quadrizeps oder vorderen Oberschenkelmuskeln zu verlagern. Oder versuchen Sie, hauptsächlich die Fußgelenke zu belasten, indem Sie sie ganz bewußt einsetzen, um die Knie zu heben. Dann gehen Sie wieder zu den Sprungläufen bergan über.

Abwechselnde Einbeinsprünge oder Froschhüpfen mit den Händen in den Hüften sind auch gute Übungen. Entengang kräftigt die Oberschenkelmuskeln. Wenn Sie die Belastung bei den Übungen erhöhen wollen, helfen kleine Sandsäcke auf den Schultern, ohne Ihre Balance zu stören.

Eine andere gute Übung sind Schrittsprünge mit ausgeprägtem Sprung- und Schwungbein- sowie Armeinsatz. Die Übung dient der Koordinationsschulung bei einer größeren Schrittweite.

Das Training auf der Hügelrunde dauert vier bis sechs Wochen, je nachdem, wie der Läufer auf das Training reagiert und wieviel Zeit für das Programm vorgesehen ist. Während dieser Wochen verbringen Sie drei Tage wöchentlich auf der Hügelrunde, abwechselnd mit drei Tagen zur Verbesserung der Schrittfrequenz und einem Tag Dauerlauftraining. Anfangs ließ ich meine Athleten häufiger auf der Hügelrunde trainieren, aber ich merkte bald, daß sie nach sechs Wochen Training niedergeschlagen waren. Bei den Venezolanern war das besonders augenscheinlich. Sie waren entweder gut gelaunt oder ganz niedergeschlagen. Ich versuchte deshalb, ihr Hügeltraining mit Trainingseinheiten zur Verbesserung der Schrittfrequenz und langen Dauerläufen aufzulockern. Die sich einstellenden Ergebnisse erwiesen die Abänderung des Trainingsplans als gerechtfertigt. Sie wirkte sich jedoch auch positiv auf den psychischen Zustand der Läufer aus.

Das beschriebene Training belastet die Beine am Anfang sehr. Achten Sie also aufmerksam auf Ihre Reaktionen, und tun Sie besser zuwenig als zuviel. Suchen Sie sich deshalb die Zusammenstellung der Trainingseinheiten aus, die Ihnen am besten liegt. Nur Athleten mit wirklich guter Kondition stehen die sechs Wochen gut und erfolgreich durch.

Ich sollte dazu sagen, daß ich in all den Jahren als Trainer beim Hügeltraining keinen einzigen Athleten mit Achillessehnenproblemen hatte, obgleich Beschwerden an den Achillessehnen bei Langstreckenläufern sehr verbreitet sind.

Athleten haben oft großen Ärger mit ihren Sehnen, weil sie das Stretching und das Hügeltraining zur Verbesserung der Widerstandskraft und der Dehnung wichtiger Muskeln und Sehnen vernachlässigen.

Der Laufumfang während dieser Zeit beträgt etwa 150 km pro Woche, einschließlich Auf- und Abwärmen. Versuchen Sie als Ausgleich zum harten Training, lockeres aerobes Laufen zusätzlich in Ihr Programm aufzunehmen. Das dient der Regeneration. Ideal wären zusätzlich ca. 30 Minuten zu Ihrem obligatorischen Pensum.

Für das abwechselnd eingeschobene Training zur Verbesserung der Schrittfrequenz brauchen Sie ein flaches, ebenes Gebiet von 100 bis 120 m

Länge, vorzugsweise mit einer leichten, gleichmäßigen Neigung. Nehmen Sie sich ungefähr 15 Minuten Zeit zum Aufwärmen und laufen Sie die Strekke bis zu zehnmal, wobei Sie nach jedem Lauf ungefähr 3 Minuten joggen sollten. Das ist sehr wichtig, da diese Übung nicht übereilt durchgeführt werden soll. Konzentrieren Sie sich auf eine hohe Schrittfrequenz. Kümmern Sie sich nicht um die Schrittweite, halten Sie Ihren Oberkörper entspannt und betonen Sie die Kniearbeit. Denken Sie nur daran, die Beine so schnell wie möglich durchzuziehen, indem Sie die Quadrizeps und Bauchmuskeln voll einsetzen.

Dieses Training hat den Sinn, Muskelverhärtungen in den Beinen aufzulockern. Sie sollen eine hohe Schrittfrequenz entwickeln, um die Beine schnell durchziehen zu können und sie nicht wie Pendel durchzuschwingen. Vermeiden Sie, gegen den Wind zu laufen, um Widerstand zu umgehen.

Es ist auch zu empfehlen, zur Verbesserung der Schnelligkeit bis zu zehnmal 100 m locker zu laufen, mit jeweils 300 m Jogging-Intervallen dazwischen. Halten Sie Ihren Oberkörper aufrecht; ziehen Sie Ihre Knie hoch und drücken Sie sich kraftvoll mit dem jeweils hinteren Bein ab, so schnell, daß Sie Ihre Balance behalten. Laufen Sie sich nach dem letzten Lauf mindestens 15 Minuten aus.

Diese Trainingsform führt anfangs zur Ermüdung der Beine, aber wenn Sie dabei bleiben, wird sie Ihnen zunehmend leichter fallen, und Sie werden nach ungefähr zwei Wochen hervorragende Ergebnisse erzielen.

Zusammenfassung: Hügeltraining dreimal pro Woche, Läufe zur Verbesserung der Schrittfrequenz und lockere Sprints an den übrigen Tagen sowie ein langer aerober Dauerlauf am siebten Tag – und das vier bis sechs Wochen lang.

# 4. Bahntraining

Sehr oft habe ich Läufer beobachtet und sie gefragt, was sie machen, welche Auswirkung das Training auf ihren Körper hat, warum sie so viel trainieren, und was sie zu erreichen glauben.
Meistens wußten sie es nicht. Sie trainierten blind und erhofften sich trotzdem gute Ergebnisse. Manche folgten blindlings irgendwelchen Trainingsprogrammen, die ein Champion oder ein anderer vorher angewandt hatte; aber sie verstanden weder Wirkung noch Sinn der Programme. Oftmals kam ihnen gar nicht der Gedanke, ihren Trainer zu fragen, warum er ganz bestimmte Übungen ausführen ließ. Das ist keinesfalls die Art und Weise, Athleten zu trainieren. Die Atleten müssen wissen, warum eine spezielle Übung durchzuführen ist und welche Auswirkung sie auf sie hat.

Selbst wenn Sie eine gute Kondition besitzen, können Sie Ihre Erfolgsaussichten begraben, wenn Sie Ihr Training nicht auswerten und Ihr Programm nicht ausgewogen ist. Es ist leicht, Fehler beim Bahntraining zu machen, und sie können verheerende Auswirkungen nach sich ziehen. Es kann dazu kommen, daß Sie bei unwichtigen Wettbewerben Bestzeiten lauten, bei entscheidenden Läufen dagegen völlig versagen.

Viele Trainer und Athleten neigen dazu, Bahntraining zu hoch zu bewerten. Sie übersehen völlig, daß das wichtigste Training das Konditionstraining ist, um den Körper für anaerobe Trainings- und Wettkampfleistungen vorzubereiten. Ohne diese Vorbereitung sind die Bahntrainingspläne nicht das Papier wert, auf dem sie geschrieben sind.

Das gleiche trifft auch auf die in diesem Buch aufgeführten Bahntrainingspläne zu. Sie sind eine Richtlinie für Trainer und Athleten, die eigenen Trainingspläne aufzustellen – aber wenn Sie vorher kein Konditionstraining durchgeführt haben, sind sie wertlos.

Bevor Sie mit dem Bahntraining beginnen, müssen Sie vorher alle Arten des Lauftrainings untersuchen und auswerten. Ihr Programm muß ausgeglichen gestaltet werden, um Ihre bis zu diesem Zeitpunkt erarbeitete Kondition in die bestmöglichen Resultate umzusetzen. Das Trainingstempo muß gleichmäßig gesteigert und kontrolliert werden, so daß Sie Ihre endgültige Wettbewerbsform dann erreichen, wenn Sie sie tatsächlich brauchen. Geduld ist in dieser Trainingsphase, wie in allen anderen Phasen auch, eine Grundbedingung.

Sie benötigen höhere anaerobe Trainingsumfänge und -intensitäten. Sie benötigen Sprinttraining, schnelle, entspannte Läufe und Sprintwettkämpfe, um Schnelligkeit zu entwickeln. Sie benötigen »scharfmachendes« Training, um sich in Wettkampfform zu bringen, Zeitkontrolläufe, um Ausdauer und Schnelligkeit besser aufeinander abzustimmen, Kurz-, Mittel- und Langstrecken-Wettkämpfe, um die Wettkampf-Kondition zu verbessern, Erfahrung zu sammeln und um die Koordination weiter zu verbessern.

Der ursprüngliche Plan war darauf ausgerichtet, genügend Ausdauer zu entwickeln, um das Tempo über die gesamte Wettkampfdistanz halten zu können. Zum jetzigen Zeitpunkt sollten Sie diese Ausdauer besitzen; nun muß es darum gehen, Ihre Schnelligkeit zu steigern. Hierbei wird allerdings Ihre Geduld strapaziert. Viele Läufer haben nicht die Weitsicht zu erkennen, welchen Sinn die einzelnen Übungen haben.

Wenn das, was sie tun, außerdem nur minimale Fortschritte zu bringen scheint, dann müssen sie sich entweder zwingen oder verlieren das Interesse. Wenn Sie akzeptieren können, daß nur der langsame Fortschritt zum Erfolg führt, werden Sie keine Probleme haben.

Schnelligkeit hat in Ihrem Training bisher noch keinen wichtigen Platz eingenommen. Nun erlangt sie eine außerordentliche Wichtigkeit. Schnelligkeit zu erreichen, ist das Ziel der nächsten Trainingsphase mit ihrer intensiven anaeroben Aktivität.

Noch eine Warnung: Viele Athleten begehen den Fehler, an harten Wettkämpfen teilzunehmen, ohne ihre Schnelligkeit voll entwickelt zu haben. Sie haben Schwierigkeiten, mit dem Feld mitzuhalten, obwohl sie im Ziel das Gefühl haben, das Rennen noch einmal bestreiten zu können. Die Unfähigkeit, im Wettkampf Tempo zu entwickeln, empfinden sie natürlich als frustrierend.

Intensives anaerobes Training mit zahlreichen Wiederholungen führt nicht zwangsläufig zur Entwicklung von Schnelligkeit, weil der damit verbundene Belastungsumfang und der Milchsäureanstieg keine Top-Schnelligkeit zulassen. Aber die Trainingseinheiten werden zur Weiterentwicklung Ihrer anaeroben Kapazität beitragen.
Eine der besten Trainingsmethoden hierfür ist entspanntes Laufen über 100 bis 200 m, bei Regenerations-Intervallen von mindestens 3 Minuten, damit Sie immer wieder mit Spitzengeschwindigkeit laufen können.

Die Grundsätze des Schnelligkeitstrainings müssen sorgfältig beachtet werden. Eine Sprint-Trainingseinheit sollte im wesentlichen drei Elemente enthalten, die von Bud Winter empfohlen werden:

einige Läufe mit ausgeprägtem Kniehub,

einige Läufe mit hoch aufgerichtetem Oberkörper und ausgeprägter Fußgelenksarbeit bei gleichzeitig starkem, ausgeprägtem Antritt und Antrieb–

und das alles in Verbindung mit entspannten Schnelläufen.

Ein typisches Trainingsprogramm, das natürlich vom Alter und anderen Faktoren abhängt, wäre zum Beispiel: richtiges Aufwärmen, einige Dehnungs- und Lockerungsübungen, ein Lauf auf den Fußballen über 80 bis 100 m bei entspannten Schultern und Armen, hohem Kniehub und hoher Schrittfrequenz bei geringer Vorwärtsbewegung, eine dreiminütige Trab- oder Gehphase und dann das Ganze noch einmal – jedesmal mit dem Wind im Rücken, damit es keinen unnötigen Widerstand gibt.

Wiederholen Sie die Übung, aber diesmal mit extrem hohen Knien und starkem Abdruck, so daß eine starke Beugung der Fußgelenke hervorgerufen wird, wie Sie es vom Hügellaufen her gewohnt sind. Die aus den Fußgelenken kommende Kraft soll Sie wie eine starke Feder nach vorn treiben. Die Arme sollen kraftvoll nach vorne-oben geführt werden, um so eine größere Schrittweite zu fördern. Diese Übung sollte bei einem Regenerations-Intervall von 3 Minuten zweimal durchgeführt werden.

Danach laufen Sie hoch auf den Fußballen mit hohem Kniehub und konzentrieren sich darauf, Ihren Körper vom Becken aus nach oben zu strekken. Diese Übung führen Sie ebenfalls zweimal aus. Percy Cerutty und Bud Winter empfehlen diese Methode, denn sie ist gut geeignet, die Schrittweite zu maximieren, den Abdruck zu verbessern und den Körper beim Laufen aufzurichten.

Laufen Sie die Übungsstrecke zweimal, aber jetzt schneller und mit aufrechter Körperhaltung und unter Beachtung aller drei Aspekte – Schrittweite, Abdruck und aufgerichteter Körper. Diese drei Aspekte sollten Sie auch bei den nachfolgenden schnellen Läufen beachten.

Laufen Sie auf den Geraden mit schnellen, lockeren Schritten, falls möglich mit Rückenwind, traben Sie langsam in den Kurven. Wiederholen Sie das Ganze sechs- oder achtmal entsprechend Ihrem Entwicklungsstand und Ihrer Fitneß. Laufen Sie sich anschließend 15 Minuten oder länger aus.

Das Bahntraining wird zu Anfang nicht mit vollem Tempo absolviert, sondern nur der Anteil des Sprinttrainings. Es ist ratsam, die Schnelligkeit etwas zurückzuhalten, damit im fortgeschrittenen Stadium eine Steigerung möglich ist. Die Schnelligkeit sollte ständig leicht gebremst werden, da Sie sonst Ihre Wettbewerbsform einbüßen.

Wenn Ihr Trainingsprogramm steht und das Tempo der verschiedenen Läufe festgelegt ist, achten Sie auf Ihre Fähigkeiten und Ihren jeweiligen Konditionszustand. Machen Sie sich keine Sorgen, wenn Ihre tatsächlichen Laufzeiten von den geplanten leicht abweichen. Erst zu einem späteren Zeitpunkt sollten Sie versuchen, die vorher festgelegten Zeiten exakt zu laufen, aber nicht schneller. Sie müssen sich immer im klaren darüber sein, was Sie tun, warum Sie es tun und welche kurz- und langfristigen Auswirkungen daraus resultieren werden.

Das Training sollte nie Wettkampf sein. Das ist ein Fehler, den viele Läufer begehen. Sie bringen sich in Wettkampfform, bevor sie die beste Kombination von Ausdauer und Schnelligkeit erreicht haben; und sie erreichen nicht die bestmöglichen Ergebnisse. Für einen Läufer mit guter Kondition ist es nicht leicht, sich zu bremsen oder von seinem Trainer hindern zu lassen, schnell zu laufen – aber Sie sollten es. Ich habe Trainer gekannt, die unbedingt wissen wollten, was ihre Schützlinge zu leisten vermochten und auf diese Weise die hervorragend aufgebaute Topform zerstörten.

Wenn das Tempo kontrolliert wird, dürften zehn Wochen Bahntraining vor dem Wettkampf, auf den Sie hinarbeiten, nicht zu lang sein. Läufer mit guter Kondition werden mit weniger auskommen. Ihre Bestzeiten erreichen Sie aber nur, wenn Sie die Schnelligkeit nur mäßig steigern und sie dabei genauestens kontrollieren.

Die in diesem Buch aufgeführten Trainingspläne haben sich zur Vorbereitung auf internationale Wettkämpfe hervorragend bewährt und haben mitgeholfen, Weltrekorde aufzustellen. Sie können daher als relativ gute Richtlinien betrachtet werden. Folgen Sie ihnen jedoch nicht stur, nur weil Sie sich dazu verpflichtet fühlen. Jeder Athlet ist ein Individuum, jeder hat unterschiedliche Stärken und Schwächen, und diese Aspekte müssen Sie sorgfältig berücksichtigen, wenn Sie die Trainingspläne auf Ihre eigenen Bedürfnisse hin abstimmen.

Sie müssen über die Auswertung von Training Bescheid wissen, wenn Sie an jedem Tag die bestgeeigneten Trainingsformen für den optimal koordinierten Einsatz auswählen. Studieren Sie deshalb die einzelnen im Trainingsplan aufgeführten Übungen sorgfältig.

### FARTLEK

Schwedisch für Fahrtspiel. Hierunter versteht man Laufen mit beliebig variiertem Tempo auf Waldwegen, in Parkanlagen und im Gelände. Fartlek ist wegen der unterschiedlichen Umweltbedingungen sehr wichtig, denn es hilft, den Einsatz im Unterbewußtsein zu kontrollieren. Fartlek verbindet aerobes mit anaerobem Laufen, gewöhnlich unter Berücksichtigung der Tagesform des Athleten. Laufen Sie hier mit langem Schritt, sprinten Sie dort, joggen Sie woanders, bewältigen Sie einen Anstieg im Sprunglauf usw. Leichtes Fartlek beschleunigt die Regeneration nach hartem Training und Rennen. Intensives Fartlek dagegen hilft, die aerobe Kapazität und die Schnelligkeit des Läufers zu entwickeln.

### PAARLAUF

Diese Trainingsmethode kann der Entwicklung der anaeroben Kapazität, der Schnelligkeit und dem »Scharfmachen« dienen, abhängig von der teilnehmenden Läuferzahl, den Laufdistanzen und der Dauer der jeweiligen Trainingseinheit. Es ist eine wertvolle Trainingsmethode, da sie einen

Hauch von Wettbewerbsatmosphäre vermittelt und die Athleten im Unterbewußtsein zu mehr Einsatz veranlaßt. Es ist eine Art Staffellauf, bei dem über vorher festgelegte Bahnabschnitte gelaufen wird, wobei ein Läufer überrundet wird. Die Läufer laufen gegen andere Mannschaften, bis sie nach einer vorher festgesetzten Zeit – z.B. nach 4 Minuten – per Signal gestoppt werden.

## ZEITKONTROLLÄUFE

Lassen Sie Ihren Körper eine bestimmte Übung oft genug durchführen, und er wird sie bald immer besser ausführen. Das gleiche gilt für das Laufen über bestimmte Distanzen. Es geht darum, Kontrolläufe über Distanzen auszuführen, die kürzer als die Wettkampfdistanzen sind – 600 m und 700 m für 800 m oder 1000 m und 1200 m für 1500 m; die Wettkampfdistanzen von 3000 m und 5000 m werden von den Läufern allerdings ungekürzt gelaufen. Für die 10.000 m dagegen werden 5000 m gelaufen, hin und wieder aber auch die volle Distanz. Die Unter-Distanz-Kontrolläufe sind wegen des hohen Tempos und des dabei auftretenden Sauerstoffmangels zu bevorzugen.

Hindernisläufer sollten ihre Kontrolläufe über die tatsächliche Distanz laufen, wobei es ratsam ist, den Wassergraben durch ein anderes Hindernis zu ersetzen.

Der Einsatz sollte annähernd dem Einsatz im Wettkampf entsprechen, ohne jedoch in der letzten Laufphase und auf den letzten Metern die Schnelligkeit zu erhöhen. Zügiges, gleichmäßiges Laufen ist genau richtig.

Die Kontrolläufe tragen dazu bei, Schnelligkeit mit Ausdauer zu verbinden, sie decken Schwächen und Stärken auf und zeigen, woran noch gearbeitet und was am Trainingsprogramm geändert werden muß und welche Wettkämpfe nötig sind.

## STARTÜBUNGEN

Mittelstreckenläufern helfen diese Übungen bei Reflex- und Koordinationsschwächen, besonders wenn die Pausen zwischen den einzelnen Startkommandos variiert werden. Die Starts können über 30, 40 oder 50 m ausgelaufen werden.

## WIEDERHOLUNGSLÄUFE

Sie dienen hauptsächlich der Herausbildung der anaeroben Kapazität. Die Anzahl der Läufe, die Streckenlänge, die Laufdauer und die Laufintervalle, alles kann variiert werden. Diese Trainingsmethode wird auch als Intervalltraining bezeichnet, wenn die Kontrolle der Regenerationsintervalle als wichtig angesehen wird. Es steht Ihnen jedoch frei, ob Sie dies durchführen wollen, und machen Sie es nur, wenn Sie sich danach fühlen. Wenn dies nicht der Fall ist, führen Sie ein anderes anaerobes Training durch.

Laufen Sie bei den Wiederholungen so lange, bis Sie durch die Sauerstoffschuld Anzeichen von Müdigkeit verspüren. Das zeigt an, daß Ihr pH-Wert im Blut abgesunken ist. Die Zeiten der Läufe, die Dauer der Erholungspausen, die Anzahl der Wiederholungen sowie die Länge der Läufe sind dabei nicht so wichtig. Wenn Sie nämlich Ihren pH-Wert abgesenkt haben, haben Sie schon erreicht, was Sie wollten. Sie können in der Regel selbst am besten entscheiden, wann Sie genug getan haben.

»SCHARFMACHER«
Sie werden in einem Stadium eingesetzt, wenn zwar noch anaerob trainiert werden soll, die Intensität jedoch auf Kosten des Umfangs erhöht werden muß. Wenn Sie zum Beispiel zwanzigmal 400 m laufen, nimmt dies sehr viel Zeit in Anspruch, und Sie werden sehr müde. Laufen Sie dagegen nur fünf Bahnrunden und sprinten dabei jeweils 50 m und traben die nächsten 50 m, dann haben Sie insgesamt 20 Sprints absolviert und haben Ihre Laufmuskulatur extrem ermüdet; Sie haben jedoch nur 7 Minuten gebraucht. »Scharfmacher« stellen hohe Anforderungen an Ihre anaerobe Kapazität, ohne jedoch Ihre gute, sorgfältig erarbeitete Kondition herabzusetzen. Es ist sinnvoll, die »Scharfmacher« nur einmal zu Anfang der Trainingswoche anzuwenden.

SPRINTTRAINING
Es dient ausschließlich der Entwicklung der Schnelligkeit und der Verbesserung der Technik mit Konzentration auf eine aufrechte Körperhaltung, hohe Kniearbeit, einen entspannten Oberkörper, den Antritt und die Fußgelenkarbeit. Geben Sie sich zwischen den schnellen Läufen ausreichend Zeit zur Regeneration.

Die ersten vier Bahntrainingswochen sollten Training für die Entwicklung Ihrer anaeroben Kapazität einschließen, womit Sie diese auf einen maximal erreichbaren Pegel anheben. Sie sollten auch Schnelligkeitsarbeit beinhalten, womit Sie Ihre Sprintfähigkeit bis nahezu an das mögliche Maximum entwickeln. Das Training sollte von Tag zu Tag abgeändert werden, damit Sie sich vom harten anaeroben Training erholen können. Wenn Sie meinen, daß Sie sich von einem bereits zwei Tage zurückliegenden anaeroben Training noch nicht völlig erholt haben, ist es nicht klug, mit dem anaeroben Training fortzufahren. Ihr pH-Wert muß sich erst wieder stabilisieren, bevor Sie ihn erneut herunterdrücken. Das Sprinttraining müssen Sie so oft wie möglich durch anderes Training ergänzen. Sie sollten sich mindestens 15 Minuten durch Jogging auf- bzw. abwärmen und Ihr Training wann immer möglich durch Jogging ergänzen.

Als ich meine Mannschaft in Owairaka, im Gebiet von Auckland, trainierte, liefen wir zu der 6 1/2 km entfernten Bahn in New Lynn, anstatt die örtliche Laufbahn zu benutzen, weil uns der Weg dorthin 13 km zusätzlich einbrachte, eine gute Ergänzung unseres Trainingspensums.

Ergänzungstraining hilft Ihnen, sich vom anaeroben Training zu erholen, und hält die Sauerstoffaufnahme oben. Das ist eine anspruchsvolle, ermüdende Trainingsphase,in der kein Wettkampf durchgeführt werden sollte, da es unmöglich ist, gute Leistungen zu erbringen. Konzentrieren Sie sich voll darauf, Ihre anaerobe Kapazität und Schnelligkeit weiterzuentwickeln – zwei oder drei Tage anaerobes Training, zwei oder drei Tage Sprinttraining und als Ausgleich leichtes Jogging, leichtes Laufen zur Technikverbesserung oder Fartlek. Es bleibt Ihnen überlassen, was Sie jeden Tag angesichts Ihrer Reaktionen auf das Training vom Vortag machen. Achten Sie auf Ihre gute Kondition, und lassen Sie das Lauftempo allmählich ansteigen.

Das Bahntraining sollte ungefähr 4 1/2 Wochen durchgeführt werden. Mit Ihrer bereits erworbenen anaeroben Kapazität, Ihrer Schnelligkeit und Ihrer Ausdauer, die mittlerweile alle mehr oder weniger gut entwickelt und aufeinander abgestimmt sind, müßten Sie jetzt darauf abzielen, locker und ohne deutliche Anzeichen von Schwäche Ihre Wettkämpfe bestreiten zu können. Trotz Ihrer Schnelligkeit, Ihrer Ausdauer und Ihrer anaeroben Kapazität sind Sie noch nicht unbedingt in der Lage, im Rennen Ihr bestmögliches Resultat zu erzielen. Aus diesem Grunde sind jetzt Zeitkontrollläufe und Aufbauwettkämpfe angebracht. Wir nennen sie Aufbauwettkämpfe, da Sie noch immer hart trainieren, aber nicht gleichzeitig mit diesem Training fortfahren und auch Wettkämpfe in guten Zeiten laufen können. Das ist ein Fehler, den Läufer auf der ganzen Welt begehen.

Wenden Sie die »Scharfmacher« mindestens einmal pro Woche an, um den anaeroben Entwicklungsstand zu halten. Behalten Sie gleichzeitig die Aufrechterhaltung der Schnelligkeit im Auge. Mindestens einmal pro Woche sollten Sie auch einen Kurzstreckenwettkampf absolvieren, und zwar an dem Tag, an dem Sie normalerweise die Zeitkontrollläufe oder einen unwichtigen Wettkampf durchführen. Einen Tag reservieren Sie sich für längeres aerobes Laufen zur Erholung, wozu auch leichtes Fartlek dienen kann. Leichtes Laufen und Jogging an den Tagen vor dem härtesten Training oder Wettkampf der Woche wirkt sich natürlich günstig aus.

Ein Trainingsplan für diese Zeit könnte wie folgt aussehen:

| | |
|---|---|
| Montag | »Scharfmacher«, |
| Dienstag | Sprinttraining oder leichtes Fartlek, |
| Mittwoch | Zeitkontrollläufe oder weitere Sprints und Mittelstreckenläufe, |
| Donnerstag | Koordination der diversen Einzelfähigkeiten gemäß den erzielten Ergebnissen bei den Zeitkontrollläufen oder Wettkämpfen, z.B. Läufe zur Verbesserung des Tempogefühls, Fartlek, weitere »Scharfmacher«, Sprinttraining, |

| | |
|---|---|
| Freitag | Jogging oder leichtes Fartlek, |
| Samstag | Rennen über Ihre Wettkampfdistanz bzw. nahezu über diese Distanz oder Zeitkontrolläufe, |
| Sonntag | langer und lockerer aerober Lauf. |

Der letzte Zeitkontrollauf sollte ungefähr zehn Tage vor Ihrem ersten wichtigen Wettbewerb liegen, für den Sie trainieren und den Sie in Ihrer Höchstform laufen sollten.

Während der letzten 1 1/2 Wochen vor diesem wichtigen Wettkampf sollten Sie sich erholen, indem Sie Ihr Training lockerer gestalten, um Ihre geistigen und körperlichen Reserven aufzustocken. Einige nennen diesen Abschnitt »Superkompensations-Phase«.

Diese Phase ist tatsächlich sehr wichtig. Sie sollten also nach dem Versuch-Irrtum-Prinzip vor unwichtigen Wettkämpfen testen, wieviel Zeit Sie benötigen, um diese Phase optimal durchzuführen. Die von Läufern für diese Phase benötigte Zeit ist sehr unterschiedlich; zehn Tage scheinen jedoch für alle ausreichend zu sein. Trainieren Sie während dieser Zeit täglich, allerdings immmer nur im Rahmen Ihrer Fähigkeiten. Schnelle Läufe sollten nur kurz und intensiv durchgeführt werden. Längere Läufe sollten Sie locker absolvieren.

Achten Sie auf Ihre Ernährung, da die Tendenz besteht, zu viel zu essen, wenn die Trainingsbelastung nachläßt. Sie dürfen keinesfalls zunehmen. Ein typischer Wochentrainingsplan könnte jetzt folgendermaßen aussehen:

| | |
|---|---|
| Samstag | Wettkampf, |
| Sonntag | lockerer, längerer Lauf, |
| Montag | einige »Scharfmacher« oder lockeres Fartlek |
| Dienstag | leichtes Sprinttraining oder Lauf mit langgezogenen Schritten, |
| Mittwoch | Sprints oder Mittelstreckenrennen oder Rennen, die kürzer als Ihre Spezial-Wettkampfdistanz sind, |
| Donnerstag | Jogging, |
| Freitag | Läufe mit langgezogenen Schritten etc... Wenn Sie nicht zweimal pro Woche an Wettkämpfen teilnehmen, führen Sie an deren Stelle Zeitkontrolläufe durch. |

Lassen Sie sich bei Ihrem täglichen Training von Ihren Reaktionen auf das Training des Vortags leiten. Ergänzen Sie Ihr Training täglich durch langes, aerobes Laufen, entweder in Gestalt von morgendlichem Jogging oder Auslaufen nach Wettkämpfen bzw. nach dem Training. Das hilft Ihnen, Ihre gute Kondition zu behalten. Schenken Sie Ihren Beinen am Tag nach einem schnellen Training oder Wettkampf Aufmerksamkeit. Trainieren Sie auf keinen Fall anaerob, wenn Ihre Beine schmerzen. Es ist ratsam, leichtes Jogging durchzuführen.

Während der letzten Phase des Bahntrainings ist es kaum möglich, zu speziell zu trainieren, da die einzelnen Läufer verschiedene Stärken und Schwächen haben und außerdem unterschiedlich auf das koordinierende Training reagieren. Es ist deshalb wichtig, die Ergebnisse der Aufbauwettkämpfe und Zeitkontrolläufe sorgfältig zu analysieren und darauf hinzuarbeiten, jetzt aufgedeckte Schwächen abzustellen. Solange Sie das tägliche Training auswerten, aus eventuell begangenen Fehlern lernen und davon überzeugt sind, so zu trainieren, wie es für Sie erforderlich ist, werden Sie die gewünschten Ergebnisse erzielen.
Gehen Sie immer mit Überlegung und systematisch vor.

# 5. Cross-Training und -Rennen

Cross-Training ist für Bahnläufer und andere Athleten im Hinblick auf die Kondition von großem Nutzen. Der Boden, auf dem Sie dabei laufen, ist gewöhnlich wellig und uneben. Dadurch sind Ihre Beinmuskeln und -sehnen unterschiedlichen Widerständen ausgesetzt, die Sie bei glatten Oberflächen nicht antreffen. Das verbessert die Muskelbeweglichkeit und -kräfte. Auf weichem Boden sinken Ihre Fersen und Zehen tiefer ein. Das verschafft Ihren Fußgelenken einen größeren Bewegungsspielraum und verbessert deren Gelenkigkeit.

Athleten, die mit harten und angespannten Oberkörpermuskeln oder mit übermäßigem Beinabdruck laufen, können durch Cross-Training und Cross-Wettkämpfe eine entspanntere und wirtschaftlichere Lauftechnik entwickeln. Das zu erreichen ist notwendig, weil, wie bereits ausgeführt, optimale Ergebnisse nur bei entspanntem Laufen erzielt werden können.

Wenn Sie sich nicht so entspannt fühlen, wie Sie gerne möchten, gehen Sie raus und laufen Sie auf schlammigem, sandigem oder weichem Boden, auf dem es schwierig ist, festen Halt zu bekommen, und die Bodenhaftung schlecht ist. Sie werden bald feststellen, daß ein starker Abdruck bei diesen Bodenverhältnissen energieverbrauchend und extrem ermüdend wirkt. Sie werden dabei auch feststellen, daß es das beste ist, die Oberkörpermuskeln zu entspannen, die Armbewegungen einzuschränken und die Hüften nach vorn zu bringen. Dadurch erreichen Sie eine eher ziehende als schiebende Vorwärtsbewegung. Auf diese Weise wird der Kraftaufwand für die Vorwärtsbewegung auf ein Minimum herabgesetzt.

Läufer mit schlechter Kondition tendieren dazu, mit angespannten Oberkörpermuskeln und hochangewinkelten Armen zu laufen. Und je müder sie werden, desto schlimmer wirken sich diese Fehler aus, und desto unwirtschaftlicher wird ihr Lauf. Das Crosslaufen zwingt sie, sich zu entspannen und wirtschaftlich zu laufen.

Das hügelige Crossgelände bietet aber noch einen anderen Trainingsvorteil. Hügellaufen bringt einen zusätzlich zu bewältigenden Widerstand mit sich und stellt damit zusätzliche Anforderungen an die Fußgelenkbeweglichkeit. Bergauflaufen entwickelt Kraft und Geschmeidigkeit in den Fußgelenken, was sich später in einem abdrucksintensiveren und natürlicheren Laufschritt äußert. Je steiler die Hügel sind, desto größer wird die Flexibilität der Fußgelenk- und Beinmuskeln werden.

Der körperlich schwere Läufer wird das Bergauflaufen als weitaus schwieriger empfinden als andere, aber der den Beinmuskeln entgegengesetzte Widerstand wird die Schnelligkeit, die Kraft und die Muskelausdauer vergrößern, unabhängig von Körperbau und Gewicht. Je höher das Körpergewicht ist, desto mehr Energie ist nötig, um den Körper gegen die Schwerkraft nach oben zu heben.

Das Bergauflaufen zwingt Sie, die Knie höher anzuheben, was für jeden Läufer erstrebenswert ist, denn der Kniehub bestimmt die Schrittfrequenz und die Schrittlänge. Das Hügeltraining trainiert auch die Muskelfasern und damit die Kraft. Das heißt, durch das Hügeltraining verbessert sich die Leistungsfähigkeit der roten und weißen Muskelfasern.
Ein leichter Läufer kann einen schweren Läufer auf hügeligen Querfeldeinstrecken und beim Hindernislauf auf der Bahn gewöhnlich schlagen, aber das darf den schwerer gebauten Athleten nicht entmutigen. Jeder einzelne kann vom Cross-Training sehr viel profitieren. Ich habe immer bemerken können, daß Läufer, die den Crosslauf nicht mögen, diesen am nötigsten haben und am wenigsten damit umgehen können. Die Ursache ihrer Abneigung liegt meistens in ihrer unzureichenden und unwirtschaftlichen Lauftechnik. Diese Athleten dürfen nicht aufgeben und müssen fortlaufend versuchen, ihre Fehler zu beseitigen. Das beste Mittel dafür ist natürlich der Crosslauf.

Auf weichem Boden bergab zu laufen, ist ebenfalls eine gute Übung. Es hilft, die Muskeln im Bereich der Hüften zu lockern und zu entspannen sowie die Muskeln und Sehnen zu dehnen. Das wird beim Bergablauf auf hartem Boden nicht erreicht, weil Stauchungen auftreten. Außerdem glaube ich, daß das Bergablaufen auf weichem Boden bis zu einem gewissen Grad dazu beitragen kann, die Schrittfrequenz zu vergrößern.

Das Trainieren in freiem Gelände, auf Waldwegen bzw. auf Golf- und Parkanlagen hat auch einen psychologischen Wert. Sie empfinden keinen auf Ihnen lastenden Druck und passen sich den einladenden Geländekonturen an. Sie laufen schnell oder langsam, wie es die äußeren Bedingungen und Ihre Reaktionen erlauben. Da es unmöglich ist, genaue Zeiten einzuhalten, tendieren Sie zu Schnelligkeiten, die Sie auf angenehme Weise ermüden und nicht erschöpfen. Dieses Tempo liegt oft nahe an Ihrer aeroben Höchstgeschwindigkeit, aber Sie laufen dieses Tempo in einem psychisch entspannten Zustand. Läufer trainieren im Gelände selten in einem anaeroben Tempo, es sei denn, sie führen eine Art hartes Fartlek durch – und das ist eine Trainingsmethode, die nur bei einem hohen Stand an körperlicher Fitneß angewandt wird.

An einem Crosslauf teilzunehmen, ist für Sie außerdem psychisch vorteilhaft. Diese Läufe bringen nicht die nervliche Spannung der Bahn- und Straßenläufe mit sich, weil man meistens nicht den kritischen Augen und den Anfeuerungsrufen der Zuschauer ausgesetzt ist. Das hohe Tempo wird nicht beibehalten, so daß die größere Belastung von den Muskeln aufzubringen ist und das Herz entlastet wird. Das verringert die Sauerstoffschuld und führt zu mäßigeren, nicht übersteigerten Erschöpfungszuständen. Es steht außer Frage, daß die Anwesenheit von Zuschauern ermüdete Läufer herausfordert, ein unökonomisches Tempo beizubehalten. Im Gelände verlieren die Zuschauer Sie aus den Augen, und es gibt einem nicht das Gefühl des Versagens, wenn man ein wenig langsamer wird, um der Müdigkeit entgegenzuwirken. Das heißt, ohne Zuschauer laufen Sie im allgemeinen viel entspannter.

Trotzdem erzieht der Crosslauf zur Disziplin. Im Unterbewußtsein werden Sie Ihren Krafteinsatz wirtschaftlicher gestalten, und das ist wahrscheinlich der größte Vorteil des Crosslaufs als eine Maßnahme zur Entwicklung der allgemeinen Kondition. Später wird es für Läufer wichtig, sich auf abgemessenen Strecken kontrolliert zu belasten, um die weitere Entwicklung sicherzustellen. Aber das ist anfangs nicht notwendig, und das Crosslaufen hilft Ihnen, das zu vermeiden.

Den gelaufenen Zeiten sollte beim Cross-Wettkampf und beim Cross-Training keine allzu große Bedeutung beigemessen werden. Die einzelnen Strecken sowie Witterungs- und Bodenverhältnisse verändern sich von Tag zu Tag derart, daß sie einen nicht unerheblichen Einfluß auf die Leistung haben. Es würde verwirren und zu Mißverständnissen führen, wollte man die Zeiten in einer Tabelle auswerten. Das Ziel kann nur sein, einen vorher veranschlagten Krafteinsatz planmäßig einzuhalten.

Der Crosslauf unterstreicht den Wert gymnastischer Übungen zur Muskelkräftigung, Beweglichkeitsschulung und Dehnung. Sie helfen nämlich, Zäune, Hürden und andere während des Wettkampfs oder Trainings angetroffene Hindernisse zu nehmen. Sie sollten in der Tat regelmäßig das Überwinden von Hürden und Zäunen üben, um so das notwendige Vertrauen zu erwerben bzw. die beste Effizienz zu erreichen. Das erste Mal, wenn Sie sich Zäunen und Hürden nähern, können sie abschreckend auf Sie wirken , und das Überqueren kann Zeit kosten. Mit der nötigen Praxis allerdings werden sie eher zur interessanten Herausforderung an Ihre Hindernistechnik. Sie müssen lernen, Sprünge zu beherrschen, bei denen eine Hand oder beide Hände unterstützend aufgesetzt werden, und außerdem auch, unter Hindernissen durchzurollen.

Bevor Sie eine Ihnen unbekannte Strecke im Wettkampf laufen, versuchen Sie, diese Strecke entweder zu joggen oder abzugehen. Versuchen Sie dabei, die vorhandenen Hindernisse zu meistern und üben Sie solange, bis Sie sich sicher fühlen und Sie die beste Art ausgearbeitet haben, sie zu nehmen. Wenn Sie bei einem Crosslauf bereits im voraus wissen, was auf Sie zukommt, besitzen Sie immer einen Vorteil.

Wenn Sie beabsichtigen, ernsthaft für Crossläufe zu trainieren und Sie diese auch für die Konditions-Verbesserung nutzen wollen, dann sollten Sie nach einem Trainingsplan ungefähr zehn Wochen vor dem Wettlauf, an dem Sie teilnehmen wollen, trainieren. Dieser Trainingsplan, auf den wir später noch zurückkommen werden, enthält neben anaeroben Läufen auch »Scharfmacher«, längere Wiederholungsläufe, Zeitkontrolläufe und Wettkämpfe über die Distanz oder nahe an der Distanz, für die Sie trainieren. Bevor Sie jedoch das Training gemäß solch einem Plan aufnehmen, müssen Sie vorher erst zwei bis drei Monate aerobe Querfeldeinläufe absolviert haben. Insbesondere dann, wenn Sie Bahnwettkämpfe gelaufen sind. Wenn Ihr Konditionszustand schlecht ist, muß der Zeitraum für das aerobe Konditionstraining noch länger sein.

In einigen Ländern sind Crosslaufstrecken nichts anderes als »abgeänderte« Normalstrecken, besonders in vielen amerikanischen Staaten, wo Crossläufe auf flachem, rasenähnlichem Gelände durchgeführt werden. Das kann wirklich nicht als Crosslauf bezeichnet werden. Die Laufbedingungen sind fast so, als wenn man mit einer gleichmäßig hohen Laufgeschwindigkeit auf einer Straße laufen würde.
Das alles hilft Ihnen nicht, Ihre Kondition weiterzuentwickeln, weil die Belastung stetig hoch bleibt und anaerob wird. Die Gefahr einer Ermüdung des Herz-Kreislauf-Systems nimmt zu. Viele der Strecken haben nicht einmal Hindernisse.

Athleten, die auf solchen Strecken über zehn Wochen hinweg ein- oder zweimal pro Woche an einem Wettkampf teilnehmen, werden unweigerlich ihre Kondition verschlechtern. Es muß eine rauhe, unebene Strecke sein, bei der Sie mit allen Bodenverhältnissen konfrontiert werden – vom harten Boden bis zum Sumpf -, um den angestrebten Nutzen daraus zu ziehen.

Als ich 1950 den Lynndale Club in Auckland verließ und mich dem Owairaka Club anschloß, wurde ich mit einer interessanten Herausforderung konfrontiert. Lynndale war zu dieser Zeit der stärkste Crosscountry-Club in Neuseeland, und Owairaka war kaum entwickelt – ich begann meine Arbeit mit nur sechs Läufern. Aber innerhalb von vier Jahren stieg Owairaka zum besten Club im Land auf. Er ist auch heute noch einer der besten Clubs.

Einer der ausschlaggebenden Gründe dafür war, daß die jungen Leute aus der Umgebung von Owairaka auf einer der härtesten Crosslaufstrecken, die es überhaupt gibt, trainierten. Halberg, Snell, Jeff Julian, Magee und alle meine anderen Läufer trainierten intensiv auf dieser Strecke.

Ob Sie nun Athlet oder Trainer sind, sehen Sie den Crosslauf als einen wichtigen Aspekt in Ihrer Vorbereitung für das Laufen auf der Bahn an. Was Sie dazu brauchen, sind richtige Hindernisse, Hügel, schlammiger Boden, aber auch schnelle Läufe auf ebenem Boden – eine gemischte

Strecke, die an Läufer vielfältige Anforderungen stellt, die durch ihren bergigen Charakter zu Muskelerschöpfung führt und die Läufer dadurch langsamer werden läßt, die ihnen aber auch erlaubt, auf flachen Abschnitten das Tempo zu erhöhen. Die Läufer werden durch das Hindernistraining an Beweglichkeit gewinnen. Durch das Überqueren von Bächen und Pfützen und durch das Laufen auf weichem Boden lernen sie, sich zu entspannen. Crosslaufen unterstützt die Entwicklung von Sprintern, Mittel- und Langstreckenläufern, und es würde wahrscheinlich auch den Athleten anderer Disziplinen helfen, sich in einen guten Konditionszustand zu bringen.

Bahnläufer sollten die Cross-Saison als Chance ansehen, ihre allgemeine Kondition aufzubauen. Es ist ratsam, so oft wie möglich an einem Wettkampf teilzunehmen. Dabei sollten Sie immer bestrebt sein, entspannt zu laufen und die Umgebung zu genießen. Ob Sie im Wald, auf großen Parkanlagen oder rauhem Weideland laufen, alles wird einen erstaunlichen Beitrag zu Ihrer Entwicklung beisteuern – körperlich, geistig und technisch.

# 6. Aufwärmen und Abwärmen

Ein amerikanischer Trainer vom Abilene College erzählte mir, daß er vor einigen Jahren nach Sacramento geflogen sei, um eine Vorlesung des Australiers Percy Cerutty, der Herb Elliot trainierte, zu hören. Während der Diskussion sei Cerutty gefragt worden, was er vom Aufwärmen halte. »Für was wollen Sie sich aufwärmen?«, habe er gefragt, »Hasen tun es nicht, und sie können laufen wie der leibhaftige Teufel.«

Der Trainer aus Abilene sagte, daß er nach der Vorlesung nicht schnell genug nach Hause hätte kommen können, um herauszufinden, ob das, was Cerutty über die Hasen gesagt hatte, stimmte. Er wußte, wo er Hasenbaue finden konnte, und war, mit einer Filmkamera bewaffnet, noch vor Tagesanbruch draußen.

Er erwischte einen aus seinem Bau herauskommenden Hasen und filmte ihn, wie er sich auf seine Hinterpfoten setzte, in der Gegend umherschaute und einige Male hin und her trottete, bevor er plötzlich loslegte und quer über das Feld lief. »Das heißt,« sagte der Trainer aus Abilene, »Hasen wärmen sich DOCH auf, und ich besitze einen Film, das zu beweisen.«
In diesem Fall hatte die Provokation von Percy gewirkt und den Zuhörer zum Denken und Fragen angeregt, um die Antwort selbst zu finden.

Beobachten Sie einmal Läufer, die sich für Mittel- bzw. Langstrecken-Wettkämpfe aufwärmen, und Sie werden bemerken, daß sie sich unterschiedlich lange aufwärmen. Verschiedene Einflüsse sind dafür verantwortlich, daß Athleten sich unterschiedlich aufwärmen. Das Wichtigste jedoch ist, erst einmal zu verstehen, warum man sich überhaupt aufwärmt.

Einer der Hauptgründe ist, die Blutzirkulation zu erhöhen und einen Pulsschlag von nahezu 130 bis 140 Schlägen pro Minute zu erreichen. Das führt dazu, daß Sie während des Wettkampfes nicht durch diese Steigerungsphasen hindurch müssen. Ein anderer Grund ist, daß die Körpertemperatur erhöht wird und die Muskeln warm werden, um mit größerer Effizienz zu arbeiten. Diese Vorbereitung verringert die Gefahr eines Muskelrisses oder einer Sehnenzerrung. Durch das Aufwärmen wird die Muskelfestigkeit gelöst, und es erlaubt Ihnen, mit Höchsteinsatz locker zu laufen.

Vor Jahren kümmerten sich die Athleten nicht um das Aufwärmen. Stattdessen rechneten sie damit, bei einem Mittel- oder Langstreckenwettkampf früh in die Phase des sogenannten zweiten Winds zu gelangen. Das ist der Effekt, den Sie jetzt durch richtiges Aufwärmen erreichen. Es ist offensichtlich, daß es besser ist, diese schwierige und möglicherweise riskante Phase vor dem Wettkampf zu durchlaufen. Wenn Sie sich erst einmal im Wettkampf befinden und somit Ihren Kräfteeinsatz nicht kontrollieren können, besteht das Risiko, daß Sie Ihre Position im Läuferfeld verlieren. Wenn ein Muskel kalt ist, ist er fest und weniger wirksam. Wärme gibt einem Muskel Geschmeidigkeit, verringert seine Festigkeit und erlaubt schnellere Kontraktionen.

Einige Athleten führen auch Stretching-Übungen während des Aufwärmens durch, aber was Sie tun und wie Sie es tun, hängt von der Art des durchgeführten Wettkampfs ab. Wenn Sie zum Beispiel an einem Hindernislauf teilnehmen, sind Dehn- und Beweglichkeitsübungen angebracht, um sich auf die Hürden vorzubereiten. Aber es ist alles eine Sache der Vorliebe, was der einzelne macht. Einige Läufer ignorieren Dehn- und Beweglichkeitsübungen und beschränken ihre Aufwärmaktivitäten auf das Laufen mit unterschiedlichen Geschwindigkeiten. Andere wiederum, die regelmäßig Dehn- und Beweglichkeitsübungen durchführen, schließen diese in das Aufwärmen mit ein. Solange Sie sich jedoch im klaren sind, was Sie erreichen wollen, und die Übungen dazu benutzen, an dieses Ziel zu gelangen, ist es eigentlich nicht so wichtig, welche Präferenzen Sie haben.

Die Aufwärmzeit müssen Sie den Witterungsverhältnissen des betreffenden Tages anpassen. Wenn es windig und kalt ist, werden Sie länger benötigen, um warm zu werden, auch wenn Sie wärmere Kleidung tragen. Aber vergessen Sie nicht, daß Ihr Pulsschlag sich erhöht, sobald Sie zu laufen beginnen, unabhängig davon, ob es heiß oder kalt ist.

Viele Athleten wärmen sich zu lange auf. Einige laufen 30 oder 45 Minuten oder sogar länger an Tagen mit angenehmer Temperatur und verhältnismäßig guten Witterungsbedingungen. Tatsächlich könnten sie ihren Pulsschlag und ihre Körpertemperatur innerhalb von 15 Minuten oder weniger auf die erforderliche Höhe bringen. Sie dehnen die Aufwärmphase zu lange aus, weil sie meistens ihre Bedeutung nicht verstehen.

1968 kam ich ungefähr eine Stunde vor dem Start zur finnischen Marathon-Meisterschaft am Sammelpunkt an und sah, wie sich einige Läufer bereits aufwärmten. Sie verstanden gewiß nicht, was sie taten, weil einige von ihnen vielleicht schon hierbei schneller liefen, als sie später im Wettkampf nach halber Distanz laufen würden. Für einen Marathonlauf braucht man sich wirklich nicht ernsthaft aufzuwärmen. Sofern der Pulsschlag und die Körpertemperatur über den Normalzustand erhöht werden, ist das Aufwärmen für den Marathonläufer ausreichend, weil das Anfangstempo nie so schnell ist wie bei einem Bahnwettkampf. Diejenigen Läufer allerdings, die wie Ceruttys Hase losstürmen, werden unweigerlich nach wenigen Kilometern zurückfallen.

Fünfzehn Minuten Aufwärmzeit ist lang genug für Mittel- und Langstrecken-Wettkämpfe. Das Aufwärmprogramm sollte mit einem sieben- bis achtminütigen aeroben Lauf beginnen, gefolgt von einigen schnellen

50 bis 100 m Sprints, je nachdem, wie Sie sich fühlen – ungefähr drei sind gewöhnlich genug. Danach halten Sie Pulsschlag und Körperwärme durch leichtes Jogging oben. Kurz vor dem Start entledigen Sie sich Ihres Trainingsanzugs und halten sich durch Traben warm, bis Sie zum Start gerufen werden.

Begehen Sie keinesfalls den Fehler, den einige andere Läufer begehen. Diese wärmen sich in angemessener Weise auf, legen sich aber danach fünf Minuten oder länger unter eine Decke auf den Boden. Sie bleiben zwar warm, aber sie lassen ihren Pulsschlag absinken, was das Aufwärmen wieder zunichte macht.

Der Läufer, der sich längere Zeit aufwärmt, gewinnt physiologisch überhaupt nichts gegenüber dem Läufer, der sich auf 15 Minuten beschränkt, es sei denn, er ist ein nervöser Typ, der durch die Bewegung seine Spannung abbaut. Psychologisch dürfte es für diesen Läufertyp ebenfalls besser sein, in Bewegung zu bleiben. Wenn er eine Ausdauergrundlage hat, wird es ihm nicht schaden. Ausgenommen vielleicht vor einem Marathon- oder Crosslauf, vor denen es wichtig ist, jeden unnötigen Energieverlust zu vermeiden.

Das Abwärmen nach dem Wettkampf ist ebenfalls wichtig. Während des Wettkampfs ist Ihre Pulsfrequenz hoch, und das Blut strömt unter großem Druck des Herzens durch den Kreislauf und das Atmungssystem. Wenn Sie nach Beendigung des Wettkampfs Ihre Aktivität schlagartig verringern, vermindert sich der Herzpumpdruck, und viele der kleineren Arterien, Arteriolen, Kapillaren und Venen ziehen sich zusammen, wodurch der Blutfluß gestaut bzw. eingedämmt wird. Das kann zur Übersäuerung der Muskulatur führen, da während des Laufens Milchsäure gebildet wird, die in den Muskeln zurückbleibt.

Deshalb ist es ratsam, dieses Blut aus den Muskeln zu entfernen und es durch Blut mit einem höheren pH-Wert zu ersetzen. Der beste Weg, das zu erreichen, ist, die Blutzirkulation so anzuregen, daß dabei keine weitere Sauerstoffschuld entsteht. Das erreichen Sie durch leichtes fünfzehnminütiges Jogging nach dem Wettkampf. Milchsäure wird nicht durch den Körper ausgeschieden, sondern abgebaut, indem sie durch chemische Stoffwechselprozesse zu Glykogen umgewandelt wird. Das Abwärmen führt auch zu einer allmählichen Senkung der Körpertemperatur und verringert insofern das Erkältungsrisiko.

Denken Sie ernsthaft über Ihr Abwärmen nach. Viele Läufer unterschätzen seine Bedeutung und quälen sich mit den übersäuerten und dadurch entzündlich gereizten Beinmuskeln. Sie können versuchen, das übersäuerte Blut durch Massage aus den Muskeln zu entfernen, aber es ist weitaus besser, die Aufgabe durch das Herz erledigen zu lassen, indem Sie eine Weile leicht joggen.

1957 brach der Finne Salsola unter ungewöhnlichen Umständen den Weltrekord über 1500 Meter. Salsola brauchte normalerweise eine Aufwärmzeit von 45 bis 50 Minuten. Aber an dem betreffenden Tag – er ruhte sich in seinem Hotel in Turku nahe der Leichtathletikanlage aus – vergaß man, ihn rechtzeitig zu wecken. Salsola wurde erst vermißt, als man ca. sieben Minuten vor dem Start das Feld zusammenrief. Er wurde aus dem Bett geholt und eilte auf die Bahn. Er hatte keine Zeit für sein gewohntes langes Aufwärmprogramm, aber weil er aus dem Bett kam, war er ziemlich warm und nach einigen schnellen Sprints stand er auf der Startlinie. Er gewann den Wettkampf in Weltrekordzeit. Seine Reaktion darauf war: »Was wäre ich erst gelaufen, wenn ich mich richtig aufgewärmt hätte?«
Die Antwort darauf ist, daß er nie mehr so schnell gelaufen ist, trotz seines langen Aufwärmens.

# 7. Kleidung und Schuhe für Training und Wettkampf

Ihre Kleidung wird bestimmt von den Bedingungen, unter denen Sie trainieren und Wettkämpfe bestreiten müssen. In wärmeren Klimazonen brauchen Sie keinen Trainingsanzug für das Konditionstraining oder den größten Teil des Bahntrainings. Bei starkem Regen allerdings werden Sie eine wasserdichte Regenjacke mit Reißverschluß benötigen, um trocken und warm zu bleiben. Der Reißverschluß dient dazu, die Temperatur in der Regenjacke zu regeln.

Wenn Sie können, trainieren Sie in sehr leichter Kleidung, damit Sie nicht durch einen Trainingsanzug behindert werden, der Sie überhitzen kann und bei nassem Wetter zu schwer werden könnte. In kalten Klimazonen jedoch ist der Trainingsanzug ein Muß für das Wintertraining. Das Material des Trainingsanzuges wird hierbei durch die Strenge der Kälte bestimmt.

Bei Temperaturen unter minus 20 Grad Celsius macht es sich bezahlt, zwei Trainingsanzüge zu tragen – wie wir es in Finnland oft taten -, einen atmungsaktiven auf dem Körper und einen luftundurchlässigen darüber. Das hält die kalte Luft draußen und erzeugt ein warmes Luftpolster zwischen Ihrem Körper und dem äußeren Trainingsanzug. So bekleidet, können Sie bei minus 40 Grad Celsius für zwei oder mehr Stunden ohne Mühe laufen.

Die Schuhe sind der wichtigste Teil der Bekleidung. Lassen Sie sich deshalb beim Kauf Zeit. Probieren Sie beide Schuhe an. Gehen Sie ein wenig umher und prüfen Sie, ob Sie irgendwelche Druckstellen spüren, die Ihnen Probleme bereiten könnten. Ihre Zehen sollten frei sein. Bei zu großen Schuhen werden Sie durch das Rutschen des Fußes im Bereich des Fußgewölbes Blasen bekommen.

Prüfen Sie, ob die Schuhe gute Gummisohlen haben, damit Sie gegen das Aufsetzen auf harten Laufflächen geschützt sind. Schuhe mit abgerundeten Hacken sind für Straßenläufe ungeeignet, da die Erschütterungen beim Bergablaufen nicht abgefedert werden. Das ist ein wichtiges Merkmal von Trainingsschuhen für die Straße. Einige Hersteller runden die Hacken ab, weil es geringeren Verschleiß der Schuhe bedeutet. Das schützt jedoch leider nicht den Läufer.

Einige Schuhe sind überspannt. Damit meine ich Schuhe, die nach dem Ausziehen vorne flach auf der Spitze aufliegen, anstatt wie normale Schuhe mit der Spitze leicht nach oben zu zeigen. Das heißt, diese Schuhe drükken von oben auf Ihre Fußnägel, die Sie dadurch sicherlich verlieren werden. Sie werden in diesen Schuhen mit den Zehen auch nicht so weit nach vorne kommen, wie Sie sollten. Sie verlieren an Bodenhaftung, wenn Sie versuchen, sich abzudrücken, weil sich zwischen Ihren Zehen und dem Boden ein halber Zoll unausgefüllter Schuh befindet.

Viele Laufschuhe sind mit geraden Leisten gefertigt. Ihre Füße haben jedoch eher die Form einer Banane mit leichter Krümmung. Wenn Sie diese in einen geraden Schuh zwängen, bekommen Sie Druckstellen an der Außenseite der großen Zehen, und Ihre Fersen stehen über dem inneren Schuhrand ab, was eine andere Druckstelle verursacht.

Um diesem Mangel zu begegnen, setzen einige Hersteller ein hartes Versteifungsstück ein, wodurch dann aber der Vorderfuß über die Außenkante der Sohle gezwungen wird. Weil aber beim Laufen die Füße ohnehin dazu tendieren, nach außen zu rutschen, könnte es passieren, daß der Fuß ganz nach außen rutscht, was Sprunggelenkprobleme verursacht. Gleichzeitig werden die Schuhe überstrapaziert.

Das Zusammentreffen von geradem Schuh und bananenförmigem Fuß ist der dominierende Grund, warum viele Läufer Einlagen in ihren Schuhen brauchen und so versuchen, Balance in nicht-ausbalancierten Schuhen zu finden.

Die Gummisohlen sollen halbelastisch sein. Lassen Sie hartes Gummi fallen, es wird nicht zurückprallen; weiches Gummi ebenfalls nicht. Gummi der richtigen Struktur, d. h. von halb-mikrozellarem Aufbau, wird jedoch zurückspringen. Das ist für jeden wichtig, der große Distanzen laufen will. Prüfen Sie diesen Punkt sorgfältig. Die bloße Tatsache, daß ein Schuh eine dicke Gummisohle hat, besagt nicht, daß er ausreichend Schutz bietet.

Die Waffelsohle ist zum Laufen auf Wegen und Grasflächen ideal. Auf Straßen allerdings trägt sie sich schnell ab und verliert an Bodenhaftung. Das heißt, je größer die auf die Straße gebrachte Sohlenfläche ist, desto besser. Die Verringerung der Bodenhaftung durch Waffelsohlen ist auf nassen Straßen besonders unangenehm.

Peter Snell war vergleichsweise ein Neuling, als er 1960 an den Olympischen Spielen in Rom teilnahm. Weil es in Neuseeland damals keine harten Bahnen gab, hatte er auf Grasbahnen laufen gelernt. Es war uns nicht bewußt, daß wir einem besonderen Problem gegenüberstanden. Asche und andere harte Bahnen können für Mittelstreckenläufer, die bis zum Endspurt den Fuß beim Lauf abrollen, schwierig sein. Snell, der harte Bahnen nicht gewohnt war, sollte vier anstrengende Läufe in drei Tagen bestreiten. Wir wußten, daß dies seine Beine stark belasten würde und ernsthafte Muskelspannungen und Muskelentzündungen verursachen könnte.

Ich ließ ihm ein spezielles Paar Spikes anfertigen und erhöhte die Absätze durch kleine Gummiteile. Als wir die Endläufe erreichten, sahen wir, daß

Adidas alle anderen Teilnehmer überredet hatte, ihre Schuhe zu tragen. Aber glücklicherweise waren sie wohl der Meinung, daß Peter überhaupt keine Chance hätte und traten gar nicht erst an ihn heran. Er stieg also auf das Siegerpodest in seinen einfachen weißen Spikes. Ein Effekt, der nicht im Sinne von Adidas war.

Sie waren jedoch neugierig, den Aufbau der Schuhe zu erfahren. Wir wiesen darauf hin, daß die Absätze mit kleinen Polstern versehen wurden, um zu verhindern, daß die roten Blutkörperchen, die sich in den Arteriolen und Kapillaren ansammeln, beschädigt würden, was eine langsame Ermüdung der Beine verursacht. Aus dieser Erfahrung heraus fertigte Adidas einen Schuh mit einem speziellen Gummiabsatz, der als Intervall-Schuh bekannt wurde.

Ein Punkt, an den man bei Gummi denken muß, ist seine Temperaturempfindlichkeit. Er verhärtet bei kaltem Wetter, wodurch die Bodenhaftung und der Dämpfeffekt gegen Erschütterungen verringert werden. Es ist also empfehlenswert, Schuhe mit weicherem Gummi zu verwenden, um den Nachteil auszugleichen.

Für Crossläufe werden, um matschiges und rauhes Gelände zu bewältigen, festere und robustere Spikes gebraucht als für Bahnläufe. Bahnspikes sind diesen Anforderungen nicht gewachsen. Orientierungsläufer benutzen Schuhe mit einer Nockensohle, die gut auf rutschigem Untergrund greifen und für harten Einsatz gedacht sind.

Die Intervall-Spikes mit dem Gummikeil im Absatz, um Erschütterungen abzufangen, eignen sich am besten für Mittel- und Langstreckenläufer.

Suchen Sie sich Schuhe aus, die eine gute Anordnung der einschraubbaren Dornen besitzen. Die Dornen sollten so weit wie möglich vorn angebracht sein, weil Sie sich dort abdrücken und optimale Bodenhaftung brauchen. Die Dornen sollten sich an der äußeren Kante des vorderen Schuhteils befinden, denn Ihre Füße rollen an der äußeren Seite der Zehengelenke ab, besonders bei Kurvenläufen.

Das Zuschnüren der Schuhe ist weitaus wichtiger, als Läufer glauben. Die Schuhe sollen so geschnürt sein, daß sie beim Zuziehen nicht die Sehnen quetschen und nicht auf den Mittelfußknochen drücken. Eine einfache Sache wie das Schuhschnüren kann den Fuß daran hindern, seine Aufgabe frei zu erfüllen. Das abgebildete Schema, wie ein Schuh zu schnüren ist, soll ein falsches Binden und einen möglichen Druck verhindern.

Beobachten Sie aufmerksam den Verschleiß am Absatz. Übermäßiger Verschleiß führt zu Belastungen der Beine und Hüften und kann Knochenreizungen verursachen.

Ihre Hose soll bequem sitzen und nicht an Ihren Beinen ziehen, wenn Sie die Knie heben. Ist das der Fall, so können Sie vor allem an nassen Tagen Probleme bekommen. Sportsuspensorien für Männer scheinen der Vergangenheit anzugehören. Sie können scheuern und Wundstellen verursachen. Wenn Sie keine Unterhosen mit eingenähter Stütze besitzen, ist es wesentlich günstiger, Damen-Baumwollunterhosen zu tragen.

1970 war ich in einem Trainingslager in Woodville im Nordosten von Texas, als an einem feuchtheißen Tag ungefähr 30 unserer Läufer einen Lauf über 34 km (22 Meilen) durchführten. Die amerikanischen Jungen lachten amüsiert, als sie mich Damenunterhosen aus Baumwolle anziehen sahen. Nach Beendigung des Laufs aber war ich der einzige, der nicht über Wundstellen klagte. Am darauffolgenden Tag gingen alle gemeinsam zum Miederwarengeschäft, um Damenunterhosen zu kaufen. Die Verkäuferin machte einen verwirrten Eindruck, bis ihr erklärt wurde, warum so viele Männer Damenunterwäsche haben wollten. Sie machte ein gutes Geschäft.

Wenn Sie ein Mittel- oder Langstreckenläufer sind, kaufen Sie keinesfalls eine Stoppuhr ohne 60-Sekunden-Zifferblatt. Die Uhren mit 30-Sekunden-Zifferblatt verwirren nur – insbesondere, wenn Sie versuchen, mehr als einen Läufer bei Zeitkontrolläufen oder Rennen zu stoppen, oder wenn Sie während des Laufs einen genauen Wert ablesen wollen.

Einige Stoppuhren haben einen zweiten Zeiger, der angehalten bzw. in Gang gesetzt werden kann, ohne daß der Hauptzeiger beeinflußt wird. Das ist sehr vorteilhaft bei der Messung genauer Rundenzeiten und anderer Zwischenzeiten.

Stoppuhren sind teuer, und es zahlt sich aus, vorher zu überlegen, welche die beste Uhr für Ihre Zwecke ist. Die jetzt angebotenen Digitaluhren zeigen die gelaufene Zeit genau an und stellen eine Verbesserung gegenüber den herkömmlichen Uhren dar.

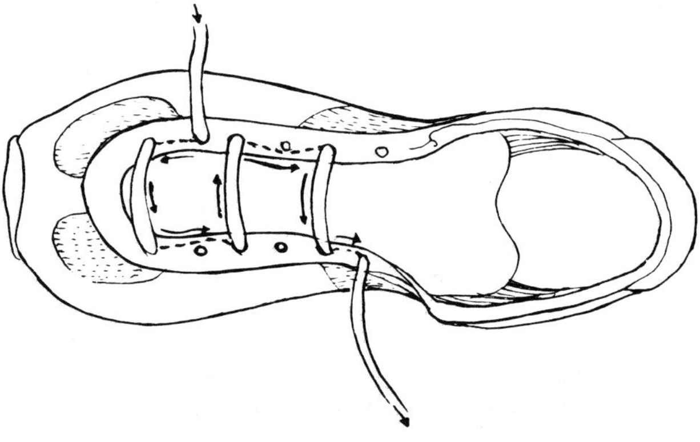

# 8. Taktik

Mittel- und Langstreckenläufe werden durch elf Merkmale beherrscht, die alle in den Bereich der Taktik fallen. Diese sind:

1. Die grundsätzlichen Fähigkeiten und die Entwicklung des Athleten
2. Seine Grundschnelligkeit oder seine Sprintfähigkeit
3. Ausdauer
4. Die Fähigkeit, ein hohes Tempo über eine lange Zeit beizubehalten
5. Die Fähigkeit, das Tempo während des Rennens zu verändern
6. Die bestgeeignete Endspurtdistanz
7. Die Fähigkeit, während eines Rennens Kontrolle auszuüben
8. Die Fähigkeit, andere Läufer einzuschätzen
9. Die Fähigkeit, die Stärken und Schwächen der anderen Läufer zu beobachten, auszuwerten und für sich auszunutzen
10. Die Fähigkeit, eigene Schwächen und Stärken auf die anderen Läufer zu beziehen
11. Die Fähigkeit, das Lauftempo zu bestimmen.

Einige Läufer sind im Nachteil, weil sie keine hohe Grundschnelligkeit besitzen. Sie müssen aus dieser Notwendigkeit heraus in ihren meisten Rennen versuchen, das Lauftempo zu forcieren. Sie fürchten den schnellen Endspurt ihrer Mitläufer und sind deshalb bemüht, vorher die Kräfte der Konkurrenten zu schwächen. Sehr oft gelingt ihnen dies; aber es gibt auch Ausnahmen!

Zum Beispiel kann sich der schnelle Läufer bei starkem Wind an den Läufer, der das Tempo forciert, einfach anhängen. Er läuft also im Windschatten des Läufers oder der Läuferin und bereitet sich auf den Endspurt vor, wenn der andere sich müde gelaufen hat. Unter solchen ungünstigen Umständen ist es für einen Tempoläufer nicht empfehlenswert, das Tempo zu schnell zu gestalten. Es ist besser, alles auf einen ausgedehnten Endspurt um die 500 m zu setzen, der hohe Anforderungen an das Stehvermögen der Mitläufer stellt und sie möglicherweise für den Endspurt auf der Geraden schwächt. Wenn Sie diese Taktik anwenden, achten Sie darauf, daß Sie sich nicht übernehmen.

Es zahlt sich aus, wenn Sie sich selbst über unterschiedliche Distanzen prüfen, um sicher zu sein, was für Sie die bestgeeignete Endspurtdistanz ist. Einige Läufer können ihr Tempo schnell steigern, andere wiederum müssen das Tempo langsam steigern. Wenn Sie einen schnellen Antritt haben, können Sie in der Spitze mitlaufen. Haben Sie keinen schnellen Antritt, ist es ratsam, einige Meter zurück zu liegen, damit Sie die benötigte Distanz zur Verfügung haben, auf der Sie Ihre maximale Schnelligkeit entwickeln, bevor Sie an der Spitze vorbeiziehen können. Andernfalls werden

Sie merken, daß Sie die anderen Läufer bloß mitziehen und Sie keinen Vorteil daraus ziehen können, daß Sie als erster zum Endspurt angesetzt haben.

Das ist eine Situation, in welcher Sie Ihre Konkurrenten kennen müssen. Jeder Mitläufer, ob hinter oder vor Ihnen, könnte einen schnelleren Antritt haben und Sie hinter sich lassen, bevor Sie überhaupt dazu kommen, Ihren eigenen Endspurt zu beginnen. Hier hilft nur Ausprobieren, um die für Sie bestgeeignete Endspurtstrecke zu ermitteln.

Läufer mit geringer Ausdauer sind dafür bekannt, daß sie sich an die Spitze setzen und dann langsam das Tempo verringern, um das Feld zu bremsen. Das kann manchmal erfolgreich sein, aber in den meisten Rennen werden die anderen Läufer bald merken, was los ist, den Läufer an der Spitze überholen und das Tempo wieder steigern. Dann muß der überholte Läufer wieder versuchen, an die Spitze zu gelangen. Dieses Wechselspiel führt unweigerlich zu einer Reihe von Sprints und Spurts, die zu Lasten des ausdauerschwachen Läufers gehen und seine Chancen eher verringern als vergrößern.

Für diesen Läufertyp ist es normalerweise besser, innerhalb des Läuferfeldes auf der Innenbahn zu laufen. Er läuft die wenigsten Meter, wird gut im Verfolgerfeld mitgenommen und kann hoffen, daß die Laufgeschwindigkeit nicht zu schnell ist, so daß er die eigene Schnelligkeit kurz vor dem Ende einsetzen kann.

Den Läufern an der Spitze gehen allerlei Gedanken durch den Kopf: ob sie das von ihnen angegangene Tempo beibehalten können, ob sie schnell genug oder zu schnell laufen, was hinter ihnen vorgeht. Diese Zweifel können nervöse Spannungen aufbauen, die dazu führen, daß der Läufer sich verkrampft. Wenn dann der gefürchtete und mittlerweile auch erwartete Sprintantritt von einem anderen Läufer kommt, sind sie oft hilflos. Ohne zu reagieren, lassen sie das übrige Läuferfeld vorbeiziehen.

Sehr wenige wichtige Rennen werden durch den Läufer an der Spitze gewonnen. Dies bestätigt, daß es ratsam ist, sich hinten zu halten, wenn das vorgegebene Tempo hoch genug ist. Beginnen Sie »Ihren« Lauf nicht zu früh. Nur wenige Läufer können zwei Sprints von über 100 m in einem Rennen verkraften. Es ist deshalb besser, Sie halten Ihre Energie (psychisch und physisch) für den alles entscheidenden Endspurt so lange zurück, bis Sie alles auf einmal geben können.

Vor zwanzig Jahren, als es den meisten Läufern an der Ausdauer fehlte, die heute für Spitzenläufer selbstverständlich ist, konnte ein Läufer wie Kutz, UDSSR, eine Anzahl schneller 50 m-Sprints in einen 5.000 m-Lauf einbauen und damit die Konkurrenz sowohl außer Atem bringen als auch demoralisieren. Auf diese Taktik kann man sich heute nicht mehr verlassen.

Einige Läufer können ihr Tempo nicht aufrechterhalten, wenn sie einer Anzahl Sprints ausgesetzt werden, aber die Mehrheit, wenn sie vernünftig trainiert hat, wird diese Sprints genauso leicht absolvieren wie der Läufer, von dem sie ausgehen.

Um taktisch klug zu laufen, braucht man ein hohes Maß an Kontrolle und Tempogefühl. Zu oft passiert es, daß Läufer für ihre Verhältnisse einen Lauf zu schnell angehen, einfach deshalb, weil der Konkurrent es so getan hat. Und sie sind dumm genug, dem Gegner zu folgen. Sie gehen zu früh eine große Sauerstoffschuld ein und zahlen gegen Ende des Rennens den Preis dafür.

Für den Läufer, der ein Ausdauertyp ist, der also seine Ausdauer einsetzen sollte, lohnt sich manchmal das Risiko, das Rennen von Beginn an schnell zu gestalten – vorausgesetzt, der Wind ist nicht zu stark -, weil er darauf hoffen kann, daß schnellere Läufer mit geringerer Ausdauer dumm genug sind, ihm zu folgen. Wenn es sich um erfahrene Läufer handelt, stehen die Chancen schlecht, weil sie nicht folgen werden. In solch einer Situation ist es manchmal möglich, kurz Atem zu schöpfen und dann wieder loszuziehen.

Studieren Sie Ihre Konkurrenten so genau Sie können, und finden Sie alles über ihre unterschiedlichen Stärken und Schwächen heraus. Sie sollten sich sogar Notizen zum späteren Nachschlagen machen. Vielleicht lesen Sie etwas über Läufer aus anderen Ländern, ohne sich weitere Gedanken darüber zu machen, aber Sie wissen nie, wann Sie sich mit ihnen in einem Rennen treffen werden. Wenn Sie dann vergessen haben, was Sie gelesen haben, bestrafen Sie sich selbst, weil Sie entweder eine Schwäche, an die Sie sich erinnern müßten, nicht mehr ausnutzen können, oder Sie liefern sich Ihrem Rivalen aus, indem Sie das Rennen genau so gestalten, wie er es gerne hätte.

Sie müssen in jedem Rennen darauf abzielen, Ihren Konkurrenten die größten Probleme zu bereiten. Denken Sie immer daran, daß der kürzeste Weg zum Ziel auf der Innenseite der Bahn liegt – jedesmal, wenn Sie davon abkommen, verlängern Sie Ihre Laufstrecke. Kluge Läufer laufen dicht an der Innenseite und verlassen die Innenbahn nur, um einen anderen Läufer zu überholen oder um sich für den Endspurt in eine gute Position zu bringen.

Bei den meisten 800 m-Rennen laufen die Läufer die ersten 300 m in Bahnen. Danach gehen sie alle auf die Innenbahn. An diesem Punkt sehen Sie die Läufer der Außenbahnen gewöhnlich von außen nach innen stoßen und dabei sechs oder sieben Meter verlieren, weil sie nicht überlegt haben. Wenn sie nämlich erst in der nächsten Kurve nach innen gehen würden, könnten sie sich wertvolle Meter sichern, die ihnen gegen Ende des Rennens zugute kämen.

Eine andere Eigenart der Läufer ist es, plötzlich aus dem Mittelfeld mit einem kräftigen Antritt weiter nach vorn vorzustoßen. Sie nehmen kurzzeitig eine weiter vorn liegende Verfolgerposition ein, um dann wieder zurückzufallen. Das ist Energieverschwendung. Wenn Sie in einem Rennen eine Positionsänderung vornehmen, muß ein Zweck dahinterstehen, und wenn Sie Ihr Ziel erreicht haben, setzen Sie das Erreichte nicht wieder aufs Spiel. Es gibt zahllose Beispiele von Rennen, bei denen Athleten bessere Positionen hätten erlaufen müssen. Weil sie aber taktische Fehler begingen, wurden sie unter Wert geschlagen.

Dave Bedfords 10.000 m-Europameisterschaftslauf 1971 in Helsinki war einer davon. Vor dem Rennen wurde er von schwedischen Physiologen auf seine Fitneß geprüft. Sie sagten, seine Sauerstoffaufnahmefähigkeit würde 87 ml pro Kilogramm betragen, einer der höchsten bislang gemessenen Werte. Das führte zu der Aussage, daß Bedford mehr oder weniger unschlagbar sei. Die Experten jedoch zogen nicht in Erwägung, daß auch andere Faktoren ein Rennen beeinflussen – beispielsweise taktische Überlegungen.

Bedford war ein Tempoläufer, der von Anfang an an der Spitze lief. Er war gewohnt, seine Mitläufer in Grund und Boden zu laufen und sich bereits auf halber Strecke vom Feld abzusetzen, um dann ungehindert dem Sieg entgegenzulaufen. Unglücklicherweise liefen in diesem Rennen auch Läufer mit, die sich so gut vorbereitet hatten, daß sie auf den ersten 5.000 Metern mithalten konnten und ihm während des gesamten Rennens dicht auf den Fersen blieben.

Bedford lief auch nicht ökonomisch. Wenn er sich an der Spitze befand, aber noch nicht vom Läuferfeld abgesetzt hatte, wurde es offensichtlich, daß er aufgrund nervlicher Anspannung verkrampfte. Als die letzte Runde eingeläutet wurde, sprinteten einige Läufer an ihm vorbei und beendeten die letzte Runde in 53 Sekunden; Bedford konnte nur noch hinter ihnen hertrotten.

Der Gewinner, Vaatainen, Finnland, konnte nicht annähernd so schnell laufen wie Bedford. Taktisch aber war er der Mann des Tages. Ich glaube, wenn Bedford nicht versucht hätte, dieses gute Läuferfeld früh in Grund und Boden zu laufen, sondern sich auf ein hohes, gleichmäßiges Tempo eingestellt und auf den letzten 5.000 m Druck ausgeübt hätte, wäre er nicht so verkrampft gewesen und wäre wahrscheinlich viel weiter gekommen.

Bedfords 10.000 m-Weltrekord beweist sein unbestrittenes Können. Aber es ist wesentlich, wenn auch unglücklich, daß er in wichtigen Rennen eben nicht so lief, wie es seinen Fähigkeiten entsprach.

Der Hindernislauf bei den Olympischen Spielen 1964 in Tokio war einer der taktisch besten Läufe, die ich je gesehen habe. Er wurde von Gaston

Roelants, Belgien, gewonnen. Roelants war bekannt dafür, daß er ein hohes Anfangstempo lief und, ungefähr wie Bedford, das Läuferfeld früh in Grund und Boden lief. Aber bei den Halbfinal-Läufen in Tokio wurde er nach 2.000 m müde und sah nicht mehr so fit aus, wie er vorher gewesen war. Als sich jedoch zwei Tage später das Feld zum Endlauf aufstellte und der Startschuß fiel, ging Roelants nicht wie gewöhnlich nach vorn. Es war offensichtlich, daß die anderen Läufer dadurch irritiert waren und nicht wußten, wie sie sich verhalten sollten. Keiner war bestrebt, Roelants die Führung abzunehmen. Alle trotteten etwas verwirrt um die Bahn, ohne das Tempo zu steigern, bis ganz plötzlich, 1.000 m vor dem Ziel, Roelants vorbeizog, sich an die Spitze setzte und so zu laufen begann, wie er gewöhnlich zu Beginn eines Rennens lief. Er überraschte die anderen völlig und konnte seine Führung ausbauen und bis zum Schluß halten.

Mir schien, daß Roelants aufgrund der Erfahrung aus dem Halbfinallauf wußte, daß, wenn er seine bisherige Taktik beibehalten und an der Spitze laufen würde, er vor dem Endspurt müde sein würde. Er rechnete sich aus, daß er das Tempo nur 2.000 m hätte halten können und plante darauf aufbauend sein eigenes Rennen.

Es war eine Taktikumstellung, die seine Konkurrenten weder erwartet noch der sie etwas entgegenzusetzen hatten.

Murray Halbergs 5.000 m-Sieg bei den Olympischen Spielen in Rom 1960 war ein Beispiel für eine harte Taktik. Der Plan war, daß er einfach an die Spitze sprinten sollte, wenn noch drei Runden zu laufen waren, und dann alles geben sollte, um vorne zu bleiben. Wir nahmen an, daß dies der sicherste Weg zum Sieg sein würde. Halbergs Nerven besorgten den Rest.

Die Theorie, die hinter dieser Taktik steckte, basierte auf einigen Eindrükken, die ich während meiner frühen Trainingstage gewonnen hatte. Es ist unerheblich, welche Belastung Sie Ihrem Körper zumuten, er wird sich darauf einstellen und leistungsstärker werden. Wenn Sie immer eine gewisse Distanz laufen, wird sich Ihr Körper an diese Distanz gewöhnen. Die anfängliche Schwäche verschwindet, und es entsteht ein glatter, fließender Bewegungsablauf. Wenn Sie jetzt die Laufdistanz und das Tempo ändern würden, würde der Rhythmus gestört.

Halberg ging nach Rom als ein 5.000 m-Läufer, der sehr viele Zeitkontrollläufe über 3 Meilen und 5.000 m gelaufen war, um sich auf die 5.000 m-Distanz vorzubereiten. Er trat gegen Athleten an, die intervallmäßig trainiert hatten. Das heißt, sie waren trainiert, schnell über 200 bis 600 m mit Ruhepausen zu laufen. Mit anderen Worten, sie waren gewohnt, auf Teilstrecken schnell zu laufen und sich anschließend auszuruhen. Halberg hingegen war so trainiert, daß er die ganze Strecke über ein hohes Tempo laufen konnte.

Bei den meisten Laufdisziplinen gibt es einen toten Punkt, z.B. die dritte Runde bei Meilenläufen und die drittletzte Runde beim 3 Meilen-Lauf. Athleten, die Intervalltraining betreiben, benötigen diese Ruhepausen, weil sich ihr Körper darauf eingestellt hat, um sich dann für den letzten Einsatz zu sammeln.

Es ist auch bemerkenswert, daß die meisten 3 Meilen-Läufer einer von zwei Kategorien zugeordnet werden können – dem natürlichen 1 Meilen-Läufer oder dem 6 Meilen-Läufer. Meilen-Läufer empfinden das hohe Anfangstempo als ihren Fähigkeiten angemessen, so daß in der nervösen Spannungsphase eines großen Rennens die meisten von ihnen geneigt sind, zu früh zu schnell loszuziehen. Sie haben zwischen 1 3/4 und 2 1/2 Meilen ihre beste Phase und sind danach angreifbar. Der 6 Meilen-Läufer dagegen ist ein »Steher«, der Schwierigkeiten hat, das hohe Anfangstempo mitzugehen und sich zu dem Zeitpunkt, wenn die Kräfte des Meilenläufers nachzulassen beginnen, fragt, ob er das Tempo bis zum Ziel beibehalten kann.

Ich sagte Halberg, daß er, wenn das Feld in der drittletzten Runde zögern sollte und er ein Nachlassen des Tempos spüren würde, sofort seine Stärke ausspielen und sich mit einer 60 Sekunden-Runde von seinen Konkurrenten lösen sollte. Er empfand dies als richtig, handelte entsprechend, und nach 40 Metern hatte er einen Abstand von 80 Metern zum Feld. Er brauchte nur noch zwei weitere Runden durchzuhalten, und die Goldmedaille gehörte ihm.

Als ich zum letztenmal meinen Neuseeland-Marathon-Titel in Auckland gewann, setzte ich das Wetter taktisch ein, um meine Mitläufer zu verwirren. Der Favorit, Richards, kam aus Christchurch, einer viel kälteren Gegend als Auckland. Am Tag des Marathons herrschten typische Auckland-Bedingungen mit hoher Luftfeuchtigkeit.

Richards konnte einen Marathon in 2:30 Stunden laufen, was 1955 eine gute Zeit war. Ich aber meinte, daß die Hitze in Auckland ihm zu schaffen machen würde. Deshalb setzte ich mich an die Spitze, gab drei oder vier Meilen lang das Tempo an und zog das Läuferfeld hinter mir her. Dann wurde ich langsamer und überließ die Spitze anderen. Die Chance, die ich wahrnahm, zahlte sich aus. Das Feld lief mit dem von mir vorgegebenen, für die Witterungsverhältnisse zu schnellen Tempo weiter. Auf den letzten sechs Meilen lag ich auf Platz sieben und ungefähr eine Meile hinter Richards.

Aber ich war frischer als er, zog los und lief die letzte Meile tatsächlich in fünf Minuten, während er acht Minuten benötigte. Ich ging an ihm vorbei und hatte die letzte Runde vor dem Ziel hinter mir, bevor er sie begann. Die Hitze und die Luftfeuchtigkeit hatten ihn auf den letzten Meilen vollständig ausgelaugt, weil die Anfangsgeschwindigkeit zu sehr an seinen Kraftreserven genagt hatte.

Wenn ein Läufer davon überzeugt ist, daß er schwer zu schlagen ist, macht es sich bezahlt, diese Information für sich zu behalten. Wie ich bereits erwähnte, beriet ich Richard Tayler bei seiner Vorbereitung für den 10.000 m-Wettkampf bei den COMMENWEALTH GAMES in Christchurch. Er hatte sein Training wegen Krankheit und einer Beinmuskelzerrung unterbrochen, so daß er einiges an Bahntraining verloren hatte. Als er jedoch zehn Tage vor dem 10.000 m-Rennen bei einem Kontrollauf über 5.000 m völlig locker 13:40 Minuten lief, war klar, daß er kaum schlagbar sein würde.

Die Presse versuchte, alle Informationen über die Aussichten der Läufer zu bekommen, aber glücklicherweise bekam Dave Bedford den Löwenanteil der Publizität. Das paßte uns gut, weil Tayler so keinen Druck zu spüren bekam. Seine beste Zeit über 10.000 m bis zu diesem Zeitpunkt war nur 28:24 Minuten, was keinen sonderlich beeindruckte. Aber wir wußten, daß er in einer besseren Form war als jemals zuvor. Und bei einer Marathonzeit von 2:15 Stunden und einer Meilenzeit von unter vier Minuten konnten wir davon ausgehen, daß er die notwendige Ausdauer und Schnelligkeit für einen Sieg besaß, vorausgesetzt, er würde mit einem vernünftigen, gleichmäßigen Tempo laufen und sich aus Rangeleien heraushalten.

Wir wußten alle, wie die schwarzen Afrikaner laufen würden – über die ganze Bahn, nach vorn an die Spitze, zurückfallen und wieder an den führenden Läufern vorbei, um sie zu verärgern und so weiter -, und weil Bedford ebenfalls ein Mann war, der an der Spitze laufen wollte, vermuteten wir, daß während des ersten Rennabschnitts heftig geschoben und gestoßen werden würde. Ich sagte zu Tayler, daß er sich zurückhalten sollte, wenn so etwas passierte und er nur nach vorn aufschließen sollte, wenn die Spitzengruppe sich formiert hätte und einige von ihnen das Tempo verringert hätten.

Ich lag nicht falsch. Beide, Bedford und der englische Läufer Black, versuchten, mit den Afrikanern Schritt zu halten, und bekamen dabei einige Stöße ab. Die Rempeleien schienen Bedford mehr zu verärgern als Black. Ich saß mit dem englischen Trainer zusammen und fragte ihn deshalb, warum er die beiden Engländer nicht angewiesen hätte, sich von den Afrikanern solange fernzuhalten, bis sie sich beruhigt hätten. Er gab zu, daß er das wohl besser hätte tun sollen.

Am 5.000 m-Punkt war Tayler ungefähr 60 Meter hinter der Spitzengruppe, und es sah aus, als hätte er mit dem Rennausgang nichts mehr zu tun. Als sich die Spitzengruppe formiert hatte und das hohe Anfangstempo seinen Tribut forderte, begann er, langsam an Boden zu gewinnen und hängte sich an die Spitzengruppe.

Zwei Runden vor dem Ziel startete Black, aber er hatte bei Tayler nur eine kleine Chance, da dieser nicht nur eine bessere Schnelligkeit besaß, sondern auch eine hervorragende Ausdauer. Der Neuseeländer holte ihn mit einem lang gezogenen Spurt über 300 Meter ein und gewann das Rennen mit gut 60 Meter Vorsprung. Seine 27:46 Minuten waren ungefähr 40 Sekunden unter seiner bisherigen Bestzeit. Bedford, der am Anfang zu schnell gelaufen war, war nicht zu sehen.

Ein anderes Rennen, das nahezu so lief, wie wir es geplant hatten, war der 1.500 m-Endlauf bei den Olympischen Spielen in Tokio, in dem zwei meiner Läufer mitliefen – Peter Snell und John Davies. Wir sprachen unsere Taktik am Vorabend des Endlaufs durch – ich spreche niemals mit den Athleten über die Rennen an dem Tag, an dem sie stattfinden, weil ich glaube, daß sie sich dann besser selbst überlassen bleiben sollten. Es können unnötigerweise Spannungen hervorgerufen werden, wenn über den Wettkampf gesprochen wird und in der letzen Minute vor dem Rennen Ratschläge erteilt werden.

Wir meinten, daß Snells Aussichten groß waren, aber daß Davies nicht unter den Medaillenanwärtern sein würde, wenn es zu einem Spurtfinish kommen würde, weil seine Schnelligkeit einfach nicht gut genug war. Es gab viele Läufer im Feld, die schneller waren. Er hatte im Halbfinale einen Endspurt über 250 m versucht und damit bei mir fast einen Herzanfall verursacht, weil jeder andere die gleiche Idee hatte und Davies in der letzten Kurve auf der vierten Bahn versuchte, viel schnellere Läufer zu überspurten. Er erreichte nur mit Mühe den vierten Platz, mit dem er sich so gerade noch qualifizierte.

Wir wollten, daß das nicht noch einmal passiert, deshalb entschieden wir, bei 700 m den Spurt anzuziehen. Davies sollte führen, und Snell sollte versuchen, an seiner Schulter zu laufen. So konnten sie beide die Situation im Griff halten. Snell als Läufer mit langem Schritt würde schwer zu passieren sein und jeden überholenden Läufer zwei oder drei Bahnen nach außen drängen.

Wir sahen den Amerikaner Dyrol Burleson als gefährlichsten Gegner an. Er hatte die Innenbahn gezogen, deshalb planten wir, daß Davies sich an Burleson anhängen, sein Tempo übernehmen und ihn so auf der Innenbahn halten sollte. Wir erwarteten vom Franzosen Michel Bernard, daß er am Anfang die Führung übernehmen würde. Weil er aber nach dem Intervallprinzip trainiert hatte, trauten wir ihm nicht zu, drei schwere Rennen durchzustehen.

Alles lief dann so ab, als wenn wir vorher jedem gesagt hätten, was er tun solle. Bernard übernahm die Führung, und Burleson befand sich auf der Innenseite neben Davies. Dann, 700 m vor dem Ziel, wurde Bernard schwächer, und Davies schob sich schnell an die Spitze. Bevor jedoch Snell auf der Außenseite aufholen konnte, nahm ein anderer Läufer den Platz ein, den wir für Snell vorgesehen hatten. Snell war jetzt eingeschlossen.

Als noch 250 m zu laufen waren, startete Snell wie geplant – oder fast wie geplant. Zuerst mußte er aus seiner eingeschlossenen Position heraus, aber anstatt zurückzufallen und das Läuferfeld von außen zu umgehen, wie er es bereits im Halbfinale getan hatte, und wie man es von jedem Läufer erwarten dürfte, streckte er seinen rechten Arm wie ein Verkehrssignal aus. Der höfliche Engländer, John Whetton, machte ihm daraufhin Platz. Davies hatte mittlerweile »die Ohren angelegt« und sprintete, was das Zeug hielt.

Als die Führungsgruppe, mit Snell an der Spitze, auf die Gerade einschwenkte, lief der Engländer an Davies vorbei und zwang ihn dadurch, seinen Kurs zu wechseln und ein wenig zu bremsen. Dies verhalf dem Tschechen Josef Odlozil zum Durchbruch, und Davies fiel trotz eines schnellen Endspurts um wenige Zentimeter vom zweiten auf den dritten Platz zurück.

Burleson gelang es nicht, aus dem Gedränge heraus zu kommen. Ein paar Jahre später hörte ich, wie er mit jemandem über dieses Rennen diskutierte und meinte: »Wenn ich aus meiner eingeschlossenen Position herausgekommen wäre, hätte ich gewonnen.« Ich habe mich oft gefragt, ob er überhaupt wußte, warum er gleich zu Anfang des Rennens eingeschlossen wurde.

Das geschah, weil wir die Läufer, gegen die wir antraten, kannten und wußten, welche Art Training sie durchführten. Das Rennen war auch interessant, weil Snell trotz der Ruhe, mit der er die letzten 400 m und das Problem des Eingeschlossenseins bewältigte, die letzte Runde in 53,2 Sekunden und die letzten 300 m in 38,6 Sekunden lief.

Oft trifft man Läufer, über die man kaum etwas oder gar nichts weiß. Wenn Vor- und Zwischenläufe durchgeführt werden, ist es sinnvoll, wenn der Trainer oder ein Laufkamerad, der nicht am Wettkampf teilnimmt, das Läuferfeld beobachtet und die Fähigkeiten der unbekannten Läufer einschätzt. Das ist gewöhnlich bei Olympischen Spielen oder bei großen internationalen Wettbewerben notwendig, weil Sie dort gegen Läufer antreten müssen, die Sie zum erstenmal sehen.

Sie können diese Läufer aber auch bei den Vor- und Zwischenläufen prüfen, indem Sie den Lauf mit einem scharfen Endspurt beenden, um ihre Schnelligkeit zu testen. Oder Sie laufen mit einem langgezogenen Spurt, wenngleich die anderen Läufer auch nicht immer auf diese Art Köder reinfallen und das machen, was Sie wollen. Sie selbst müssen bei solchen taktischen Manövern auch großes Selbstvertrauen besitzen. Aber es ist interessant, daß, wenn erst einmal ein Läufer zu einem Spurt ansetzt, ihm die anderen folgen, es sei denn, das Läuferfeld taugt nichts. Einige Läufer variieren ständig ihr Tempo. Sie müssen diese Läufer immer beobachten, denn wenn Sie Schwierigkeiten haben, das Tempo richtig einzuschätzen, können Sie überlistet und zu einer Anzahl unnötiger schneller Sprints genötigt werden.

Überholen Sie andere Läufer grundsätzlich nur auf der Geraden, es sei denn, es gibt keine andere Wahl, als in der Kurve vorbeizugehen. Bleiben Sie so dicht wie möglich auf der Innenbahn. Je weiter Sie sich davon entfernen, desto länger wird Ihre Laufstrecke. Versuchen Sie, Ihr Tempo so gleichmäßig und wirtschaftlich wie möglich zu gestalten. Der Läufer, der bereits auf halber Strecke sprintet, wird dazu am Ende kaum noch in der Lage sein.

Gehen Sie jedes Rennen mit einem festen Plan an. Ob allerdings das Rennen gemäß Ihrem Plan abläuft, hängt von vielen Faktoren ab. Wenn alles in Erwägung gezogen und logisch vorgegangen wird, wird der Läufer, der am besten geplant hat, kaum auf die Taktik anderer Läufer hereinfallen, und er kann deshalb oft den Ton angeben.

Heutzutage besitzen die Läufer eine gute Kondition und sind durch das Training auf alle Eventualitäten vorbereitet. Die Bedeutung der Taktik hat daher abgenommen. Es wird allerdings immer Läufer geben, die mit Überraschungen aufwarten. Das Angleichen der Trainingsmethoden bedeutet jedoch, daß der Endspurt mehr und mehr zur entscheidenden taktischen Waffe wird.

Die Olympischen Spiele 1956 waren die letzen, die durch Mittel- und Langstrecken-Athleten bestimmt wurden, die Intervalltraining durchgeführt hatten. Mit dem bedrückenden Versagen der Westdeutschen in Melbourne verlor Dr. Gerschler, der mit Dr. Reindell hauptsächlich für die Entwicklung dieser Trainingsmethode verantwortlich war, das Vertrauen des Deutschen Leichtathletikverbandes, der Trainer und Athleten.

In den nächsten vier Jahren trainierten australische und neuseeländische Läufer in der Art des Marathon-Konditions-Trainings, kamen in Form und verdrängten die Athleten, die immer noch die alten Trainingsmethoden anwendeten. Elliot, Thomas, Power und Lincoln aus Australien und Neville Scott und Halberg aus meiner Gruppe beherrschten die internationalen Wettbewerbe zwischen 1957 und 1959.

Die Olympischen Spiele 1960 bewiesen die Richtigkeit unseres Vorgehens. Snell gewann die 800 m, Elliot die 1.500 m, Halberg die 5.000 m, und Barry Magee wurde Dritter im Marathonlauf, und zwar mit der schnellsten Zeit, die jemals für einen weißen Läufer gestoppt worden war. Unser Erfolg führte zu einer internationalen Konferenz in Westdeutschland, auf der die Verdienste unseres Systems diskutiert wurden. Im Anschluß an diese Konferenz stellte man in einigen Ländern das Training generell um.

Halberg war aufgrund seiner besseren Koordination erfolgreich. Snells Stärke bestand darin, daß er besser als seine Konkurrenten in der Lage war, Schnelligkeit und Ausdauer zu vereinen, obgleich er auf der internationalen Bühne ein Neuling war. Magee, der erst seinen dritten Marathonlauf bestritt, war wie Abebe Bikila und der zweitplacierte A. Rhadi, Marokko, ein auf Ausdauer trainierter Läufer mit einer hohen Sauerstoffaufnahme. Alle drei Läufer hatten die Fähigkeit, Taktik zu verstehen und anzuwenden.

# 9. Körpertemperatur, Elektrolyte und Laufen

Es ist bekannt, daß die Körpertemperatur in verschiedenen Körperpartien unterschiedliche Werte aufweist. Aufgrund physikalischer und physiologischer Vorgänge geht die Körpertemperatur zurück. So wird das nahe der Haut fließende Blut abgekühlt, und es entsteht Schweiß, dessen Verdampfung die Hauttemperatur senkt.

Bei niedrigen Lufttemperaturen ziehen sich die Blutgefäße der Haut zusammen, um den Wärmeverlust zu mindern. Ist die Lufttemperatur hoch, oder wird durch körperliche Aktivität die Körpertemperatur erhöht, erweitern sie sich, um mehr Wärme abzugeben. Es wird mehr Schweiß ausgeschieden, und der Wärmeverlust durch Verdampfung ist größer. Je intensiver Sie sich körperlich belasten, desto mehr Blut fließt durch die Hautoberfläche und desto mehr schwitzen Sie.

Intensive Belastungen führen zu einem größeren Blutbedarf der Muskeln und verstärken die Hautdurchblutung zwecks Kühlung. Das heißt, je wärmer es ist, desto größer wird der Durchblutungsbedarf. Diese Forderung nach Mehrdurchblutung kann die Kapazität des Herzens übersteigen und zu Übelkeit, zum Schwindelanfall oder sogar zum Hitzschlag führen.

Wenn Sie intensive Belastungen bei Hitze nicht gewohnt sind, sind Sie den folgenden Problemen unvermeidlich ausgesetzt: Hitzekrämpfe wegen zu großem Salz- und Wasserverlust, was zu einem neuromuskulären Zusammenbruch führen kann, kreislaufbedingte und durch Austrocknung beschleunigte Hitzeerschöpfung und schlimmstenfalls der Hitzschlag. Dies ist ein Zustand, der sogar zum Tod führen kann, weil die Temperatursteuerung durch das Gehirn gestört ist.

Sie können sich durch sorgfältige Kontrolle und allmähliches Steigern der Belastungen an die Hitze anpassen. Die Blutzirkulation in den Haut-Arteriolen wird als Antwort auf die Reize, die Sie setzen, verbessert.

Von Marathonläufern wird oft verlangt, bei hohen Temperaturen zu laufen, bei denen die Körpertemperatur extrem ansteigt und der Wasserentzug übermäßig hoch ist. Wenn man bei Hitze trainiert hat, kann man diese Bedingungen gewöhnlich gut vertragen. Aber jene, die nicht an Hitze gewöhnt sind, kommen selten ans Ziel und befinden sich hinterher für einige Zeit in einem Erschöpfungszustand.

Ein klassisches Beispiel hierfür war der Marathonlauf von Jim Peter bei den EMPIRE GAMES 1954 in Vancouver. Obwohl er ein guter Marathonläufer war, trocknete er nahezu völlig aus und erlitt einen Kreislaufkollaps, da er nicht auf ein Hitzerennen vorbereitet war. Dies hätte ihn beinahe das Leben gekostet.

Menschen, die ihr erstes Saunabad nehmen, empfinden es gewöhnlich extrem heiß, und ihnen wird bei ungefähr 80 Grad Celsius schwarz vor Augen. Aber nach einer Eingewöhnungszeit von ein paar Wochen können sie bequem Temperaturen bis zu 120 Grad Celsius aushalten.

Der die Körpertemperatur regelnde Mechanismus ist hocheffizient, wie ich bei Marathonläufen, bei denen ich unter Hitzeeinwirkung litt, bemerkte. Statt den üblichen Schwamm zu gebrauchen, entleerte ich einen Wassereimer über mir. Die Kühlwirkung trat fast unverzüglich ein und erlaubte mir, problemlos weiterzulaufen. Ich fand heraus, daß ich meine gewohnten Marathon-Trainingsstrecken an kühlen Tagen 10 bis 15 Minuten schneller bewältigen konnte, was zeigt, wie stark der Stoffwechsel an heißen Tagen beansprucht wird.

Ich habe Athleten beobachtet, die an heißen Tagen dick eingepackt waren und so versuchten, ihr Gewicht zu reduzieren. Sie laugen ihre Körper sicherlich in bezug auf Wasser und Mineralien aus, aber weil sie den Laufumfang, den sie bewältigen könnten, durch die Kleidungslast begrenzen, verbrennen sie nicht so viel Fett, wie sie sich vielleicht erhoffen. Ein paar Stunden nach Beendigung ihres Trainings werden sie die meiste Flüssigkeit, die sie verloren haben, wieder zu sich genommen haben, und ihr Gewicht wird ziemlich genau das gleiche wie vorher sein.

Wenn sie leichtere Kleidung tragen würden, um die Körpertemperatur niedrig zu halten und dann weiter und intensiver laufen würden, würden sie einiges an Körperfett verbrennen.

Diese Läufer übersehen einen weiteren Faktor. Da dicke Kleidung höhere Körpertemperaturen verursacht, wird der Arbeitsmuskulatur Blut entzogen, weil es zur Kühlung notwendigerweise in die Haut transportiert wird. Die Leistungsfähigkeit der Arbeitsmuskulatur nimmt also ab. Es ist zweckmäßig, den Laufumfang so groß wie möglich zu gestalten, um die Leistungsfähigkeit des Herzens zu steigern; alles, was dabei störend wirkt, ist zu vermeiden. Tragen Sie nur die Bekleidung, die erforderlich ist. Jedes zusätzliche Teil hemmt den Bewegungsablauf, überhitzt den Körper und vermindert den Nutzeffekt des Laufens.

Bei hohen Temperaturen, sogar bei 40 Grad Celsius, können Sie eine Stunde oder länger gleichmäßig laufen, vorausgesetzt, die Luftfeuchtigkeit ist ebenfalls hoch, und die ausgeschwitzte Feuchtigkeit verbleibt auf der Hautoberfläche, um die Kühlung zu unterstützen. Wenn nämlich die Luftfeuchtigkeit gering ist, dann verdunstet der Schweiß schnell, und es kommt zu einem Wasserverlust.

In Tucson, Arizona, versuchte ich einmal, bei einer Temperatur von 38 Grad Celsius und einer Luftfeuchtigkeit von weniger als 20 % zu laufen. Ich hielt ungefähr 20 Minuten durch und entschied mich dann aufzuhören. Aber in Maracaibo, Venezuela, 20 Grad vom Äquator, trainierte ich sechs Wochen lang regelmäßig wenigstens eine Stunde pro Tag. Die Temperatur dort war immer hoch – zwischen 38 und 50 Grad Celsius. Ich lief mitten am Tag auf der Rollbahn eines alten Flugplatzes. Ich konnte unter diesen Bedingungen sogar eine ganze Stunde lang Schnelligkeitstraining durchführen.

Ich hatte nicht mit unerfreulichen Nebenwirkungen zu kämpfen, weil die Luftfeuchtigkeit immer nahe an 90 % und ich immer schweißnaß war. Dieses Programm zog ich durch, um mich an die Hitze zu gewöhnen, und damit ich nachts besser schlafen konnte, wenn es extrem heiß blieb.

In einer Untersuchung an Läufern nach dem Boston-Marathon 1968 und nach der US-Marathon-Olympia-Qualifikation wurden Körpertemperaturen von 41 Grad Celsius gemessen. Breitere Untersuchungen zeigten, daß Körpertemperaturen von mehr als 40 Grad Celsius nach Rennen über 6 Meilen (10 km) nicht ungewöhnlich sind. Dies führte zu der Annahme, daß der Erschöpfungszustand am Ende von Langstreckenrennen zum Teil den negativen Auswirkungen der hohen Körpertemperatur auf das Nervensystem (Hyperthermie) zuzuschreiben ist.

Die Umgebungsbedingungen können natürlich nicht beeinflußt werden, aber es ist offensichtlich, daß ein Läufer sein Tempo verlangsamen muß, um die schädigende Einwirkung eines heißen, sonnigen Tages auf ein Minimum zu begrenzen. Im Wettkampf unterschätzen die meisten Läufer die Gefahren durch die Witterung. Die häufige Einnahme von Flüssigkeit unterstützt die Thermoregulation. Einige Wissenschaftler empfehlen, alle 10 bis 15 Minuten etwas zu trinken.

Die ersten Anzeichen von Hyperthermie treten bei Körpertemperaturen von etwa 40 Grad Celsius auf. Es sind pochender Druck in den Schläfen und Kälteempfinden am Oberkörper. Wenn die Temperatur noch ein wenig höher klettert, folgen Muskelversagen, Verlust der Orientierung und Gleichgewichtsstörungen. Steigt sie noch höher, vermindert sich die Transpiration, und man verliert das Bewußtsein.

Wenn Sie an dem Punkt angelangt sind, an dem Sie das Pochen in den Schläfen und ein Frösteln spüren, müssen Sie unverzüglich abbrechen und versuchen, Ihre Körpertemperatur mit kalten Getränken oder kalten Duschen abzusenken – Weiterlaufen ist sehr gefährlich.

Wenn Sie bei Temperaturen um den Gefrierpunkt trainieren, trifft das Gegenteil zu. Wenn bei Temperaturen von 20 bis 40 Grad Celsius unter Null Luftfeuchtigkeit vorhanden ist, ist es unmöglich zu trainieren, weil Sie riskieren, Ihre Lunge zu vereisen. Wenn allerdings die Luftfeuchtigkeit geringer als 20 % ist, können Sie stundenlang bei diesen Temperaturen trainieren, vorausgesetzt, der Wind ist nicht zu stark und Sie sind warm angezogen. Wie ich bereits im Kapitel über Bekleidung erklärte, trainierte ich in Finnland in zwei Trainingsanzügen. Dadurch lief ich in einem auf Körpertemperatur erwärmten Luftkissen. Eine Wollmütze, Schal und Socken schützten alle meine Körperteile, ausgenommen meine Wangen.

Wenn Sie in einem Gebiet mit extremen Temperaturen leben, laufen und trainieren, denken Sie immer an die einfache Formel:
Wenn die Temperatur hoch ist, muß die Luftfeuchtigkeit ebenfalls hoch sein; wenn die Temperatur niedrig ist, muß die Luftfeuchtigkeit gering sein. Bei anderen Kombinationen als diesen müssen Sie vorsichtig laufen, um nicht in Schwierigkeiten zu geraten. Schränken Sie Ihr Training in diesen Fällen ein.
Die Gefahren sind groß, und zu viele Läufer haben dies schon zu spüren bekommen. Im Busch, nicht weit von Neuseelands Hauptstadt Wellington, sind vor einiger Zeit drei junge Läufer umgekommen, weil sie ungeschützt der Witterung ausgesetzt waren. Sie liefen auf einem normalen Joggingpfad ein kurzes Stück in den Busch. Unglücklicherweise wurden sie von einem plötzlichen, drastischen Temperatursturz, begleitet von Regen und Hagel, überrascht. Sie waren leicht bekleidet und befanden sich sofort in einer mißlichen Lage, aus der sie sich nicht befreien konnten. Niemand war in der Nähe, um ihnen zu helfen.

Der menschliche Körper ist eine Maschine mit einer Arbeitstemperatur von 37 Grad Celsius. Die äußeren Körperregionen können zwar sehr viel kälter werden, aber die lebenswichtigen inneren Organe müssen diese Temperatur konstant halten. Wenn bei kalten, nassen und windigen Witterungsverhältnissen das Körperinnere abkühlt und die Abkühlung nicht unverzüglich unter Kontrolle gebracht wird, werden sich zuerst Ihre Bewußtseinsfunktionen und Ihre Bewegungskoordination verschlechtern, Ohnmacht wird eintreten. Atmung und Blutzirkulation werden ganz ausfallen. Innerhalb von 30 Minuten nach Auftreten der ersten Symptome können Sie tot sein.

Achten Sie auf folgende Warnsignale:
Müdigkeit, Kälte, Stolpern oder Fallen, undeutliches Sprechen, Sehstörungen, irrationales Verhalten, offensichtliche Beschwerden, Verschwinden des Schüttelfrostes trotz der Kälte, Zusammenbruch und Besinnungslosigkeit, Koma.

Es klingt alles unrealistisch, und der Eindruck des Unrealistischen ist auch in der Tat eines der warnenden Anzeichen. Wenn Sie irgendeines der vorher genannten Symptome bei sich oder einem Mitläufer bemerken, müssen Sie unverzüglich handeln, um einem weiteren Wärmeverlust vorzubeugen.

Sie müssen sofort mit dem Aufwärmen beginnen. Auf alle Fälle sollten Sie versuchen, eine Bewußtlosigkeit zu verhindern. Sie müssen sich vor dem Wind schützen, trockene Kleidung anziehen und warme Getränke zu sich nehmen. Das Wichtigste ist jedoch, daß Sie sofort medizinisch versorgt werden.

Der beste Ratschlag ist natürlich, ausreichend mit Kleidung ausgerüstet zu sein, damit Sie gegen eine plötzliche Verschlechterung der Wetterbedingungen geschützt sind. Und denken Sie immer daran, der Wärmeverlust des Kopfes ist sehr hoch – eine oft übersehene Tatsache.

Eine andere Gefahr ist die Hyperventilation. Aufgrund von nervlicher Anspannung beginnt man, beschleunigt zu atmen und dadurch zu viel Kohlendioxyd zu atmen. Dieses Gas wirkt atmungsstimulierend, und wenn die arterielle Kohlendioxydkonzentration sinkt, kommt es zu biochemischen Veränderungen, die zu Schwindelgefühl, Körperkribbeln, Herzrasen und Angstgefühlen führen.

Durch das übermäßige Abatmen von Kohlendioxyd befindet sich nicht mehr ausreichend Gas im Blut, um das Atemzentrum zu stimulieren. Die Atmung kann aussetzen, und der Betroffene hat auch nicht das Bedürfnis weiterzuatmen. Die Konsequenzen sind eine Sauerstoffunterversorgung des Gehirns und Bewußtlosigkeit.

Wenn dann die Kohlendioxydkonzentration aufgrund der Produktion dieses Gases im Gewebe wieder ansteigt, setzt die Atmung erneut ein, und das Bewußtsein kehrt zurück. Manchmal verursacht der mit diesem Phänomen in Zusammenhang stehende veränderte Kalziumstoffwechsel Muskelkrämpfe und -zuckungen, was dazu führen kann, daß der Hyperventilationszustand fälschlich für einen Epilepsieanfall gehalten wird.

Geholfen wird, indem man die betroffene Person mit Gewalt zwingt, entweder langsamer zu atmen oder in eine Tüte aus- und einzuatmen. Dadurch wird ausgeatmetes Kohlendioxyd wieder eingeatmet und der normale Zustand wiederhergestellt.

Körperliches Training führt jedoch zu einem Kohlendioxydüberschuß und einem vermehrten Sauerstoffverbrauch; deshalb ist es unwahrscheinlich, daß dieses Phänomen bei Athleten auftritt. Die Übersäuerung des Blutes erschwert das Atmen, und es kann zu Atemlosigkeit kommen. Durch die Spaltung von Bikarbonat kommt es jedoch gleichzeitig zu einem vorübergehenden Anstieg der Kohlendioxydproduktion.

Wenn Sie in warmen Klimazonen trainieren oder überdurchschnittlich schwitzen, müssen Sie den Mineral- und Wasserverlust ausgleichen. In lange dauernden Wettbewerben wie dem Marathon sollten Sie regelmäßig Flüssigkeit zu sich nehmen, bevor sich ein Anzeichen von Wasserverlust bemerkbar macht.

Es werden jetzt elektrolytische Getränke angeboten, die verlorene Minerale ersetzen – ich empfehle Ihnen, sie nur in der Hälfte der angegebenen Konzentration zu sich zu nehmen. Aber prüfen Sie, ob Kalzium, Magnesium und Kalium enthalten sind. Die Gründe dafür werden im nächsten Kapitel aufgezeigt.

# 10. Einige Bemerkungen zur Ernährung

So, Sie sind in Top-Kondition, Sie fühlen sich stark – aber auch müde, weil Sie nicht schlafen können? Ihre Muskeln verkrampfen, zucken und lassen Sie nicht schlafen. Wahrscheinlich sind Ihr Laufprogramm und Ihre Ernährung nicht aufeinander abgestimmt, und Sie leiden an einem Mineralmangel – insbesondere an einem Mangel von Kalzium, Magnesium und Kalium, weil diese Mineralien beim Laufen verbraucht werden und dem Körper wieder zugeführt werden müssen.

Der Körper enthält ungefähr 1,5 kg Kalzium – wesentlich mehr als von irgendeinem anderen Mineral -, und obgleich das meiste davon in Ihren Knochen und Zähnen gebunden ist, ist der verbleibende Rest von 0,1 % lebenswichtig. Ohne ihn könnten Ihre Muskeln nicht kontrahieren. Der Mechanismus zur Regelung dieser kleinen, aber wertvollen Kalziummenge ist so genau, daß beim Verringern der Menge um ein Mikrogramm dieser Mangel durch Kalziumabbau der Knochen sofort ausgeglichen wird.

Sie können also durch zusätzliche Einnahme von Kalzium Muskelkrämpfe verhindern. Es hat sich herausgestellt, daß durch körperliche Aktivität der Kalziumverlust aufgrund allgemeiner körperlicher Degeneration und Alterung verringert werden kann. Wenn Sie jedoch aktiver Läufer sind, ist es wichtig, selbst die geringsten Verluste auszugleichen.

Eine amerikanische Studie, die an 200 an Schlaflosigkeit leidenden Personen durchgeführt wurde, deckte auf, daß diese Personen bei einer täglichen Einnahme von 500 mg Magnesium schlafen konnten und bei 99 % der Personen keine Müdigkeit mehr vorhanden war. Außerdem nahmen Angst- und Spannungsgefühle ab.

Magnesium ist ein natürliches Beruhigungsmittel. Es beruhigt auch nervöse Muskeln und Nerven. Ausreichend Magnesium äußert sich in entspannten Muskeln; zu wenig in zuckenden und zitternden Muskeln. Magnesium hilft auch bei der Verdauung von Proteinen, Fett und Kohlenhydraten. Stundenlanges Ausdauertraining entzieht Ihrem Körper Magnesium. Deshalb müssen Sie sicherstellen, daß täglich ein Ausgleich vorgenommen wird.

Wenn Sie beim Training nicht schwitzen, leiden Sie wahrscheinlich an Kaliummangel. Diejenigen aber, die schwitzen und Salztabletten einnehmen, benötigen die doppelte Dosis Kalium. Professor Dr. James Knochel von der Southwestern Medical School der Universität Texas fand heraus, daß 50 % der mit Hitzschlag nach intensiven körperlichen Belastungen eingelieferten Personen einen vollständigen Kaliumentzug aufwiesen.

Viele von ihnen hatten Salztabletten genommen, wodurch dem Körper Kalium entzogen wurde. Dieser Verlust, zusammen mit dem Verlust durch Transpiration, führte zu ernsthaftem Kaliummangel und seinen Symptomen: Übelkeit, Muskelschwäche, Krämpfe, Reizbarkeit und schließlich totaler Zusammenbruch. Das durch Schweiß verlorene Salz brauchen Sie nicht auszugleichen, wohl aber das verbrauchte Kalium.

Woher bekommen Sie nun Ihre Mineralien, die Sie für Ihre Regeneration benötigen? Wie bereits im vorigen Kapitel erwähnt, enthalten die meisten elektrolytischen Getränke die drei wichtigsten. Andere Quellen sind:

**FÜR KALZIUM:**
Es wurde errechnet, daß Sie, wenn Sie 100 g Protein pro Tag einnehmen, ebenfalls 1000 mg Kalzium zu sich nehmen müssen, weil das Protein das Kalzium aus dem Körper hinauszwingt. Diese Kalziummenge ist in drei Glas Milch enthalten. Ein Becher Cottage Cheese (Hüttenkäse) enthält 230 mg, ca. 30 g Schweizer Käse 26 mg, ca. 1/4 Liter Joghurt 294 mg Kalzium. Sardinen und Lachs (mit Gräten) sind voller Kalzium, und ein Becher Collard (Kohlart aus den Südstaaten der USA) oder Rüben enthalten mehr als 250 mg.

**FÜR MAGNESIUM:**
Ganze Getreidekörner, Sojabohnen, Nüsse, grünblättriges Gemüse, Früchte und Melasse, alles enthält Magnesium. Aber noch besser ist Dolomit (eine Zubereitung aus pulverisiertem Dolomit-Kalkstein), das auch Kalzium in einer natürlichen Konzentration enthält. Sie sollten 250 bis 500 mg pro Tag einnehmen.

**FÜR KALIUM:**
Eine mittelgroße Banane enthält 500 mg; Apfelsinen, Tomaten, Kohl, Sellerie, Pampelmusen, Äpfel, Bohnen und Fisch sind ebenfalls gute Kaliumquellen.

Viele Athleten ändern ihre normale Ernährung vor einem wichtigen Wettbewerb oder zu anderen Zeiten innerhalb ihres Trainings, ohne über die möglichen Konsequenzen nachzudenken. Ich habe viele von ihnen gekannt, die sich später darüber beklagten, daß sie sich während des Wettbewerbs sehr schlecht gefühlt hätten und eine schwache Leistung boten. Sie vergegenwärtigten sich leider zu spät, was sie getan hatten. Wenn Sie mit Ihrer Ernährung experimentieren wollen, weil Sie glauben, daß sie unausgewogen sei, so tun Sie es nicht, ohne vorher untersucht zu haben, wo Sie etwas ändern müssen. Stellen Sie auch sicher, daß Sie Ihre Experimente in Zeiten durchführen, in denen eine unerwartete Reaktion Ihr Training oder Ihre Wettkämpfe nicht zu stark beeinflußt.

In Ländern mit einem hohen Lebensstandard können die meisten Athleten eine ausgewogene Diät einhalten. Allerdings kann Kantinenessen zu wenig Vitamine und Mineralien enthalten. Dort wird das Essen in großen Mengen zubereitet, und zwar weniger für den Bedarf eines Athleten als für den Geschmack eines Normalbürgers. Das gleiche trifft auf die vorbereiteten Fertiggerichte zu, von denen so viele auf dem Markt sind.

Sie können Vitamin- und Mineraltabletten schlucken, aber sie sind größtenteils nur ein Ersatz und sollten nur dann eingenommen werden, wenn Sie keine Kontrolle über die Zusammensetzung und Zubereitung Ihrer Nahrung haben. Erinnern Sie sich immer daran, daß Sie, solange Sie trainieren, einen höheren Vitamin- und Mineralbedarf haben als unter normalen Umständen. Mängel können in Ihrem Körper zu Ausfallserscheinungen führen – aber das ist kein Freibrief dafür, jede Tablette zu schlucken, die Sie greifen können.

Unter den von mir trainierten Athleten waren, außer einigen, die an Eisenmangel litten, keine darunter, die irgendwelche Tabletten benötigten. Neuseeland hatte in jenen Tagen reichhaltig frisches Gemüse. Die meisten von uns hatten selbst angepflanzt, und es gab keinen Mangel an Fleisch oder anderen Grundnahrungsmitteln. Heutzutage werden mehr Fertiggerichte gegessen, und dieser Veränderung muß sorgfältig Rechnung getragen werden. Jeder Läufer sollte ermitteln, was er zu sich nimmt und was er braucht, da die Nahrungsverwertung unterschiedlich ist. Wenn eine Anzahl von Leuten gleichartige Gerichte zu sich nimmt, wird bei allen die Aufnahme der enthaltenen Minerale unterschiedlich ausfallen. Einige werden alle Mineralien aufnehmen, andere dagegen werden Mangel erleiden. Dies ist eine individuelle Reaktion des Körpers, die zeigt, daß die Nahrungszusammenstellung für jeden Athleten individuell erfolgen muß. Es gibt keine Standardlösung.

Ich glaube wirklich nicht, daß meine Athleten schneller gelaufen wären, wenn sie Vitamintabletten genommen hätten. Aber ich habe amerikanische Athleten gesehen, die Beutel voll bunter Vitaminpillen mit sich schleppten. Ein amerikanischer Universitäts-Physiologe erzählte mir, er glaube, daß Vitamintabletten nur für Babys und Kleinkinder von vier bis fünf Jahren wertvoll seien. »Danach«, sagte er, »vergeuden junge Athleten, denen gute Nahrungsquellen zur Verfügung stehen, nur ihre Zeit, wenn sie Tabletten einnehmen, weil sie kaum mehr erreichen werden als verfärbten Urin.«

Für die Läufer, die nach meiner Marathon-Trainingsmethode trainieren, ist eine erhöhte Kalorienaufnahme erforderlich. Sie können das nicht einfach durch eine Mehraufnahme von ballaststoffreicher Nahrung erreichen, sie ist schwerer zu verdauen und belastet zusätzlich das Verdauungssystem. Getreidefrüchte, Brot und Kartoffeln sind gewiß die besten Kohlenhydrat-Quellen. Aber es gibt eine Grenze, wieviel Ballastkost ein Athlet aufnehmen kann; insbesondere in Perioden, an deren Ende ein wichtiger Wettkampf steht. Ich rate dazu, Honig zu essen, weil er im Grunde genommen nichts weiter als reine Energie ist und dem Athleten all die benötigte Energie geben wird, die er braucht.

Es ist keinesfalls ratsam, drei Stunden vor dem Wettbewerb Zucker oder Nahrung zu sich zu nehmen, weil der Insulinspiegel im Blut erhöht wird und die Energiebereitstellung verzögert. Wenn Sie jedoch Zucker während des Laufens einnehmen, ist die Reaktion ganz anders.

Das kontroverse B 15, entdeckt von Ernst T. Krebs Junior, ist kein Vitamin, sondern ein ungiftiger Nahrungszusatz, der in natürlicher Form in vielen Nahrungsmitteln vorkommt, von denen wir allerdings nicht mehr genug essen. Es sind zum Beispiel: Linsen, Saubohnen, Mandeln, Kaschu-Nüsse, Hirse, reiner Buchweizen sowie die Kernfrüchte Äpfel, Birnen, Quitten, Aprikosen, Pfirsiche, Pflaumen, Nektarinen und Backpflaumen.

Diese Nahrungsmittel sind auf keinen Fall krebserregend, wie ein lautstarker Angehöriger des medizinischen Berufsstandes uns glauben machen wollte.

Natürliche Nahrungsmittel sind für das Training das Beste. Nicht nur, weil sie Vitamine und Mineralien in einer ausgewogenen Zusammensetzung liefern, sondern weil sie auch die wichtigen Enzyme enthalten, die für die Vitamineffizienz benötigt werden.

Wenn Sie eine Kartoffel in den Boden stecken, wird sie wachsen, aber eine gekochte Kartoffel wird es nicht. Vermeiden Sie deshalb, die Kartoffeln zu zerkochen, und wenn Sie können, besorgen Sie sich einen Entsafter.

Entsaften Sie Gemüse, Früchte, insbesondere Kohl und Sellerie und trinken Sie den Saft sofort, um den optimalen Nutzen aus den Vitaminen, Mineralien und Enzymen zu ziehen. Der moderne Entsafter ist Gold wert, nicht nur für den aktiven Athleten.

Ich hatte das große Glück, 1970 Professor Curatin aus Champagne, Illinois, zu treffen, einen der besten Kenner von Sportlernahrung. Er erzählte mir, daß er über die Zukunft der amerikanischen Nation besorgt sei, da die Amerikaner zu viele Konservierungsmittel, Farb- und Geschmackszusätze und zu wenig ballaststoffreiche, grobe Nahrung zu sich nähmen. Darüber hinaus würden sie durch ihre Methode der Nahrungszubereitung lebenswichtige Vitamine und Mineralien zerstören.

Überall in der Welt, wo Nahrungsmittel angebaut werden, wird der Boden an Spurenelementen ärmer. Dem Boden wird Kunstdünger aufgezwungen, um das Wachstum von Nahrungsmitteln und Tieren zu fördern. Sie zerstören aber oft die Fähigkeit der Pflanze, der Erde Spurenelemente zu entnehmen. Das führt dazu, daß immer weniger Leute frische Früchte und frisches Gemüse erhalten.

All das hat uns gezwungen, Nahrungsmittelersatz als eine Alternative zu erwägen. Insbesondere dann, wenn wir unseren Körpern viel abverlangen. Die Traubenzuckerarten sind eine der bekanntesten Form von Nahrungsmittelersatz. Aber neuere Untersuchungen haben ergeben, daß die Vitamin B 13 Mineralsalze (Orotates) als Mineraltransportmittel angewendet werden. Sie bringen im Körper die Mineralien genau dorthin, wo sie benötigt werden. Sie werden gegenwärtig bei der Behandlung von vielen chronischen Störungen eingesetzt und können auch Athleten mit Mineralmangelzuständen helfen.

Ich habe herausgefunden, daß es sehr vorteilhaft ist, 36 Stunden vor einem Wettbewerb ungefähr 200 g Glukose oder Honig zu essen. Als ich später die Sowjetunion besuchte, diskutierte ich mit einem russischen Physiologen über dieses Honigessen vor einem Rennen, und er bestätigte, daß man wissenschaftlich bewiesen hätte, daß 200 g die ideale Menge sei. Mehr oder weniger als 200 g würde zu keinen guten Ergebnissen führen. Meine Athleten aßen Glukose, aber ich bevorzuge jetzt Honig, bei dem es sich um leichtverdaulichen Fruchtzucker handelt.

Es ist wichtig, sich daran zu erinnern, daß die am Vortag des Wettbewerbs eingenommene Nahrung Ihnen die meiste Energie für das Rennen gibt und Ihnen bei der Regeneration helfen wird. Vergessen Sie deshalb alles über den Wert von Steaks am Wettbewerbstag. Es ist das Steak des Vortags, das zählt.

Essen Sie am Tag des Wettbewerbs ein Frühstück bestehend aus Cornflakes, weich gekochten Eiern (keine hart gekochten), Tee, Kaffee oder irgendeinem anderen Getränk, das Sie mögen. Vermeiden Sie auf alle Fälle ein schweres und fettes Frühstück, und lassen Sie sich viel Zeit für die Verdauung. Das Mittagessen sollte hauptsächlich Kohlenhydrate enthalten. Verschiedene Gerichte entsprechen dieser Forderung, ohne dabei zu schwer zu sein. Honig-Sandwiches sind natürlich genauso ideal wie gebackene Bohnen.

Am Morgen eines Marathon- oder Langstreckenrennens können Sie die Sache ein wenig zwangloser angehen, weil der Lauf nur leicht anaerob sein wird. Und wenn das Rennen um 9 oder 10 Uhr oder sogar noch früher beginnt, ist es einfach zu viel, vom Athleten zu erwarten, früh genug aufzustehen, um seine letzte Nahrung drei Stunden vor dem Start einzunehmen. Ein kohlenhydratreiches Frühstück mit Honig, Toast und einem Getränk Ihrer Wahl bis zu zwei Stunden oder sogar bis zu einer Stunde vor dem Rennen ist möglich. Es ist eine Frage der Erfahrung, was für Sie individuell am besten geeignet ist. Viele Athleten wären besser dran, wenn sie überhaupt nichts zu sich nehmen würden. Wenn Sie zum Beispiel bereits vor dem Rennen unter Spannungen leiden, könnte Nahrung Ihr Verdauungssystem durcheinanderbringen. Die Grundformel heißt, über Proteine zu verfügen, die die Regeneration unterstützen, aber beschränken Sie sich auf Kohlenhydrate am Wettkampftag.

Alkohol während der letzten zwölf Stunden vor dem Wettlauf zu trinken, ist nicht klug. Der Alkohol wird von den roten Blutkörperchen absorbiert und verhindert dadurch die Sauerstoffabsorption. Aber Sie können andere Getränke bis zu Beginn des Rennens zu sich nehmen. Selbst, wenn das sehr viel sein sollte, brauchen Sie keine Unannehmlichkeiten zu befürchten.

Viele Mittel- und Langstreckenläufer führen eine sogenannte Kohlenhydratmast durch, um ihre Muskel-Glykogenspeicher aufzufüllen. Die Theorie, die dahinter steckt, besagt, daß Sie einen langen, harten Trainingslauf sieben Tage vor dem Wettkampf absolvieren, um den Blutzuckerspiegel zu senken. Danach halten Sie für drei Tage den Blutzuckerspiegel niedrig, indem Sie fast ausschließlich Fette oder Proteine essen. Dadurch wird die Fähigkeit der Muskeln, Zucker aufzunehmen, vergrößert. In diesen Tagen führen Sie nur leichte Trainingsläufe durch. Am Nachmittag des vierten Tages stellen Sie sich bis zum Wettkampf auf eine mit Kohlenhydraten angereicherte Diät um. Der Körper antwortet mit der Aufnahme anormal hoher Mengen von Glykogen in den Muskeln, vielleicht drei- bis viermal soviel wie üblich. Die Theorie besagt ebenfalls, daß Sie sich an den Tagen, an denen Sie keine Kohlenhydrate zu sich nehmen, sehr müde fühlen werden, aber Sie müssen diese Diät trotzdem einhalten.

Ich empfehle keinem Läufer, diese Methode anzuwenden. Wenn man es aber unbedingt ausprobieren will, soll man es vor einem nicht ganz so wichtigen Rennen tun.

Bei aeroben Belastungen wird die benötigte Energie ungefähr in einem prozentualen Verhältnis von 48 Prozent aus Kohlenhydraten, 48 Prozent aus Fettsäuren und 4 Prozent aus Proteinen bereitgestellt. Bei anaeroben Belastungen ist das Verhältnis ungefähr 60 Prozent Kohlenhydrate, 25 Prozent Fettsäuren und 15 Prozent Proteine. Das bedeutet, daß bei einem Wettkampf, der eine anaerobe Belastung darstellt, überwiegend Kohlenhydrate verbrannt werden. Diese Tatsache hat Athleten zu dem Versuch veranlaßt, den Glykogenspiegel im Körper anzuheben, um dem schnellen Abbau ihrer Energie vorzubeugen. Aber die Theorie, daß der Körper durch diese Methode mehr Glykogen speichern kann, ist umstritten und kann außerdem andere Probleme verursachen.

Es gibt im Körper einen Bedarf an Fettsäuren und Proteinen. Wenn sie nur unzureichend im Körper vorhanden sind, kann der Läufer, der eine Kohlenhydratdiät durchführt, Schwindelanfälle bekommen, und größere Muskelschmerzen als üblich empfinden.

Deshalb mein Rat: Wenn Sie Ihren Blutzuckerspiegel auf ein Maximum bringen wollen, dann nehmen Sie sechs Tage lang vor dem Wettkampf ein leichtes Abführmittel ein, so daß Ihr Darm ein wenig gelöst ist.
Essen Sie Ihre gewohnten Mahlzeiten, aber nehmen Sie zwei Tage vor dem Wettbewerb bis zu 200 g Glukose oder Honig zu sich.

Die Wirkung des Abführmittels soll die Leber anregen, sofort die maximale Menge an Glykogen, die der Körper speichern kann, zu erzeugen. Mit dem in den letzten beiden Tagen zusätzlich eingenommenen Zucker wird ein Energieüberfluß erreicht, ohne daß dabei die Ausgewogenheit von Fettsäuren, Proteinen und Kohlenhydraten durcheinandergebracht wird. Superkompensation ist vergleichbar mit dem Versuch, einen 4 Liter-Eimer mit 5 Litern zu füllen.

Der französische Physiologe Claude Bernard entdeckte, daß der Glukose-Anteil im Blut beim Eintritt in die Leber – nach einer Mahlzeit – eine sehr viel höhere Zuckerkonzentration hatte als das Blut nach Austritt aus der Leber. Zwischen den Mahlzeiten wurde Leber-Glykogen in Glukose zurückverwandelt, so daß die Glykogenkonzentration im Blut beim Austritt aus der Leber viel höher war als beim Eintritt in die Leber. Er fand auch heraus, daß die Leber die Glukose-Konzentration über den Tagesverlauf mehr oder weniger konstant hält.

# 11. Vermeidung von Verletzungen bzw. deren Heilung

Läufer, die beim aeroben Laufen mit ihren Fußballen und nicht mit den Fersen aufsetzen, sind empfänglicher für Fußbeschwerden als diejenigen Läufer, die nahezu mit dem ganzen Fuß aufsetzen. Sie setzen irgendwo auf der äußeren Kante auf und rollen dann über den Fußballen und die Zehen nach vorne ab. Das ist darauf zurückzuführen, daß es beim aeroben Laufen länger dauert, den Körperschwerpunkt über den Führungsfuß nach vorn zu bringen. Beim Aufsetzen des Ballens vor dem Aufsetzen der Ferse entsteht eine größere Bodenreibung, was zu einer Bremswirkung führt, die Blasen verursacht, zu blauen oder beschädigten Zehennägeln führt und Schäden am Mittelfuß sowie Schienbeinreizungen verursachen kann.

Dieser technische Fehler wird durch verkürzte Beinsehnen, durch fehlende Übung oder durch die Unfähigkeit dieser Läufer, in irgendeiner anderen Art und Weise zu laufen, verursacht. Was immer der ausschlaggebende Grund sein mag, um die Bodenreibung zu verringern und Probleme zu vermeiden, sollte so viel wie möglich auf Gras oder Sand trainiert werden.
Kniebeschwerden treten häufig beim Konditionstraining auf, weil die vorderen Oberschenkelmuskeln und die Sehnen zu fest und zu sehr gespannt sind. Diese Quadrizeps müssen durch Bergauflaufen, durch Kniebeugen oder durch andere Dehnübungen gestärkt werden.

Wie bereits früher erwähnt, können schlecht sitzende oder ausgetretene Schuhe zu Knie- und Hüftbeschwerden führen. Sie sollten Ihre Schuhe deshalb wöchentlich überprüfen. Wenn Sie richtig und ausgewogen laufen, werden Ihre Schuhe hauptsächlich an der Hackenaußenkante und Ballenaußenkante verschlissen sein und einen geringeren Verschleiß an der Schuhspitze aufweisen. Der Verschleiß sollte an beiden Schuhen gleichmäßig auftreten. Wenn das nicht zutrifft, kann es sein, daß Sie mit angespannten Arm- oder Schultermuskeln laufen, schlecht sitzende Schuhe oder sogar einen Haltungsfehler haben, der Sie asymmetrisch laufen läßt. Das ist nicht unbedingt gefährlich, aber es ist ein triftiger Grund, Ihre Schuhe in gutem Zustand zu halten.

Die Schuhe kosten beim Laufsport das meiste Geld. Aber trotzdem, es macht sich bezahlt, sie nicht so lange zu tragen, bis sie abgelaufen sind. Ein paar abgetragene Millimeter der Sohle ändern bereits die Laufbelastung Ihrer Fußgelenke, Knie und Hüften und können dadurch unerwartete Probleme hervorrufen.

Schwierigkeiten mit der Achillessehne bekommt man gewöhnlich bei der Widerstandsarbeit, wenn Sie versuchen, die Muskeln zu kräftigen, ohne dabei genügend Beweglichkeits- und Dehnübungen durchzuführen. Die Wichtigkeit vollkommen gedehnter Muskeln und Sehnen muß beachtet werden. Ein mit Gewichten arbeitender Athlet wird seine Muskeln und Sehnen selten vollkommen dehnen, bis er hinausgeht und sprintet – dann ist er jedoch nicht vorbereitet.

Ärger mit der Kniesehne gibt es beim Lauftraining zur Verbesserung der Schrittfrequenz, wenn die Muskeln und Sehnen nicht gleichmäßig gedehnt und gekräftigt sind. Es ist oft der Fall, daß die Quadrizeps kräftiger sind als die Bizeps, wodurch beim schnellen Durchziehen des Beines mit hoher Kniearbeit und vollem Einsatz des Quadrizeps die schwächeren Kniesehnenmuskeln gezerrt werden können. Sie müssen ein vollständiges, alle Bewegungsabläufe berücksichtigendes Gymnastikprogramm ausführen, und Sie müssen sich auf sämtliche Laufformen konzentrieren, die in unseren Trainingsplänen enthalten sind.

Muskelzerrungen sind nichts anderes als eine Beschädigung der die Muskelfasern umgebenden Hüllen und Risse der Muskelfasern selbst. Ungenügendes Aufwärmen und eine unzureichende muskuläre Vorbereitung sind hauptsächlich dafür verantwortlich. Aber es kann auch zu diesen Verletzungen kommen, obwohl alles richtig gemacht wurde; denn langdauernde Muskelbelastungen können zu Gewebeverschleiß führen. Sogar der Athlet, der alle Vorsichtsmaßnahmen trifft, kann unter den hervorragendsten Bedingungen diese Schäden erleiden – allerdings ist er weniger anfällig als ein sorgloser Athlet.

Wenn ein Muskelriß vorliegt, können Sie mit dem Finger den Punkt genau ausmachen. Dort gibt es eine interne Blutung, die sofort gestoppt werden muß; Eis oder kaltes Wasser helfen hier am schnellsten. Eis zieht Cortison in die Wundstelle, welches die Enzymfunktion anregt, die Blutzirkulation zu verbessern. Behandeln Sie den Muskelriß auf diese Weise drei Tage, bevor Sie mit einer Massage beginnen. In der Zwischenzeit wird sich Narbengewebe um die betroffene Stelle gebildet haben. Die Massage hilft, das überschüssige Blut wegzubekommen und regt die Versorgung der Wundstelle mit Nährstoffen an.

In allen Verletzungsfällen sollten Sie allerdings einen qualifizierten Arzt aufsuchen, statt sich selbst zu helfen. Sie könnten den Schaden verschlimmern. Selbst bei Reizungen der Knie und der Fußgelenke ist die Empfehlung und Behandlung eines Arztes besser als eigene Manipulation.

Bei Schienbeinreizungen handelt es sich meist um Membranbrüche zwischen Muskel und Knochen, die aufgrund von Erschütterungen beim Bergablaufen oder bei zu großen Schritten auftreten. Schuhe, deren Spitzen nach oben zeigen und dadurch eigentlich nicht als flach gelten können, können ebenfalls diese Brüche verursachen, weil sie die Fußspitze auf den Boden aufschlagen lassen.

Zu großen Schritten können Sie entgegenwirken, indem Sie die Spitze Ihrer Schuhe ein wenig erhöhen. Außerdem sollten Sie immer vorsichtig beim Bergablaufen sein. Wassertherapie und kalte Packungen, gefolgt von Wärmebehandlung, können bei der Heilung von Schienbeinverletzungen helfen, obgleich diese Verletzungen am schwierigsten zu behandeln sind.

Wassertherapie ist von unschätzbarem Nutzen für alle Verletzungen der unteren Gliedmaßen. Gehen Sie in ein lauwarmes Wasserbecken, versuchen Sie, Beinbewegungen mit Hilfe eines Schwimmbretts auszuführen oder simulieren Sie Laufbewegung durch Wassertreten. Beschwerden am Knieknorpel oder Meniskus sind ein weit verbreitetes Problem, das allerdings verhältnismäßig leicht behandelt werden kann, wenn es noch nicht zu weit fortgeschritten ist. Wenn Sie fühlen, daß Ihnen der Knorpel Schwierigkeiten macht, sollten Sie unverzüglich ärztliche Hilfe in Anspruch nehmen. Die Diagnose mit Hilfe der Arthroskopie ist so genau, daß Sie bei entsprechender Behandlung nach einigen Tagen wieder laufen können. Werden die Beschwerden nicht behandelt, können Sie an Arthritis erkranken und sind dann wirklich in Schwierigkeiten. Sogar Teenager können Meniskusbeschwerden bekommen. Deshalb sollte niemand den verräterisch stechenden Gelenkschmerz auf die leichte Schulter nehmen.

Gelenkverletzungen und Knochenverschleiß werden ausnahmslos durch schwache Dämpfung und daraus resultierenden Erschütterungen auf harten Oberflächen oder durch Verdrehen der Gelenke verursacht, was dadurch hervorgerufen werden kann, daß Sie Ihre Arme vor dem Oberkörper von rechts nach links, anstatt neben dem Oberkörper von hinten nach vorne führen. Korrigieren Sie diesen Fehler, und Sie dürften Ihr Gelenkproblem los sein. Wenn Sie immer auf der gleichen Seite der Straße laufen, laufen Sie wahrscheinlich mit einem Fuß effektiv etwas länger als mit dem anderen, um die Straßenneigung auszugleichen. Sie sollten deshalb die Seite häufig wechseln, um dem Effekt entgegenzuwirken.

Wenn Sie nicht gerade ein Kissen von federndem Gummi zwischen Ihrer Sohle und dem Boden haben, werden Sie den Stoß jedes Schrittes über fast den ganzen Körper verteilt fühlen. In diesem Fall können unerwartete Probleme an den unterschiedlichsten Körperstellen auftreten – Hüftschmerzen, Schmerzen im Bereich der Lendenwirbelsäule usw. Es gibt heutzutage eine Reihe von Behandlungen, die bei diesen Schmerzen Abhilfe schaffen, aber die wirkungsvollste Methode ist die Vorbeugung durch eine gut dämpfende und federnde Laufsohle. Schuhe mit derartigen Sohlen sind vielleicht nicht billig, aber langfristig machen sie sich bezahlt.

Es ist weitaus besser vorzubeugen, als zu heilen. Es ist weitaus leichter, sich mit guten Schuhen auszustatten, sicherzustellen, daß der Bewegungsablauf ausgewogen ist und Beweglichkeits- und Dehnübungen durchzuführen (5 Minuten täglich sollten Ihnen nicht zu viel sein), als Verletzungen zu erleiden sowie die Kosten und Unbequemlichkeit der Heilung auf sich zu nehmen und aufs Laufen verzichten zu müssen.

# 12. Trainingspläne

Es ist ratsam, zusätzlich zu den folgenden Trainingsplänen soviele Kilometer wie möglich in lockerem, aerobem Tempo zu laufen. Das wird Ihnen helfen, eine gute allgemeine Kondition zu halten, wird Ihre Ausdauer verbessern, und Sie werden sich schneller vom Training erholen. Sogar 15 Minuten zusätzliches Joggen trägt dazu bei.

Regelmäßige Hügelläufe werden Ihnen helfen, Ihre Schnelligkeit zu verbessern und zu erhalten. Wann immer möglich, versuchen Sie, dabei ebenfalls Sprungläufe bergan durchzuführen, kraftvoll die Hügel hinauf zu laufen und auch steile Hügel oder Treppen zu bewältigen, ohne sich jedoch dabei zu überfordern.

Die Trainingspläne sind nur Richtlinien. Sie stellen ein ausgewogenes Trainingsprogramm für einen speziellen Fall dar, müssen jedoch entsprechend den Erfordernissen Ihres Alters und Geschlechts sowie Ihrer allgemeinen Kondition angepaßt werden. Prüfen Sie Ihre Einstellung zum Training täglich, sollten Sie sich matt fühlen oder Muskelkater haben, lassen Sie sich Zeit, bis es Ihnen wieder besser geht.

Führen Sie nie Schnelligkeitstraining durch, wenn Sie Muskelkater haben oder sich müde fühlen. In diesem Fall joggen Sie leicht, unabhängig davon, was für diesen Tag auf dem Trainingsplan steht. Durch Jogging können Sie sich selbst nie schaden, und es wird Ihnen gewöhnlich helfen, Muskelkater oder Müdigkeit zu überwinden. Schnelligkeitstraining kann zu Verletzungen führen und wird Sie nur noch mehr ermüden.

Richten Sie Ihr Training so ein, daß Sie es nicht durchhetzen müssen, es sei denn, voller Einsatz gemäß den Trainingsplänen ist gefordert. Laufen Sie abwechselnd mit starkem und leichtem Einsatz, erhalten Sie jedoch immer eine Reserve. Wenn Sie eine Leistungsverbesserung erreicht haben, steigern Sie Ihr Trainingstempo, aber setzen Sie niemals Ihre Reserven ein.

Die Anweisung in den Trainingsplänen »so lange wie möglich« bezieht sich auf die Zeit zwischen Beendigung der Cross- oder Straßenlauf-Saison und dem Beginn des speziellen Bahntrainings. Zwecks besserer Übersichtlichkeit sind die einzelnen Trainingsphasen mit Buchstaben von A bis Z bezeichnet, obgleich nicht alle Phasen in den jeweiligen Trainingsplänen berücksichtigt werden.

## SPRINTS

Das wöchentliche Training für Sprinter sollte folgendes einschließen:

1. Regelmäßiges aerobes Laufen, welches ausreicht, das maximale Steady State zu erhöhen, und Sie dazu befähigt, das spätere Sprinttraining ohne Ermüdung zu bewältigen. Aerobe Dauerläufe können als separate Trainingsabschnitte durchgeführt werden oder als Auslaufen nach anderen Trainingseinheiten. Selbst ein Lauf von 15 Minuten hat seine Wirkung.

2. Leichtes Fartlek auf welligem Boden, bei dem Sie mit langen Schritten laufen, zeitweilig schnell laufen, einige Hügel hinauflaufen und generell alle Lauftrainingsformen miteinander verbinden. Dies führt zu einer gleichmäßigen Verbesserung Ihrer anaeroben Kapazität.

3. Hügelsprung-Läufe, die Sie die ganze Zeit über ausüben sollten, um die Beweglichkeit und Kraft Ihrer Fußgelenke zu verbessern. Durch Sprungläufe auf den Fußballen leicht ansteigende Hügel hinauf entwickeln sich Kraft und Beweglichkeit der Fußgelenke, die Beinmuskeln und -sehnen werden gedehnt, und das Risiko, Muskelrisse und -zerrungen zu erleiden, nimmt ab. Die Leistungsfähigkeit der weißen Muskelfasern nimmt zu.

4. Vom Bergauflaufen profitieren die Oberschenkelmuskeln, denn Sie brauchen gut entwickelte Quadrizeps für die Kniearbeit, die für die große Schrittlänge und hohe Schrittfrequenz beim Sprint erforderlich ist.

5. Training zur Verbesserung der Lauftechnik sollte regelmäßig durchgeführt werden, so daß fehlerhafte Technik gar nicht erst entstehen kann.

6. Ein lockerer Laufschritt hilft Ihnen, sich zu entspannen. Mit dem Wind im Rücken sollten Sie einige Male in der Woche über 150 bis 200 m mit betont entspannten Schritten laufen.

7. Beweglichkeits- und Dehnübungen für den ganzen Körper sollten täglich durchgeführt werden, besonders aber vor jedem Tempotraining.

8. Hürdenlaufen kann oft die Sprintfähigkeit verbessern – und kann vielleicht zur Entdeckung eines verborgenen Hürdentalents beitragen.

**Sprints – Jungen und Mädchen**

| | | |
|---|---|---|
| So lange wie möglich: | Montag | – BDE 15 bis 30 min |
| | Dienstag | – PQR und N 4 x 200 m |
| | Mittwoch | – BDE 15 bis 30 min |
| | Donnerstag | – PQR und N 4 x 200 m |
| | Freitag | – F 4 bis 6 x 100 m |
| | Samstag | – 2 bis 3 x 400 m bei 3/4 Einsatz |
| | Sonntag | – B 15 bis 30 min |
| 6 Wochen lang: | Montag | – BDR 15 bis 30 min |
| | Dienstag | – PQR je 2 x 80 m |
| | Mittwoch | – N 4 bis 6 x 200 m |
| | Donnerstag | – X 4 x 30 m und O 4 x 100 m |
| | Freitag | – F 4 bis 6 x 100 m |
| | Samstag | – L 100 m und 200 m oder 400 m |
| | Sonntag | – B 20 bis 40 min |
| 4 Wochen lang: | Montag | – 2 x 200 m oder 1 x 300 m schnell |
| | Dienstag | – XGS |
| | Mittwoch | – L 100 m und 200 m oder 400 m |
| | Donnerstag | – H 8 bis 12 x |
| | Freitag | – W 15 bis 20 min |
| | Samstag | – Wettkampf: 100 m u. 200 m oder 400 m |
| | Sonntag | – B 20 bis 40 min |
| 4 Wochen lang: | Montag | – H 8 bis 12 x |
| | Dienstag | – O 4 x 100 m und X 6 x 30 m |
| | Mittwoch | – L 2 x 100 m und 200 m |
| | Donnerstag | – GS |
| | Freitag | – W 15 bis 20 min |
| | Samstag | – Wettkampf |
| | Sonntag | – W 20 bis 30 min |

A – Langer aerober Dauerlauf
B – Leichtes Fartlek
C – Zügiges Fartlek
D – Hügel-Sprunglauf
E – Hügellauf (steil) oder Treppenläufe
F – Training zur Verbesserung der Schrittfrequenz
G – Sprinttraining
H – Alle 100 m schnelle Sprints über 45 m
J – Alle 200 m schnelle Sprints über 100 m
K – Wiederholungsläufe
L – Zeitkontrolläufe
M – Lauf zur Verbesserung des Tempogefühls

| | | |
|---|---|---|
| 1 Woche lang: | Montag | – L 1 x 300 m |
| | Dienstag | – O 4 x 100 m |
| | Mittwoch | – Wettkampf: 2 x 100 m und 200 m |
| | Donnerstag | – GS |
| | Freitag | – W 20 min |
| | Samstag | – Wettkampf: 100 m und 200 m |
| | Sonntag | – W 20 bis 30 min |
| 1 Woche lang: | Montag | – GS |
| | Dienstag | – B 15 bis 20 min |
| | Mittwoch | – L 2 x 100 m |
| | Donnerstag | – N 2 x 200 m |
| | Freitag | – W 15 min oder Ruhe |
| | Samstag | – Erster wichtiger Wettkampf |
| | Sonntag | – B 15 bis 30 min |
| Wettkampffortsetzung: | Montag | – GS |
| | Dienstag | – H 8 bis 12 x |
| | Mittwoch | – Wettkampf: 100 m und 200 m |
| | Donnerstag | – B 15 bis 30 min |
| | Freitag | – N 3 bis 4 x 150 m oder Ruhe |
| | Samstag | – Wettkampf |
| | Sonntag | – B 15 bis 30 min |

N – Lauf mit entspanntem Schritt
O – Schnelles entspanntes Laufen
P – Kniehebelauf
Q – Training zur Verbesserung der Schrittlänge
R – Training zur Verbesserung des aufrechten Laufens
S – Dehn- und Lockerungsübungen
T – Seilspringen
U – Radfahren
V – Schwimmen
W – Jogging
X – Sprint-Starts
Y – Hürdentraining
Z – Wassersprungtraining

**Sprints – Männer**

| | | |
|---|---|---|
| So lange wie möglich: | Montag | – BDE 1/2 Stunde |
| | Dienstag | – PQR und N 4 x 300 m |
| | Mittwoch | – BDE 1/2 Stunde |
| | Donnerstag | – PQR und N 4 x 300 m |
| | Freitag | – F 10 x 120 m |
| | Samstag | – 3 x 800 m bei 3/4 Einsatz |
| | Sonntag | – B 1 Stunde |
| 6 Wochen lang: | Montag | – BDE 1/2 Stunde |
| | Dienstag | – PQR je 3 x 100 m |
| | Mittwoch | – N 8 x 200 m |
| | Donnerstag | – X 6 x 30 m und O 6 x 100 m |
| | Freitag | – F 10 x 120 m |
| | Samstag | – L 100 m und 200 m oder 400 m |
| | Sonntag | – B 1 Stunde |
| 4 Wochen lang: | Montag | – 3 x 300 m oder 2 x 500 m schnell |
| | Dienstag | – XGS |
| | Mittwoch | – L 100 m und 200 m oder 400 m |
| | Donnerstag | – H 12 bis 16 x |
| | Freitag | – W 1/2 Stunde |
| | Samstag | – Wettkampf: 100 m u. 200 m oder 400 m |
| | Sonntag | – B 3/4 Stunde |
| 4 Wochen lang: | Montag | – H 12 x oder 3 x 300 m |
| | Dienstag | – O 6 x 100 m und X 6 x 30 m |
| | Mittwoch | – L 100 m und 200 m oder 400 m |
| | Donnerstag | – GS |
| | Freitag | – W 1/2 Stunde |
| | Samstag | – Rennen |
| | Sonntag | – W 3/4 Stunde |

A – Langer aerober Dauerlauf
B – Leichtes Fartlek
C – Zügiges Fartlek
D – Hügel-Sprunglauf
E – Hügellauf (steil) oder Treppenläufe
F – Training zur Verbesserung der Schrittfrequenz
G – Sprinttraining
H – Alle 100 m schnelle Sprints über 45 m
J – Alle 200 m schnelle Sprints über 100 m
K – Wiederholungsläufe
L – Zeitkontrolläufe
M – Lauf zur Verbesserung des Tempogefühls

| | | |
|---|---|---|
| 1 Woche lang: | Montag | – L 2 x 500 m |
| | Dienstag | – O 6 x 100 m |
| | Mittwoch | – Wettkampf: 2 x 100 m und 200 m |
| | Donnerstag | – GS |
| | Freitag | – W 1/2 Stunde |
| | Samstag | – Wettkampf: 100 m u. 200 m oder 400 m |
| | Sonntag | – W 1/2 Stunde |
| 1 Woche lang: | Montag | – GS |
| | Dienstag | – B 1/2 Stunde |
| | Mittwoch | – L 2 x 100 m |
| | Donnerstag | – N 3 x 200 m |
| | Freitag | – W 1/2 Stunde oder Ruhe |
| | Samstag | – Wettkampf |
| | Sonntag | – W 1/2 Stunde |
| Wettkampffortsetzung: | Montag | – SX |
| | Dienstag | – B 1/2 bis 3/4 Stunde |
| | Mittwoch | – L Sprints |
| | Donnerstag | – F 6 bis 8 x 100 m |
| | Freitag | – Ruhe oder Jogging |
| | Samstag | – Wettkampf |
| | Sonntag | – W und N 4 bis 6 x 200 m |

N – Lauf mit entspanntem Schritt
O – Schnelles entspanntes Laufen
P – Kniehebelauf
Q – Training zur Verbesserung der Schrittlänge
R – Training zur Verbesserung des aufrechten Laufens
S – Dehn- und Lockerungsübungen
T – Seilspringen
U – Radfahren
V – Schwimmen
W – Jogging
X – Sprint-Starts
Y – Hürdentraining
Z – Wassersprungtraining

## 400 Meter – Jungen, 13 bis 15 Jahre

| | | |
|---|---|---|
| So lange wie möglich: | Montag | – A 20 bis 30 min |
| | Dienstag | – A 30 bis 45 min |
| | Mittwoch | – B 20 bis 30 min |
| | Donnertag | – A 30 bis 45 min |
| | Freitag | – N 6 x 150 m |
| | Samstag | – A 30 bis 45 min |
| | Sonntag | – B 20 bis 30 min |
| 4 Wochen lang: | Montag | – DE 1/4 bis 1/2 Stunde |
| | Dienstag | – A 1/2 bis 3/4 Stunde |
| | Mittwoch | – B 20 bis 30 min |
| | Donnerstag | – A 1/2 bis 3/4 Stunde |
| | Freitag | – B 20 bis 30 min |
| | Samstag | – DE 1/4 bis 1/2 Stunde |
| | Sonntag | – A 1/2 bis 1 Stunde |
| 4 Wochen lang: | Montag | – DE 1/4 bis 1/2 Stunde |
| | Dienstag | – B 1/2 bis 3/4 Stunde |
| | Mittwoch | – F 6 bis 8 x 100 m |
| | Donnerstag | – B 1/2 bis 3/4 Stunde |
| | Freitag | – DE 1/4 bis 1/2 Stunde |
| | Samstag | – F 6 bis 8 x 100 m |
| | Sonntag | – W 1/2 bis 3/4 Stunde |
| 4 Wochen lang: | Montag | – K 6 bis 10 x 200 m |
| | Dienstag | – GSX 8 x |
| | Mittwoch | – B 1/2 bis 3/4 Stunde |
| | Donnerstag | – K 6 bis 10 x 150 m |
| | Freitag | – GSX 8 x |
| | Samstag | – N 4 x 300 m |
| | Sonntag | – W 1/2 bis 1 Stunde |

A – Langer aerober Dauerlauf
B – Leichtes Fartlek
C – Zügiges Fartlek
D – Hügel-Sprunglauf
E – Hügellauf (steil) oder Treppenläufe
F – Training zur Verbesserung der Schrittfrequenz
G – Sprinttraining
H – Alle 100 m schnelle Sprints über 45 m
J – Alle 200 m schnelle Sprints über 100 m
K – Wiederholungsläufe
L – Zeitkontrolläufe
M – Lauf zur Verbesserung des Tempogefühls
N – Lauf mit entspanntem Schritt
O – Schnelles entspanntes Laufen
P – Kniehebelauf
Q – Training zur Verbesserung der Schrittlänge
R – Training zur Verbesserung des aufrechten Laufens
S – Dehn- und Lockerungsübungen
T – Seilspringen
U – Radfahren
V – Schwimmen

| | | |
|---|---|---|
| 2 Wochen lang: | Montag | – 2 x 300 m (15 min Pause) |
| | Dienstag | – GSX 8 x |
| | Mittwoch | – L 100 m, 300 m, 600 m |
| | Donnerstag | – B 1/2 Stunde |
| | Freitag | – O 6 x 100 m |
| | Samstag | – L 2 x 800 m |
| | Sonntag | – W 1/2 bis 1 Stunde |
| 2 Wochen lang: | Montag | – J 6 bis 8 x |
| | Dienstag | – GSX 6 x |
| | Mittwoch | – Wettkampf: 100 m und 400 m |
| | Donnerstag | – B 1/2 Stunde |
| | Freitag | – N 4 x 200 m |
| | Samstag | – Wettkampf: 200 m und 400 m |
| | Sonntag | – W 1/2 Stunde |
| 1 Woche lang: | Montag | – H 8 bis 10 x |
| | Dienstag | – GSX 6 x |
| | Mittwoch | – Wettkampf: 400 m |
| | Donnerstag | – B 1/2 Stunde |
| | Freitag | – N 2 x 300 m |
| | Samstag | – Wettkampf: 100 m und 200 m |
| | Sonntag | – W 1/2 Stunde |
| 1 Woche lang: | Montag | – H 6 bis 8 x |
| | Dienstag | – B 1/2 Stunde |
| | Mittwoch | – Wettkampf: 100 m und 200 m |
| | Donnerstag | – W 1/2 Stunde |
| | Freitag | – W 1/4 Stunde oder Ruhe |
| | Samstag | – Erster wichtiger Wettkampf |
| | Sonntag | – W 1/2 Stunde |
| Wettkampffortsetzung: | Montag | – H 8 bis 10 x |
| | Dienstag | – GSX 6 bis 8 x |
| | Mittwoch | – Wettkampf |
| | Donnerstag | – B 1/2 Stunde |
| | Freitag | – N 3 x 200 m |
| | Samstag | – Wettkampf |
| | Sonntag | – W 1/2 bis 3/4 Stunde |

W – Jogging
X – Sprint-Starts
Y – Hürdentraining
Z – Wassersprungtraining

## 400 Meter Männer, 16 bis 18 Jahre

| | | |
|---|---|---|
| So lange wie möglich: | Montag | – A 1/2 bis 3/4 Stunde |
| | Dienstag | – A 3/4 bis 1 Stunde |
| | Mittwoch | – B 1/2 bis 3/4 Stunde |
| | Donnerstag | – A 3/4 bis 1 Stunde |
| | Freitag | – N 6 x 200 m |
| | Samstag | – A 3/4 bis 1 1/4 Stunden |
| | Sonntag | – B 1/2 bis 1 Stunde |
| 2 Wochen lang: | Montag | – DE 1/2 bis 3/4 Stunde |
| | Dienstag | – A 3/4 bis 1 Stunde |
| | Mittwoch | – B 3/4 bis 1 Stunde |
| | Donnerstag | – A 3/4 bis 1 Stunde |
| | Freitag | – B 1/2 Stunde |
| | Samstag | – DE 1/2 bis 3/4 Stunde |
| | Sonntag | – A 3/4 bis 1 1/4 Stunden |
| 2 Wochen lang: | Montag | – DE 1/2 bis 3/4 Stunde |
| | Dienstag | – B 3/4 bis 1 Stunde |
| | Mittwoch | – F 8 x 100 m |
| | Donnerstag | – B 3/4 bis 1 Stunde |
| | Freitag | – DE 1/2 bis 3/4 Stunde |
| | Samstag | – F 8 bis 10 x 100 m |
| | Sonntag | – W 1 Stunde |
| 4 Wochen lang: | Montag | – K 8 bis 12 x 200 m |
| | Dienstag | – GSX 8 bis 10 x |
| | Mittwoch | – B 3/4 bis 1 Stunde |
| | Donnerstag | – K 6 bis 8 x 400 m |
| | Freitag | – GSX 8 bis 10 x |
| | Samstag | – N 6 x 300 m |
| | Sonntag | – W 1 Stunde |

A – Langer aerober Dauerlauf
B – Leichtes Fartlek
C – Zügiges Fartlek
D – Hügel-Sprunglauf
E – Hügellauf (steil) oder Treppenläufe
F – Training zur Verbesserung der Schrittfrequenz
G – Sprinttraining
H – Alle 100 m schnelle Sprints über 45 m
J – Alle 200 m schnelle Sprints über 100 m
K – Wiederholungsläufe
L – Zeitkontrolläufe
M – Lauf zur Verbesserung des Tempogefühls
N – Lauf mit entspanntem Schritt
O – Schnelles entspanntes Laufen
P – Kniehebelauf
Q – Training zur Verbesserung der Schrittlänge
R – Training zur Verbesserung des aufrechten Laufens
S – Dehn- und Lockerungsübungen
T – Seilspringen
U – Radfahren
V – Schwimmen

| | | |
|---|---|---|
| 2 Wochen lang: | Montag | – 3 x 300 m oder 2 x 500 m |
| | Dienstag | – GSX 10 x |
| | Mittwoch | – L 100 m, 300 m, 600 m |
| | Donnerstag | – B 3/4 Stunde |
| | Freitag | – O 6 x 120 m |
| | Samstag | – L 3 x 800 m |
| | Sonntag | – W 1 Stunde |
| 2 Wochen lang: | Montag | – J 8 bis 10 x |
| | Dienstag | – GSX 8 x |
| | Mittwoch | – Wettkampf: 100 m und 400 m |
| | Donnerstag | – B 3/4 Stunde |
| | Freitag | – N 6 x 200 m |
| | Samstag | – Wettkampf: 200 m und 400 m |
| | Sonntag | – W 3/4 Stunde |
| 1 Woche lang: | Montag | – H 12 x |
| | Dienstag | – GSX 8 x |
| | Mittwoch | – Wettkampf: 400 m |
| | Donnerstag | – B 3/4 Stunde |
| | Freitag | – N 3 x 300 m |
| | Samstag | – Wettkampf: 100 m und 200 m |
| | Sonntag | – W 3/4 Stunde |
| 1 Woche lang: | Montag | – H 12 x |
| | Dienstag | – B 1/2 bis 3/4 Stunde |
| | Mittwoch | – Wettkampf: 2 x 200 m |
| | Donnerstag | – W 1/2 bis 3/4 Stunde |
| | Freitag | – W 1/2 Stunde oder Ruhe |
| | Samstag | – Erster wichtiger Wettkampf |
| | Sonntag | – W 3/4 Stunde |
| Wettkampffortsetzung: | Montag | – H 12 x |
| | Dienstag | – GSX 8 x |
| | Mittwoch | – Wettkampf |
| | Donnerstag | – B 1/2 bis 3/4 Stunde |
| | Freitag | – N 4 x 200 m |
| | Samstag | – Wettkampf |
| | Sonntag | – W 3/4 bis 1 Stunde |

W – Jogging
X – Sprint-Starts
Y – Hürdentraining
Z – Wassersprungtraining

## 400 Meter – Männer

| | | |
|---|---|---|
| So lange wie möglich: | Montag | – A 1/2 Stunde |
| | Dienstag | – A 1 Stunde |
| | Mittwoch | – B 3/4 bis 1 Stunde |
| | Donnerstag | – A 1 Stunde |
| | Freitag | – N 6 x 200 m |
| | Samstag | – A 1 bis 1 1/2 Stunden |
| | Sonntag | – B 3/4 bis 1 Stunde |
| 2 Wochen lang: | Montag | – DE 3/4 Stunde |
| | Dienstag | – A 1 Stunde |
| | Mittwoch | – B 1 Stunde |
| | Donnerstag | – A 1 Stunde |
| | Freitag | – B 3/4 Stunde |
| | Samstag | – DE 3/4 Stunde |
| | Sonntag | – A 1 bis 1 1/2 Stunden |
| 2 Wochen lang: | Montag | – DE 3/4 Stunde |
| | Dienstag | – B 1 Stunde |
| | Mittwoch | – F 10 x 100 m |
| | Donnerstag | – B 1 Stunde |
| | Freitag | – DE 3/4 Stunde |
| | Samstag | – F 10 x 100 m |
| | Sonntag | – W 1 Stunde |
| 4 Wochen lang: | Montag | – K 10 bis 12 x 200 m |
| | Dienstag | – GSX 10 x |
| | Mittwoch | – B 1 Stunde |
| | Donnerstag | – K 8 x 400 m |
| | Freitag | – GS |
| | Samstag | – N 6 x 300 m |
| | Sonntag | – W 1 Stunde |

A – Langer aerober Dauerlauf
B – Leichtes Fartlek
C – Zügiges Fartlek
D – Hügel-Sprunglauf
E – Hügellauf (steil) oder Treppenläufe
F – Training zur Verbesserung der Schrittfrequenz
G – Sprinttraining
H – Alle 100 m schnelle Sprints über 45 m
J – Alle 200 m schnelle Sprints über 100 m
K – Wiederholungsläufe
L – Zeitkontrolläufe
M – Lauf zur Verbesserung des Tempogefühls
N – Lauf mit entspanntem Schritt
O – Schnelles entspanntes Laufen
P – Kniehebelauf
Q – Training zur Verbesserung der Schrittlänge
R – Training zur Verbesserung des aufrechten Laufens
S – Dehn- und Lockerungsübungen
T – Seilspringen
U – Radfahren
V – Schwimmen

| | | |
|---|---|---|
| 2 Wochen lang: | Montag | – 3 x 300 m oder 2 x 500 m |
| | Dienstag | – GSX 10 x |
| | Mittwoch | – L 100 m, 300 m, 600 m |
| | Donnerstag | – B 1 Stunde |
| | Freitag | – O 6 x 120 m |
| | Samstag | – L 3 x 800 m |
| | Sonntag | – W 1 Stunde |
| 2 Wochen lang: | Montag | – J 10 x |
| | Dienstag | – GSX 10 x |
| | Mittwoch | – Wettkampf: 100 m und 400 m |
| | Donnerstag | – B 1 Stunde |
| | Freitag | – N 6 x 200 m |
| | Samstag | – Wettkampf: 200 m und 400 m |
| | Sonntag | – W 1 Stunde |
| 1 Woche lang: | Montag | – H 16 x |
| | Dienstag | – GSX 10 x |
| | Mittwoch | – Wettkampf: 2 x 400 m |
| | Donnerstag | – B 1 Stunde |
| | Freitag | – N 3 x 300 m |
| | Samstag | – Wettkampf: 100 m und 200 m |
| | Sonntag | – W 3/4 Stunde |
| 1 Woche lang: | Montag | – H 12 x |
| | Dienstag | – B 3/4 Stunde |
| | Mittwoch | – Wettkampf: 2 x 200 m |
| | Donnerstag | – W 3/4 Stunde |
| | Freitag | – W 1 Stunde oder Ruhe |
| | Samstag | – Erster wichtiger Wettkampf |
| | Sonntag | – W 1 Stunde |
| Wettkampffortsetzung: | Montag | – H 12 x |
| | Dienstag | – GSX 10 x |
| | Mittwoch | – Wettkampf |
| | Donnerstag | – B 3/4 bis 1 Stunde |
| | Freitag | – N 4 x 200 m |
| | Samstag | – Wettkampf |
| | Sonntag | – W 1 Stunde |

W – Jogging
X – Sprint-Starts
Y – Hürdentraining
Z – Wassersprungtraining

## 400 Meter – Frauen

| | | |
|---|---|---|
| So lange wie möglich: | Montag | – A 1/2 Stunde |
| | Dienstag | – A 3/4 Stunde |
| | Mittwoch | – B 1/2 bis 3/4 Stunde |
| | Donnerstag | – A 3/4 Stunde |
| | Freitag | – N 6 x 200 m |
| | Samstag | – A 3/4 bis 1 1/4 Stunden |
| | Sonntag | – B 1/2 bis 1 Stunde |
| 2 Wochen lang: | Montag | – DE 1/2 bis 3/4 Stunde |
| | Dienstag | – A 3/4 bis 1 Stunde |
| | Mittwoch | – B 3/4 bis 1 Stunde |
| | Donnerstag | – A 3/4 bis 1 Stunde |
| | Freitag | – B 1/2 Stunde |
| | Samstag | – DE 1/2 bis 3/4 Stunde |
| | Sonntag | – A 3/4 bis 1 1/4 Stunden |
| 2 Wochen lang: | Montag | – DE 1/2 bis 3/4 Stunde |
| | Dienstag | – B 3/4 bis 1 Stunde |
| | Mittwoch | – F 8 x 100 m |
| | Donnerstag | – B 3/4 bis 1 Stunde |
| | Freitag | – DE 1/2 bis 3/4 Stunde |
| | Samstag | – F 8 bis 10 x 100 m |
| | Sonntag | – W 1 Stunde |
| 4 Wochen lang: | Montag | – K 8 bis 12 x 200 m |
| | Dienstag | – GSX 8 bis 10 x |
| | Mittwoch | – B 3/4 bis 1 Stunde |
| | Donnerstag | – K 6 bis 8 x 400 m |
| | Freitag | – GSX 8 bis 10 x |
| | Samstag | – N 6 x 300 m |
| | Sonntag | – W 1 Stunde |

A – Langer aerober Dauerlauf
B – Leichtes Fartlek
C – Zügiges Fartlek
D – Hügel-Sprunglauf
E – Hügellauf (steil) oder Treppenläufe
F – Training zur Verbesserung der Schrittfrequenz
G – Sprinttraining
H – Alle 100 m schnelle Sprints über 45 m
J – Alle 200 m schnelle Sprints über 100 m
K – Wiederholungsläufe
L – Zeitkontrolläufe
M – Lauf zur Verbesserung des Tempogefühls
N – Lauf mit entspanntem Schritt
O – Schnelles entspanntes Laufen
P – Kniehebelauf
Q – Training zur Verbesserung der Schrittlänge
R – Training zur Verbesserung des aufrechten Laufens
S – Dehn- und Lockerungsübungen
T – Seilspringen
U – Radfahren
V – Schwimmen

| | | |
|---|---|---|
| 2 Wochen lang: | Montag | – 3 x 300 m oder 2 x 500 m |
| | Dienstag | – GSX 10 x |
| | Mittwoch | – L 100 m, 300 m, 600 m |
| | Donnerstag | – B 3/4 Stunde |
| | Freitag | – O 6 x 120 m |
| | Samstag | – L 3 x 800 m |
| | Sonntag | – W 1 Stunde |
| 2 Wochen lang: | Montag | – J 8 bis 10 x |
| | Dienstag | – GSX 8 x |
| | Mittwoch | – Wettkampf: 100 m und 400 m |
| | Donnerstag | – B 3/4 Stunde |
| | Freitag | – N 6 x 200 m |
| | Samstag | – Wettkampf: 200 m und 400 m |
| | Sonntag | – W 3/4 Stunde |
| 1 Woche lang: | Montag | – H 12 x |
| | Dienstag | – GSX 8 x |
| | Mittwoch | – Wettkampf: 400 m |
| | Donnerstag | – B 3/4 Stunde |
| | Freitag | – N 3 x 300 m |
| | Samstag | – Wettkampf: 100 m und 200 m |
| | Sonntag | – W 3/4 Stunde |
| 1 Woche lang: | Montag | – H 12 x |
| | Dienstag | – B 1/2 bis 3/4 Stunde |
| | Mittwoch | – Wettkampf: 2 x 200 m |
| | Donnerstag | – W 1/2 bis 3/4 Stunde |
| | Freitag | – W 1/2 Stunde oder Ruhe |
| | Samstag | – Erster wichtiger Wettkampf |
| | Sonntag | – W 3/4 Stunde |
| Wettkampffortsetzung: | Montag | – H 12 x |
| | Dienstag | – GSX 8 x |
| | Mittwoch | – Wettkampf |
| | Donnerstag | – B 1/2 bis 3/4 Stunde |
| | Freitag | – N 4 x 200 m |
| | Samstag | – Wettkampf |
| | Sonntag | – W 3/4 bis 1 Stunde |

W – Jogging
X – Sprint-Starts
Y – Hürdentraining
Z – Wassersprungtraining

## Mittelstrecken – Jungen, 13 bis 14 Jahre

| | | |
|---|---|---|
| So lange wie möglich: | Montag | – A 1/2 bis 3/4 Stunde |
| | Dienstag | – A 3/4 bis 1 1/4 Stunden |
| | Mittwoch | – L 3.000 m |
| | Donnerstag | – A 1/4 bis 1 1/4 Stunden |
| | Freitag | – B 1/2 Stunde |
| | Samstag | – L 5.000 m |
| | Sonntag | – A 3/4 bis 1 1/2 Stunden |
| 4 Wochen lang: | Montag | – F 6 bis 8 x 80 m |
| | Dienstag | – A 3/4 bis 1 1/4 Stunden |
| | Mittwoch | – DE 1/2 Stunde |
| | Donnerstag | – B1/2 bis 3/4 Stunde |
| | Freitag | – F 6 bis 8 x 80 m |
| | Samstag | – DE 1/2 Stunde |
| | Sonntag | – A 3/4 bis 1 1/4 Stunden |
| 4 Wochen lang: | Montag | – K 6 bis 10 x 200 m |
| | Dienstag | – PQR 2 x 80 m und O 2 x 80 m |
| | Mittwoch | – B 1/2 bis 3/4 Stunde |
| | Donnerstag | – K 6 bis 10 x 200 m |
| | Freitag | – F 4 bis 6 x 80 m |
| | Samstag | – L 3.000 m |
| | Sonntag | – A 3/4 bis 1 1/4 Stunden |
| 4 Wochen lang: | Montag | – J 6 bis 8 x |
| | Dienstag | – B 1/2 bis 3/4 Stunde |
| | Mittwoch | – L 200 m und 600 m |
| | Donnerstag | – A 1/2 Stunde |
| | Freitag | – O 3 x 80 m |
| | Samstag | – Wettkampf: 800 m oder 1.500 m |
| | Sonntag | – W 1/4 bis 1 Stunde |

A – Langer aerober Dauerlauf
B – Leichtes Fartlek
C – Zügiges Fartlek
D – Hügel-Sprunglauf
E – Hügellauf (steil) oder Treppenläufe
F – Training zur Verbesserung der Schrittfrequenz
G – Sprinttraining
H – Alle 100 m schnelle Sprints über 45 m
J – Alle 200 m schnelle Sprints über 100 m
K – Wiederholungsläufe

| | | |
|---|---|---|
| 1 Woche lang: | Montag | – H 8 bis 10 x |
| | Dienstag | – B 1/2 Stunde |
| | Mittwoch | – L Renndistanz und M schnell |
| | Donnerstag | – B 1/2 bis 3/4 Stunde |
| | Freitag | – N 3 x 200 m |
| | Samstag | – Wettkampf: 400 oder 800 m |
| | Sonntag | – W 3/4 bis 1 Stunde |
| 1 Woche lang: | Montag | – H 8 x |
| | Dienstag | – B 1/2 Stunde |
| | Mittwoch | – L 200 m |
| | Donnerstag | – W 1/2 Stunde |
| | Freitag | – W 1/2 Stunde oder Ruhe |
| | Samstag | – Erster wichtiger Wettkampf |
| | Sonntag | – W 3/4 bis 1 Stunde |
| Wettkampffortsetzung: | Montag | – B 1/2 Stunde |
| | Dienstag | – N 3 x 100 m |
| | Mittwoch | – Wettkampf oder L 400 m |
| | Donnerstag | – B 1/2 Stunde |
| | Freitag | – N 3 x 100 m |
| | Samstag | – Wettkampf oder L 400 m oder 800 m |
| | Sonntag | – W 3/4 bis 1 Stunde |

L – Zeitkontrolläufe
M – Lauf zur Verbesserung des Tempogefühls
N – Lauf mit entspanntem Schritt
O – Schnelles entspanntes Laufen
P – Kniehebelauf
Q – Training zur Verbesserung der Schrittlänge
R – Training zur Verbesserung des aufrechten Laufens
S – Dehn- und Lockerungsübungen
T – Seilspringen
U – Radfahren
V – Schwimmen
W – Jogging
X – Sprint-Starts
Y – Hürdentraining
Z – Wassersprungtraining

**Mittelstrecken – Jungen, 15 bis 16 Jahre**

| | | |
|---|---|---|
| So lange wie möglich: | Montag | – B 1/2 bis 3/4 Stunde |
| | Dienstag | – A 1 bis 1 1/4 Stunden |
| | Mittwoch | – L 3.000 m |
| | Donnerstag | – A 1 bis 1 1/4 Stunden |
| | Freitag | – B 1/2 Stunde |
| | Samstag | – L 5.000 m |
| | Sonntag | – A 1 bis 1 1/2 Stunden |
| 4 Wochen lang: | Montag | – F 6 bis 8 x 100 m |
| | Dienstag | – A 1 bis 1 1/4 Stunden |
| | Mittwoch | – DE 1/2 bis 3/4 Stunde |
| | Donnerstag | – B 1/2 bis 3/4 Stunde |
| | Freitag | – F 6 bis 8 x 100 m |
| | Samstag | – DE 1/2 bis 3/4 Stunde |
| | Sonntag | – A 1 bis 1 1/2 Stunden |
| 4 Wochen lang: | Montag | – K 8 bis 12 x 400 m |
| | Dienstag | – PQR 2 x 100 m und O 2 x 100 m |
| | Mittwoch | – B 1/2 bis 3/4 Stunde |
| | Donnerstag | – K 8 bis 12 x 200 m |
| | Freitag | – F 6 x 100 m |
| | Samstag | – L 3.000 m |
| | Sonntag | – A 1 bis 1 1/2 Stunden |
| 4 Wochen lang: | Montag | – J 6 bis 8 x |
| | Dienstag | – B 1/2 bis 3/4 Stunde |
| | Mittwoch | – L 200 m und 600 m |
| | Donnerstag | – W 3/4 Stunde |
| | Freitag | – O 4 x 100 m |
| | Samstag | – Wettkampf: 800 m oder 1.500 m |
| | Sonntag | – W 1 bis 1 1/2 Stunden |

A – Langer aerober Dauerlauf
B – Leichtes Fartlek
C – Zügiges Fartlek
D – Hügel-Sprunglauf
E – Hügellauf (steil) oder Treppenläufe
F – Training zur Verbesserung der Schrittfrequenz
G – Sprinttraining
H – Alle 100 m schnelle Sprints über 45 m
J – Alle 200 m schnelle Sprints über 100 m
K – Wiederholungsläufe

| | | |
|---|---|---|
| 1 Woche lang: | Montag | – H 12 x |
| | Dienstag | – B 1/2 Stunde |
| | Mittwoch | – L Renndistanz |
| | Donnerstag | – B 1/2 Stunde |
| | Freitag | – N 4 x 200 m |
| | Samstag | – Wettkampf: 400 m oder 800 m |
| | Sonntag | – W 1 Stunde |
| 1 Woche lang: | Montag | – H 8 bis 12 x |
| | Dienstag | – B 1/2 Stunde |
| | Mittwoch | – L 100 m und 400 m |
| | Donnerstag | – W 3/4 Stunde |
| | Freitag | – W 1/2 Stunde |
| | Samstag | – Erster wichtiger Wettkampf |
| | Sonntag | – W 1 Stunde oder länger |
| Wettkampffortsetzung: | Montag | – B 1/2 Stunde |
| | Dienstag | – N 4 x 200 m |
| | Mittwoch | – Wettkampf oder L |
| | Donnerstag | – B 1/2 Stunde |
| | Freitag | – N 4 x 200 m |
| | Samstag | – Wettkampf oder L |
| | Sonntag | – W 1 Stunde oder länger |

L – Zeitkontrolläufe
M – Lauf zur Verbesserung des Tempogefühls
N – Lauf mit entspanntem Schritt
O – Schnelles entspanntes Laufen
P – Kniehebelauf
Q – Training zur Verbesserung der Schrittlänge
R – Training zur Verbesserung des aufrechten Laufens
S – Dehn- und Lockerungsübungen
T – Seilspringen
U – Radfahren
V – Schwimmen
W – Jogging
X – Sprint-Starts
Y – Hürdentraining
Z – Wassersprungtraining

## Mittelstrecken – Männer, 17 bis 18 Jahre

| | | |
|---|---|---|
| So lange wie möglich: | Montag | – B 3/4 Stunde |
| | Dienstag | – A 1 bis 1 1/4 Stunden |
| | Mittwoch | – L 3.000 m |
| | Donnerstag | – A 1 bis 1 1/4 Stunden |
| | Freitag | – B 1/2 Stunde |
| | Samstag | – L 5.000 m |
| | Sonntag | – A 1 1/2 Stunden oder länger |
| 4 Wochen lang: | Montag | – F 8 bis 10 x 100 m |
| | Dienstag | – A 1 bis 1 1/4 Stunden |
| | Mittwoch | – DE 3/4 Stunde |
| | Donnerstag | – B 3/4 Stunde |
| | Freitag | – F 8 bis 10 x 100 m |
| | Samstag | – DE 3/4 Stunde |
| | Sonntag | – A 1 1/2 Stunden oder länger |
| 4 Wochen lang: | Montag | – K 10 bis 15 x 400 m |
| | Dienstag | – PQR 2 x 100 m und O 4 x 100 m |
| | Mittwoch | – B 3/4 Stunde |
| | Donnerstag | – K 12 bis 16 x 200 m |
| | Freitag | – F 6 bis 8 x 100 m |
| | Samstag | – L 3.000 m |
| | Sonntag | – A 1 1/2 Stunden oder länger |
| 4 Wochen lang: | Montag | – J 8 bis 10 x |
| | Dienstag | – B 3/4 Stunde |
| | Mittwoch | – L 200 m und 600 m |
| | Donnerstag | – W 3/4 Stunde |
| | Freitag | – O 6 x 100 m |
| | Samstag | – Wettkampf: 800 m oder 1.500 m |
| | Sonntag | – W 1 bis 1 1/4 Stunden |

A – Langer aerober Dauerlauf
B – Leichtes Fartlek
C – Zügiges Fartlek
D – Hügel-Sprunglauf
E – Hügellauf (steil) oder Treppenläufe
F – Training zur Verbesserung der Schrittfrequenz
G – Sprinttraining
H – Alle 100 m schnelle Sprints über 45 m
J – Alle 200 m schnelle Sprints über 100 m
K – Wiederholungsläufe

| | | |
|---|---|---|
| 1 Woche lang: | Montag | – H 16 x |
| | Dienstag | – B 1/2 Stunde |
| | Mittwoch | – L Renndistanz |
| | Donnerstag | – B 3/4 Stunde |
| | Freitag | – N 4 x 200 m |
| | Samstag | – Wettkampf: 400 m oder 800 m |
| | Sonntag | – W 1 Stunde |
| 1 Woche lang: | Montag | – H 12 x |
| | Dienstag | – B 1/2 Stunde |
| | Mittwoch | – L 100 m und 400 m |
| | Donnerstag | – W 3/4 Stunde |
| | Freitag | – W 1/2 Stunde |
| | Samstag | – Erster wichtiger Wettkampf |
| | Sonntag | – W 1 Stunde oder länger |
| Wettkampffortsetzung: | Montag | – B 3/4 Stunde |
| | Dienstag | – N 4 x 200 m |
| | Mittwoch | – Wettkampf oder L |
| | Donnerstag | – B 3/4 Stunde |
| | Freitag | – N 4 x 200 m |
| | Samstag | – Wettkampf oder L |
| | Sonntag | – W 1 Stunde oder länger |

L – Zeitkontrolläufe
M – Lauf zur Verbesserung des Tempogefühls
N – Lauf mit entspanntem Schritt
O – Schnelles entspanntes Laufen
P – Kniehebelauf
Q – Training zur Verbesserung der Schrittlänge
R – Training zur Verbesserung des aufrechten Laufens
S – Dehn- und Lockerungsübungen
T – Seilspringen
U – Radfahren
V – Schwimmen
W – Jogging
X – Sprint-Starts
Y – Hürdentraining
Z – Wassersprungtraining

## Mittelstrecken – Männer, 19 bis 20 Jahre

| | | |
|---|---|---|
| So lange wie möglich: | Montag | – B 3/4 bis 1 Stunde |
| | Dienstag | – A 1 bis 1 1/2 Stunden |
| | Mittwoch | – L 5.000 m |
| | Donnerstag | – A 1 bis 1 1/2 Stunden |
| | Freitag | – B 3/4 Stunde |
| | Samstag | – L 10.000 m |
| | Sonntag | – A 1 1/2 bis 2 Stunden |
| 4 Wochen lang: | Montag | – F 10 x 100 m |
| | Dienstag | – A 1 bis 1 1/2 Stunden |
| | Mittwoch | – DE 3/4 bis 1 Stunde |
| | Donnerstag | – B 3/4 bis 1 Stunde |
| | Freitag | – F 10 x 100 m |
| | Samstag | – DE 3/4 bis 1 Stunde |
| | Sonntag | – A 1 1/2 bis 2 Stunden |
| 4 Wochen lang: | Montag | – K 12 bis 16 x 400 m |
| | Dienstag | – PQR 2 x 100 m und O 4 x 100 m |
| | Mittwoch | – B 3/4 bis 1 Stunde |
| | Donnerstag | – K 15 bis 20 x 200 m |
| | Freitag | – F 8 x 100 m |
| | Samstag | – L 3.000 m oder 5.000 m |
| | Sonntag | – A 1 1/2 bis 2 Stunden |
| 4 Wochen lang: | Montag | – J 10 bis 12 x |
| | Dienstag | – B 3/4 bis 1 Stunde |
| | Mittwoch | – L 200 m und 600 m |
| | Donnerstag | – A 3/4 Stunde |
| | Freitag | – O 6 x 100 m |
| | Samstag | – Wettkampf: 800 m oder 1.500 m |
| | Sonntag | – W 1 1/2 Stunden |

A – Langer aerober Dauerlauf
B – Leichtes Fartlek
C – Zügiges Fartlek
D – Hügel-Sprunglauf
E – Hügellauf (steil) oder Treppenläufe
F – Training zur Verbesserung der Schrittfrequenz
G – Sprinttraining
H – Alle 100 m schnelle Sprints über 45 m
J – Alle 200 m schnelle Sprints über 100 m
K – Wiederholungsläufe

| | | |
|---|---|---|
| 1 Woche lang: | Montag | – H 16 x |
| | Dienstag | – B 3/4 Stunde |
| | Mittwoch | – L Renndistanz |
| | Donnerstag | – B 3/4 Stunde |
| | Freitag | – N 4 x 200 m |
| | Samstag | – Wettkampf: 400 m oder 800 m |
| | Sonntag | – W 1 1/2 Stunden |
| 1 Woche lang: | Montag | – H 12 x |
| | Dienstag | – B 1/2 Stunde |
| | Mittwoch | – L 100 m und 400 m |
| | Donnerstag | – W 3/4 Stunde |
| | Freitag | – W 1/2 Stunde |
| | Samstag | – Erster wichtiger Wettkampf |
| | Sonntag | – W 1 1/2 Stunden |
| Wettkampffortsetzung: | Montag | – B 3/4 Stunde |
| | Dienstag | – N 4 x 200 m |
| | Mittwoch | – Wettkampf oder L |
| | Donnerstag | – B 3/4 Stunde |
| | Freitag | – N 4 x 200 m |
| | Samstag | – Wettkampf oder L |
| | Sonntag | – W 1 1/2 Stunden |

L – Zeitkontrolläufe
M – Lauf zur Verbesserung des Tempogefühls
N – Lauf mit entspanntem Schritt
O – Schnelles entspanntes Laufen
P – Kniehebelauf
Q – Training zur Verbesserung der Schrittlänge
R – Training zur Verbesserung des aufrechten Laufens
S – Dehn- und Lockerungsübungen
T – Seilspringen
U – Radfahren
V – Schwimmen
W – Jogging
X – Sprint-Starts
Y – Hürdentraining
Z – Wassersprungtraining

## Mittelstrecken – Männer

| | | |
|---|---|---|
| So lange wie möglich: | Montag | – B 1 Stunde |
| | Dienstag | – A 1 1/2 Stunden |
| | Mittwoch | – L 5.000 m |
| | Donnerstag | – A 1 1/2 Stunden |
| | Freitag | – B 3/4 Stunde und Hügel |
| | Samstag | – L 10.000 m |
| | Sonntag | – A 1 1/2 Stunden oder länger |
| 4 Wochen lang: | Montag | – F 10 x 120 m |
| | Dienstag | – A 1 1/2 Stunden |
| | Mittwoch | – DE 1 Stunde |
| | Donnerstag | – B 1 Stunde |
| | Freitag | – F 10 x 120 m |
| | Samstag | – DE 1 Stunde |
| | Sonntag | – A 1 1/2 Stunden oder länger |
| 4 Wochen lang: | Montag | – K 15 bis 20 x 400 m |
| | Dienstag | – PQR 2 x 100 m oder O 4 x 100 m |
| | Mittwoch | – B 1 Stunde |
| | Donnerstag | – K 15 bis 20 x 200 m |
| | Freitag | – F 10 x 100 m |
| | Samstag | – L 3.000 m oder 5.000 m |
| | Sonntag | – A 1 1/2 Stunden oder länger |
| 4 Wochen lang: | Montag | – J 12 bis 14 x |
| | Dienstag | – B 1 Stunde |
| | Mittwoch | – L 200 m und 600 m |
| | Donnerstag | – A 1 Stunde |
| | Freitag | – O 6 x 100 m |
| | Samstag | – Wettkampf 800 m oder 1.500 m |
| | Sonntag | – W 1 1/2 Stunden |

A – Langer aerober Dauerlauf
B – Leichtes Fartlek
C – Zügiges Fartlek
D – Hügel-Sprunglauf
E – Hügellauf (steil) oder Treppenläufe
F – Training zur Verbesserung der Schrittfrequenz
G – Sprinttraining
H – Alle 100 m schnelle Sprints über 45 m
J – Alle 200 m schnelle Sprints über 100 m
K – Wiederholungsläufe

| | | |
|---|---|---|
| 1 Woche lang: | Montag | – H 20 x |
| | Dienstag | – B 1 Stunde |
| | Mittwoch | – L Renndistanz |
| | Donnerstag | – B 3/4 Stunde |
| | Freitag | – N 6 x 200 m |
| | Samstag | – Wettkampf: 400 m oder 800 m |
| | Sonntag | – W 1 1/2 Stunden |
| 1 Woche lang: | Montag | – H 16 x |
| | Dienstag | – B 3/4 Stunde |
| | Mittwoch | – L 100 m und 400 m |
| | Donnerstag | – W 3/4 Stunde |
| | Freitag | – W 1/2 Stunde |
| | Samstag | – Erster wichtiger Wettkampf |
| | Sonntag | – W 1 1/2 Stunden |
| Wettkampffortsetzung: | Montag | – B 1 Stunde |
| | Dienstag | – N 6 x 200 m |
| | Mittwoch | – Wettkampf oder J 12 x |
| | Donnerstag | – B 1 Stunde |
| | Freitag | – N 6 x 200 m |
| | Samstag | – Wettkampf oder L |
| | Sonntag | – W 1 1/2 Stunden |

L – Zeitkontrolläufe
M – Lauf zur Verbesserung des Tempogefühls
N – Lauf mit entspanntem Schritt
O – Schnelles entspanntes Laufen
P – Kniehebelauf
Q – Training zur Verbesserung der Schrittlänge
R – Training zur Verbesserung des aufrechten Laufens
S – Dehn- und Lockerungsübungen
T – Seilspringen
U – Radfahren
V – Schwimmen
W – Jogging
X – Sprint-Starts
Y – Hürdentraining
Z – Wassersprungtraining

## 3.000 Meter – Jungen, 15 bis 16 Jahre

| | | |
|---|---|---|
| So lange wie möglich: | Montag | – A 1 Stunde |
| | Dienstag | – A 1 bis 1 1/2 Stunden |
| | Mittwoch | – L 5.000 m |
| | Donnerstag | – A 1 bis 1 1/2 Stunden |
| | Freitag | – B 1/2 bis 3/4 Stunde |
| | Samstag | – L 10.000 m |
| | Sonntag | – A 1 1/4 bis 1 1/2 Stunden |
| 4 Wochen lang: | Montag | – DE 3/4 Stunde |
| | Dienstag | – A 1 bis 1 1/2 Stunden |
| | Mittwoch | – B 3/4 Stunde |
| | Donnerstag | – DE 3/4 Stunde |
| | Freitag | – F 8 bis 10 x 100 m |
| | Samstag | – L 5.000 m |
| | Sonntag | – A 1 1/2 bis 2 Stunden |
| 4 Wochen lang: | Montag | – L 3.000 m |
| | Dienstag | – K 8 bis 12 x 400 m |
| | Mittwoch | – A 1 bis 1 1/2 Stunden |
| | Donnerstag | – K 10 bis 16 x 200 m |
| | Freitag | – F 8 bis 10 x 100 m |
| | Samstag | – L 5.000 m |
| | Sonntag | – A 1 bis 1 1/2 Stunden |
| 4 Wochen lang: | Montag | – J 6 bis 10 x |
| | Dienstag | – B 3/4 Stunde |
| | Mittwoch | – L 200 m und MD |
| | Donnerstag | – W 1 Stunde |
| | Freitag | – N 3 x 300 m |
| | Samstag | – Wettkampf: 1.500 m oder 3.000 m |
| | Sonntag | – A 1 bis 1 1/2 Stunden |

A – Langer aerober Dauerlauf
B – Leichtes Fartlek
C – Zügiges Fartlek
D – Hügel-Sprunglauf
E – Hügellauf (steil) oder Treppenläufe
F – Training zur Verbesserung der Schrittfrequenz
G – Sprinttraining
H – Alle 100 m schnelle Sprints über 45 m
J – Alle 200 m schnelle Sprints über 100 m
K – Wiederholungsläufe

| | | |
|---|---|---|
| 1 Woche lang: | Montag | – H 12 bis 16 x |
| | Dienstag | – W 3/4 Stunde |
| | Mittwoch | – L 3.000 m schnell |
| | Donnerstag | – B 3/4 Stunde |
| | Freitag | – N 3 x 200 m |
| | Samstag | – Wettkampf: 3.000 m |
| | Sonntag | – W 1 Stunde |
| 1 Woche lang: | Montag | – H 12 x |
| | Dienstag | – B 3/4 Stunde |
| | Mittwoch | – L 800 m |
| | Donnerstag | – W 3/4 Stunde |
| | Freitag | – W 1/2 Stunde |
| | Samstag | – Erster wichtiger Wettkampf |
| | Sonntag | – W 1 bis 1 1/2 Stunden |
| Wettkampffortsetzung: | Montag | – B 3/4 Stunde |
| | Dienstag | – N 4 x 200 m |
| | Mittwoch | – Wettkampf: 200 m und MD |
| | Donnerstag | – B 3/4 Stunde |
| | Freitag | – W 1/2 Stunde |
| | Samstag | – Wettkampf oder L |
| | Sonntag | – W 1 bis 1 1/2 Stunden |

L – Zeitkontrolläufe
M – Lauf zur Verbesserung des Tempogefühls
N – Lauf mit entspanntem Schritt
O – Schnelles entspanntes Laufen
P – Kniehebelauf
Q – Training zur Verbesserung der Schrittlänge
R – Training zur Verbesserung des aufrechten Laufens
S – Dehn- und Lockerungsübungen
T – Seilspringen
U – Radfahren
V – Schwimmen
W – Jogging
X – Sprint-Starts
Y – Hürdentraining
Z – Wassersprungtraining

## Langstrecken – Männer, 17 bis 18 Jahre

| | | |
|---|---|---|
| So lange wie möglich: | Montag | – B 3/4 bis 1 Stunde |
| | Dienstag | – A 1 bis 1 1/2 Stunden |
| | Mittwoch | – L 5.000 m |
| | Donnerstag | – A 1 bis 1 1/2 Stunden |
| | Freitag | – B 3/4 bis 1 Stunde |
| | Samstag | – L 10.000 m |
| | Sonntag | – A 1 1/2 Stunden oder länger |
| 4 Wochen lang: | Montag | – F 8 bis 10 x 100 m |
| | Dienstag | – A 1 bis 1 1/2 Stunden |
| | Mittwoch | – DE 3/4 Stunden |
| | Donnerstag | – A 1 bis 1 1/2 Stunden |
| | Freitag | – F 8 bis 10 x 100 m |
| | Samstag | – DE 3/4 Stunde |
| | Sonntag | – A 1 bis 1 1/2 Stunden |
| 4 Wochen lang: | Montag | – K 10 bis 15 x 400 m |
| | Dienstag | – A 1 bis 1 1/2 Stunden |
| | Mittwoch | – B 3/4 Stunde |
| | Donnerstag | – K 12 bis 16 x 200 m |
| | Freitag | – F 6 bis 8 x 100 m |
| | Samstag | – L 5.000 m |
| | Sonntag | – A 1 1/2 Stunden oder länger |
| 4 Wochen lang: | Montag | – J 8 bis 10 x |
| | Dienstag | – A 1 bis 1 1/2 Stunden |
| | Mittwoch | – L 200 m und 800 m oder 1.500 m |
| | Donnerstag | – B 3/4 Stunde |
| | Freitag | – O 4 x 100 m |
| | Samstag | – Wettkampf: 3.000 m oder 5.000 m |
| | Sonntag | – W 1 Stunde oder länger |

A – Langer aerober Dauerlauf
B – Leichtes Fartlek
C – Zügiges Fartlek
D – Hügel-Sprunglauf
E – Hügellauf (steil) oder Treppenläufe
F – Training zur Verbesserung der Schrittfrequenz
G – Sprinttraining
H – Alle 100 m schnelle Sprints über 45 m
J – Alle 200 m schnelle Sprints über 100 m
K – Wiederholungsläufe

| | | |
|---|---|---|
| 1 Woche lang: | Montag | – H 16 x |
| | Dienstag | – B 3/4 Stunde |
| | Mittwoch | – L Renndistanz |
| | Donnerstag | – B 1/2 Stunde |
| | Freitag | – N 4 x 200 m |
| | Samstag | – Wettkampf |
| | Sonntag | – A 1 Stunde |
| 1 Woche lang: | Montag | – H 12 bis 16 x |
| | Dienstag | – B 1/2 Stunde |
| | Mittwoch | – L 800 m |
| | Donnerstag | – W 1/2 Stunde |
| | Freitag | – W 1/2 Stunde |
| | Samstag | – Erster wichtiger Wettkampf |
| | Sonntag | – W 1 bis 1 1/2 Stunden |
| Wettkampffortsetzung: | Montag | – B 3/4 Stunde |
| | Dienstag | – N 4 x 200 m |
| | Mittwoch | – Wettkampf oder L |
| | Donnerstag | – B 3/4 Stunde |
| | Freitag | – N 4 x 200 m |
| | Samstag | – Wettkampf oder L |
| | Sonntag | – W 1 bis 1 1/2 Stunden |

L – Zeitkontrolläufe
M – Lauf zur Verbesserung des Tempogefühls
N – Lauf mit entspanntem Schritt
O – Schnelles entspanntes Laufen
P – Kniehebelauf
Q – Training zur Verbesserung der Schrittlänge
R – Training zur Verbesserung des aufrechten Laufens
S – Dehn- und Lockerungsübungen
T – Seilspringen
U – Radfahren
V – Schwimmen
W – Jogging
X – Sprint-Starts
Y – Hürdentraining
Z – Wassersprungtraining

## Langstrecken – Männer, 19 bis 20 Jahre

| | | |
|---|---|---|
| So lange wie möglich: | Montag | – B 3/4 bis 1 Stunde |
| | Dienstag | – A 1 1/2 Stunden |
| | Mittwoch | – L 5.000 m |
| | Donnerstag | – A 1 1/2 Stunden |
| | Freitag | – B 3/4 Stunde |
| | Samstag | – L 10.000 m |
| | Sonntag | – A 2 Stunden |
| 4 Wochen lang: | Montag | – F 10 x 100 m |
| | Dienstag | – A 1 1/2 Stunden |
| | Mittwoch | – DE 3/4 bis 1 Stunde |
| | Donnerstag | – A 1 1/2 Stunden |
| | Freitag | – F 10 x 100 m |
| | Samstag | – DE 3/4 bis 1 Stunde |
| | Sonntag | – A 2 Stunden |
| 4 Wochen lang: | Montag | – K 12 bis 16 x 400 m |
| | Dienstag | – A 1 1/2 Stunden |
| | Mittwoch | – B 3/4 bis 1 Stunde |
| | Donnerstag | – K 15 bis 20 x 200 m |
| | Freitag | – F 8 x 100 m |
| | Samstag | – L 5.000 m |
| | Sonntag | – A 2 Stunden |
| 4 Wochen lang: | Montag | – J 10 bis 12 x |
| | Dienstag | – A 1 1/2 Stunden |
| | Mittwoch | – L 200 m und 800 m oder 1.500 m |
| | Donnerstag | – B 3/4 Stunde |
| | Freitag | – O 4 x 100 m |
| | Samstag | – Wettkampf: 3.000 m oder 5.000 m |
| | Sonntag | – W 1 1/2 Stunden |

A – Langer aerober Dauerlauf
B – Leichtes Fartlek
C – Zügiges Fartlek
D – Hügel-Sprunglauf
E – Hügellauf (steil) oder Treppenläufe
F – Training zur Verbesserung der Schrittfrequenz
G – Sprinttraining
H – Alle 100 m schnelle Sprints über 45 m
J – Alle 200 m schnelle Sprints über 100 m
K – Wiederholungsläufe

| | | |
|---|---|---|
| 1 Woche lang: | Montag | – H 16 bis 20 x |
| | Dienstag | – B 3/4 Stunde |
| | Mittwoch | – L Renndistanz |
| | Donnerstag | – B 3/4 Stunde |
| | Freitag | – N 4 x 200 m |
| | Samstag | – Wettkampf: 1.500 m |
| | Sonntag | – W 1 1/2 Stunden |
| 1 Woche lang: | Montag | – H 12 bis 16 x |
| | Dienstag | – B 3/4 Stunde |
| | Mittwoch | – L 800 m |
| | Donnerstag | – W 3/4 Stunde |
| | Freitag | – W 1/2 Stunde |
| | Samstag | – Erster wichtiger Wettkampf |
| | Sonntag | – W 1 1/2 Stunden |
| Wettkampffortsetzung: | Montag | – B 1 Stunde |
| | Dienstag | – N 4 x 200 m |
| | Mittwoch | – Wettkampf oder L |
| | Donnerstag | – B 3/4 Stunde |
| | Freitag | – N 4 x 200 m |
| | Samstag | – Wettkampf oder L |
| | Sonntag | – W 1 1/2 Stunden oder länger |

L – Zeitkontrolläufe
M – Lauf zur Verbesserung des Tempogefühls
N – Lauf mit entspanntem Schritt
O – Schnelles entspanntes Laufen
P – Kniehebelauf
Q – Training zur Verbesserung der Schrittlänge
R – Training zur Verbesserung des aufrechten Laufens
S – Dehn- und Lockerungsübungen
T – Seilspringen
U – Radfahren
V – Schwimmen
W – Jogging
X – Sprint-Starts
Y – Hürdentraining
Z – Wassersprungtraining

## Langstrecken – Männer, Senioren

| | | |
|---|---|---|
| So lange wie möglich: | Montag | – B 1 Stunde |
| | Dienstag | – A 1 1/2 Stunden |
| | Mittwoch | – L 10.000 m |
| | Donnerstag | – A 1 1/2 Stunden |
| | Freitag | – B 1 Stunde |
| | Samstag | – L 10.000 m |
| | Sonntag | – A 2 Stunden oder länger |
| 4 Wochen lang: | Montag | – F 10 x 120 m |
| | Dienstag | – A 1 1/2 Stunden |
| | Mittwoch | – DE 1 Stunde |
| | Donnerstag | – A 1 1/2 Stunden |
| | Freitag | – F 10 x 120 m |
| | Samstag | – DE 1 Stunde |
| | Sonntag | – A 2 Stunden oder länger |
| 4 Wochen lang: | Montag | – K 15 bis 20 x 400 m |
| | Dienstag | – A 1 1/2 Stunden |
| | Mittwoch | – B 1 Stunde |
| | Donnerstag | – K 15 bis 20 x 200 m |
| | Freitag | – F 10 x 100 m |
| | Samstag | – L 5.000 oder 10.000 m |
| | Sonntag | – A 2 Stunden oder länger |
| 4 Wochen lang: | Montag | – J 12 bis 14 x |
| | Dienstag | – A 1 1/2 Stunden |
| | Mittwoch | – L 200 m und 800 m oder 1.500 m |
| | Donnerstag | – B 1 Stunde |
| | Freitag | – O 6 x 100 m |
| | Samstag | – Wettkampf 3.000 m, 5.000 m o. 10.000 m |
| | Sonntag | – W 1 1/2 bis 2 Stunden |

A – Langer aerober Dauerlauf
B – Leichtes Fartlek
C – Zügiges Fartlek
D – Hügel-Sprunglauf
E – Hügellauf (steil) oder Treppenläufe
F – Training zur Verbesserung der Schrittfrequenz
G – Sprinttraining
H – Alle 100 m schnelle Sprints über 45 m
J – Alle 200 m schnelle Sprints über 100 m
K – Wiederholungsläufe

| | | |
|---|---|---|
| 1 Woche lang: | Montag | – H 20 x |
| | Dienstag | – B 1 Stunde |
| | Mittwoch | – L Renndistanz |
| | Donnerstag | – B 3/4 Stunde |
| | Freitag | – N 6 x 200 m |
| | Samstag | – Wettkampf: 1.500 m |
| | Sonntag | – W 1 1/2 Stunden |
| 1 Woche lang: | Montag | – H 16 x |
| | Dienstag | – B 3/4 Stunde |
| | Mittwoch | – L 800 m |
| | Donnerstag | – W 3/4 Stunde |
| | Freitag | – W 1/2 Stunde |
| | Samstag | – Erster wichtiger Wettkampf |
| | Sonntag | – W 1 1/2 Stunden |
| Wettkampffortsetzung: | Montag | – B 1 Stunde |
| | Dienstag | – N 6 x 200 m |
| | Mittwoch | – Wettkampf oder L |
| | Donnerstag | – B 1 Stunde |
| | Freitag | – N 6 x 200 m |
| | Samstag | – Wettkampf oder L 5.000 m |
| | Sonntag | – W 1 1/2 Stunden oder länger |

L – Zeitkontrolläufe
M – Lauf zur Verbesserung des Tempogefühls
N – Lauf mit entspanntem Schritt
O – Schnelles entspanntes Laufen
P – Kniehebelauf
Q – Training zur Verbesserung der Schrittlänge
R – Training zur Verbesserung des aufrechten Laufens
S – Dehn- und Lockerungsübungen
T – Seilspringen
U – Radfahren
V – Schwimmen
W – Jogging
X – Sprint-Starts
Y – Hürdentraining
Z – Wassersprungtraining

## Mittelstrecken – Jungen und Mädchen, 10 bis 12 Jahre

| | | |
|---|---|---|
| So lange wie möglich: | Montag | – A 1/4 bis 1/2 Stunde |
| | Dienstag | – A 1/4 bis 3/4 Stunde |
| | Mittwoch | – L 2.000 m |
| | Donnerstag | – A 1/2 bis 3/4 Stunde |
| | Freitag | – B 1/4 bis 1/2 Stunde |
| | Samstag | – L 3.000 m |
| | Sonntag | – A 1/2 bis 1 Stunde |
| 4 Wochen lang: | Montag | – F 6 x 60 m |
| | Dienstag | – A 1/4 bis 3/4 Stunde |
| | Mittwoch | – DE 1/4 bis 1/2 Stunde |
| | Donnerstag | – B 1/4 bis 1/2 Stunde |
| | Freitag | – F 6 x 60 m |
| | Samstag | – DE 1/4 bis 1/2 Stunde |
| | Sonntag | – A 1/2 bis 1 Stunde |
| 4 Wochen lang: | Montag | – J 4 bis 6 x |
| | Dienstag | – PQR 2 x 60 m |
| | Mittwoch | – B 1/4 bis 1/2 Stunde |
| | Donnerstag | – K 2 bis 4 x 150 m |
| | Freitag | – F 4 bis 6 x 60 m |
| | Samstag | – L 1.600 m |
| | Sonntag | – A 1/2 bis 1 Stunde |
| 4 Wochen lang: | Montag | – H 4 bis 8 x |
| | Dienstag | – B 1/4 bis 1/2 Stunde |
| | Mittwoch | – L 100 m und 400 m |
| | Donnerstag | – A 1/4 bis 1/2 Stunde |
| | Freitag | – Ruhe |
| | Samstag | – Wettkampf: 400 m oder 800 m |
| | Sonntag | – W 1/2 bis 3/4 Stunde |

A – Langer aerober Dauerlauf
B – Leichtes Fartlek
C – Zügiges Fartlek
D – Hügel-Sprunglauf
E – Hügellauf (steil) oder Treppenläufe
F – Training zur Verbesserung der Schrittfrequenz
G – Sprinttraining
H – Alle 100 m schnelle Sprints über 45 m
J – Alle 200 m schnelle Sprints über 100 m
K – Wiederholungsläufe

| | | |
|---|---|---|
| 1 Woche lang: | Montag | – MH 4 bis 8 x |
| | Dienstag | – B 1/4 Stunde |
| | Mittwoch | – L Renndistanz |
| | Donnerstag | – B 1/4 Stunde |
| | Freitag | – Ruhe |
| | Samstag | – Wettkampf: 200 m oder 400 m |
| | Sonntag | – W 1/2 bis 1 Stunde |
| 1 Woche lang: | Montag | – H 4 bis 8 x |
| | Dienstag | – B 1/4 Stunde |
| | Mittwoch | – L 200 m |
| | Donnerstag | – W 1/4 bis 1/2 Stunde |
| | Freitag | – Ruhe |
| | Samstag | – Erster wichtiger Wettkampf |
| | Sonntag | – W 1/2 bis 1 Stunde |
| Wettkampffortsetzung: | Montag | – B 1/4 bis 1/2 Stunde |
| | Dienstag | – N 2 x 100 m |
| | Mittwoch | – Wettkampf oder L 200 m |
| | Donnerstag | – B 1/4 Stunde |
| | Freitag | – Ruhe |
| | Samstag | – Wettkampf oder L 400 m oder 800 m |
| | Sonntag | – W 1/2 bis 1 Stunde |

L – Zeitkontrolläufe
M – Lauf zur Verbesserung des Tempogefühls
N – Lauf mit entspanntem Schritt
O – Schnelles entspanntes Laufen
P – Kniehebelauf
Q – Training zur Verbesserung der Schrittlänge
R – Training zur Verbesserung des aufrechten Laufens
S – Dehn- und Lockerungsübungen
T – Seilspringen
U – Radfahren
V – Schwimmen
W – Jogging
X – Sprint-Starts
Y – Hürdentraining
Z – Wassersprungtraining

**Mittelstrecken – Mädchen, 13 bis 14 Jahre**

| | | |
|---|---|---|
| So lange wie möglich: | Montag | – B 1/2 bis 3/4 Stunde |
| | Dienstag | – A 1/2 bis 1 Stunde |
| | Mittwoch | – L 2.400 m |
| | Donnerstag | – A 1/2 bis 1 Stunde |
| | Freitag | – B 1/2 bis 3/4 Stunde |
| | Samstag | – L 4.000 m |
| | Sonntag | – A 3/4 bis 1 1/4 Stunden |
| 4 Wochen lang: | Montag | – F 6 bis 8 x 80 m |
| | Dienstag | – A 1/2 bis 1 Stunde |
| | Mittwoch | – DE 20 bis 30 min |
| | Donnerstag | – B 1/2 bis 3/4 Stunde |
| | Freitag | – F 6 bis 8 x 80 m |
| | Samstag | – DE 20 bis 30 min |
| | Sonntag | – A 3/4 bis 1 1/4 Stunden |
| 4 Wochen lang: | Montag | – K 4 bis 6 x 200 m |
| | Dienstag | – PQR 2 x 80 m und O 2 x 100 m |
| | Mittwoch | – B 1/2 bis 3/4 Stunde |
| | Donnerstag | – K 4 bis 6 x 200 m |
| | Freitag | – F 4 bis 6 x 80 m |
| | Samstag | – L 2.000 m |
| | Sonntag | – A 3/4 bis 1 1/4 Stunden |
| 4 Wochen lang: | Montag | – H 8 bis 12 x |
| | Dienstag | – B 1/2 bis 3/4 Stunde |
| | Mittwoch | – L 100 m und 400 m |
| | Donnerstag | – A 1/2 Stunde |
| | Freitag | – N 3 x 100 m |
| | Samstag | – Wettkampf: 400 m oder 800 m |
| | Sonntag | – W 1/2 bis 1 Stunde |

A – Langer aerober Dauerlauf
B – Leichtes Fartlek
C – Zügiges Fartlek
D – Hügel-Sprunglauf
E – Hügellauf (steil) oder Treppenläufe
F – Training zur Verbesserung der Schrittfrequenz
G – Sprinttraining
H – Alle 100 m schnelle Sprints über 45 m
J – Alle 200 m schnelle Sprints über 100 m
K – Wiederholungsläufe

| | | |
|---|---|---|
| 1 Woche lang: | Montag | – H 8 x |
| | Dienstag | – B 20 bis 30 min |
| | Mittwoch | – L Renndistanz |
| | Donnerstag | – B 20 bis 30 min |
| | Freitag | – N 3 x 100 m |
| | Samstag | – Wettkampf: 200 m oder 400 m |
| | Sonntag | – W 3/4 bis 1 Stunde |
| 1 Woche lang: | Montag | – H 6 bis 8 x |
| | Dienstag | – B 20 bis 30 min |
| | Mittwoch | – L 200 m |
| | Donnerstag | – W 1/2 Stunde |
| | Freitag | – W 1/2 Stunde oder Ruhe |
| | Samstag | – Erster wichtiger Wettkampf |
| | Sonntag | – W 3/4 bis 1 Stunde |
| Wettkampffortsetzung: | Montag | – B 20 bis 30 min |
| | Dienstag | – N 3 x 100 m |
| | Mittwoch | – Wettkampf oder L 400 m |
| | Donnerstag | – B 20 bis 30 min |
| | Freitag | – N 3 x 100 m |
| | Samstag | – Wettkampf oder L 400 m oder 800 m |
| | Sonntag | – W 1/2 bis 3/4 Stunde |

L – Zeitkontrolläufe
M – Lauf zur Verbesserung des Tempogefühls
N – Lauf mit entspanntem Schritt
O – Schnelles entspanntes Laufen
P – Kniehebelauf
Q – Training zur Verbesserung der Schrittlänge
R – Training zur Verbesserung des aufrechten Laufens
S – Dehn- und Lockerungsübungen
T – Seilspringen
U – Radfahren
V – Schwimmen
W – Jogging
X – Sprint-Starts
Y – Hürdentraining
Z – Wassersprungtraining

## Mittelstrecken – Frauen, 15 bis 17 Jahre

| | | |
|---|---|---|
| So lange wie möglich: | Montag | – B 3/4 bis 1 Stunde |
| | Dienstag | – A 3/4 bis 1 1/4 Stunden |
| | Mittwoch | – L 3.000 m |
| | Donnerstag | – A 3/4 bis 1 1/4 Stunden |
| | Freitag | – B 1/2 bis 3/4 Stunde (Hügel) |
| | Samstag | – L 5.000 m |
| | Sonntag | – A 1 bis 1 1/2 Stunden |
| 4 Wochen lang: | Montag | – F 8 bis 10 x 100 m |
| | Dienstag | – A 3/4 bis 1 1/4 Stunden |
| | Mittwoch | – DE 1/2 bis 3/4 Stunde |
| | Donnerstag | – B 3/4 bis 1 Stunde |
| | Freitag | – F 8 bis 10 x 100 m |
| | Samstag | – DE 1/2 bis 3/4 Stunde |
| | Sonntag | – A 1 bis 1 1/2 Stunden |
| 4 Wochen lang: | Montag | – K 8 bis 12 x 200 m |
| | Dienstag | – PQR 2 x 100 m und O 3 x 100 m |
| | Mittwoch | – B 3/4 bis 1 Stunde |
| | Donnerstag | – K 8 bis 12 x 200 m |
| | Freitag | – F 6 x 100 m |
| | Samstag | – L 3.000 m |
| | Sonntag | – A 1 bis 1 1/2 Stunden |
| 4 Wochen lang: | Montag | – J 8 bis 10 x |
| | Dienstag | – B 3/4 bis 1 Stunde |
| | Mittwoch | – L 200 m und 600 m |
| | Donnerstag | – A 3/4 Stunde |
| | Freitag | – O 4 x 100 m |
| | Samstag | – Wettkampf: 800 m oder 1.500 m |
| | Sonntag | – W 3/4 bis 1 1/4 Stunden |

A – Langer aerober Dauerlauf
B – Leichtes Fartlek
C – Zügiges Fartlek
D – Hügel-Sprunglauf
E – Hügellauf (steil) oder Treppenläufe
F – Training zur Verbesserung der Schrittfrequenz
G – Sprinttraining
H – Alle 100 m schnelle Sprints über 45 m
J – Alle 200 m schnelle Sprints über 100 m
K – Wiederholungsläufe

| | | |
|---|---|---|
| 1 Woche lang: | Montag | – H 8 bis 12 x |
| | Dienstag | – B 1/2 bis 3/4 Stunde |
| | Mittwoch | – L Renndistanz |
| | Donnerstag | – B 1/2 bis 3/4 Stunde |
| | Freitag | – N 4 x 200 m |
| | Samstag | – Wettkampf: 400 m oder 800 m |
| | Sonntag | – W 3/4 bis 1 Stunde |
| 1 Woche lang: | Montag | – H 8 bis 12 x |
| | Dienstag | – B 1/2 Stunde |
| | Mittwoch | – L 100 m und 400 m |
| | Donnerstag | – W 1/2 Stunde |
| | Freitag | – W 1/2 Stunde |
| | Samstag | – Erster wichtiger Wettkampf |
| | Sonntag | – W 3/4 bis 1 1/4 Stunden |
| Wettkampffortsetzung: | Montag | – B 1/2 bis 3/4 Stunde |
| | Dienstag | – N 4 x 200 m |
| | Mittwoch | – Wettkampf oder J 8 x |
| | Donnerstag | – B 1/2 bis 3/4 Stunde |
| | Freitag | – N 4 x 200 m |
| | Samstag | – Wettkampf oder L 800 m oder 1.500 m |
| | Sonntag | – W 3/4 bis 1 Stunde |

L – Zeitkontrolläufe
M – Lauf zur Verbesserung des Tempogefühls
N – Lauf mit entspanntem Schritt
O – Schnelles entspanntes Laufen
P – Kniehebelauf
Q – Training zur Verbesserung der Schrittlänge
R – Training zur Verbesserung des aufrechten Laufens
S – Dehn- und Lockerungsübungen
T – Seilspringen
U – Radfahren
V – Schwimmen
W – Jogging
X – Sprint-Starts
Y – Hürdentraining
Z – Wassersprungtraining

## Mittelstrecken – Frauen

| | | |
|---|---|---|
| So lange wie möglich: | Montag | – B 3/4 bis 1 Stunde |
| | Dienstag | – A 1 bis 1 1/2 Stunden |
| | Mittwoch | – L 3.000 m |
| | Donnerstag | – A 1 bis 1 1/2 Stunden |
| | Freitag | – B 3/4 Stunde |
| | Samstag | – L 5.000 m |
| | Sonntag | – A 1 1/2 Stunden oder länger |
| 4 Wochen lang: | Montag | – F 10 x 100 m |
| | Dienstag | – A 1 bis 1 1/2 Stunden |
| | Mittwoch | – DE 3/4 bis 1 Stunde |
| | Donnerstag | – B 3/4 bis 1 Stunde |
| | Freitag | – F 10 x 100 m |
| | Samstag | – DE 3/4 bis 1 Stunde |
| | Sonntag | – A 1 1/2 Stunden oder länger |
| 4 Wochen lang: | Montag | – K 10 bis 15 x 400 m |
| | Dienstag | – PQR 2 x 100 m und O 4 x 100 m |
| | Mittwoch | – B 3/4 bis 1 Stunde |
| | Donnerstag | – K 12 bis 18 x 200 m |
| | Freitag | – F 8 x 100 m |
| | Samstag | – L 3.000 m |
| | Sonntag | – A 1 1/2 Stunden oder länger |
| 4 Wochen lang: | Montag | – J 8 bis 10 x |
| | Dienstag | – B 3/4 bis 1 Stunde |
| | Mittwoch | – L 200 m und 600 m |
| | Donnerstag | – A 3/4 Stunde |
| | Freitag | – O 6 x 100 m |
| | Samstag | – Wettkampf: 800 m oder 1.500 m |
| | Sonntag | – W 1 bis 1 1/2 Stunden |

A – Langer aerober Dauerlauf
B – Leichtes Fartlek
C – Zügiges Fartlek
D – Hügel-Sprunglauf
E – Hügellauf (steil) oder Treppenläufe
F – Training zur Verbesserung der Schrittfrequenz
G – Sprinttraining
H – Alle 100 m schnelle Sprints über 45 m
J – Alle 200 m schnelle Sprints über 100 m
K – Wiederholungsläufe

| | | |
|---|---|---|
| 1 Woche lang: | Montag | – H 12 bis 16 x |
| | Dienstag | – B 3/4 Stunde |
| | Mittwoch | – L Renndistanz |
| | Donnerstag | – B 3/4 Stunde |
| | Freitag | – N 4 x 200 m |
| | Samstag | – Wettkampf: 400 m oder 800 m |
| | Sonntag | – W 1 bis 1 1/2 Stunden |
| 1 Woche lang: | Montag | – H 12 x |
| | Dienstag | – B 3/4 Stunde |
| | Mittwoch | – L 100 m und 400 m |
| | Donnerstag | – W 3/4 Stunde |
| | Freitag | – W 1/2 Stunde |
| | Samstag | – Erster wichtiger Wettkampf |
| | Sonntag | – W 1 Stunde oder länger |
| Wettkampffortsetzung: | Montag | – B 3/4 Stunde |
| | Dienstag | – N 4 x 200 m |
| | Mittwoch | – Wettkampf oder L |
| | Donnerstag | – B 3/4 Stunde |
| | Freitag | – N 4 x 200 m |
| | Samstag | – Wettkampf oder L |
| | Sonntag | – W 1 Stunde oder länger |

L – Zeitkontrolläufe
M – Lauf zur Verbesserung des Tempogefühls
N – Lauf mit entspanntem Schritt
O – Schnelles entspanntes Laufen
P – Kniehebelauf
Q – Training zur Verbesserung der Schrittlänge
R – Training zur Verbesserung des aufrechten Laufens
S – Dehn- und Lockerungsübungen
T – Seilspringen
U – Radfahren
V – Schwimmen
W – Jogging
X – Sprint-Starts
Y – Hürdentraining
Z – Wassersprungtraining

## 3.000 Meter – Frauen, 15 bis 17 Jahre

| | | |
|---|---|---|
| So lange wie möglich: | Montag | – B 1/2 bis 3/4 Stunde |
| | Dienstag | – A 1 bis 1 1/4 Stunden |
| | Mittwoch | – L 5.000 m |
| | Donnerstag | – A 1 bis 1 1/4 Stunden |
| | Freitag | – B 1/2 Stunde |
| | Samstag | – L 5.000 m |
| | Sonntag | – A 1 1/4 Stunden oder länger |
| 4 Wochen lang: | Montag | – DE 1/2 bis 3/4 Stunde |
| | Dienstag | – A 1 bis 1 1/4 Stunden |
| | Mittwoch | – B 1/2 bis 3/4 Stunde |
| | Donnerstag | – DE 1/2 bis 3/4 Stunde |
| | Freitag | – F 6 bis 8 x 100 m |
| | Samstag | – L 5.000 m |
| | Sonntag | – A 1 1/2 Stunden oder länger |
| 4 Wochen lang: | Montag | – L 3.000 m |
| | Dienstag | – K 8 bis 12 x 400 m |
| | Mittwoch | – A 1 bis 1 1/4 Stunden |
| | Donnerstag | – K 10 bis 16 x 200 m |
| | Freitag | – F 6 bis 8 x 100 m |
| | Samstag | – L 5.000 m |
| | Sonntag | – A 1 1/2 Stunden oder länger |
| 4 Wochen lang: | Montag | – J 6 bis 8 x |
| | Dienstag | – B 1/2 bis 3/4 Stunde |
| | Mittwoch | – L 200 m und Mittelstrecke |
| | Donnerstag | – W 1 Stunde |
| | Freitag | – N 3 x 300 m |
| | Samstag | – Wettkampf: 1.500 m oder 3.000 m |
| | Sonntag | – A 1 Stunde oder länger |

A – Langer aerober Dauerlauf
B – Leichtes Fartlek
C – Zügiges Fartlek
D – Hügel-Sprunglauf
E – Hügellauf (steil) oder Treppenläufe
F – Training zur Verbesserung der Schrittfrequenz
G – Sprinttraining
H – Alle 100 m schnelle Sprints über 45 m
J – Alle 200 m schnelle Sprints über 100 m
K – Wiederholungsläufe

| | | |
|---|---|---|
| 1 Woche lang: | Montag | – H 12 bis 16 x |
| | Dienstag | – W 3/4 Stunde |
| | Mittwoch | – L 3.000 m schnell |
| | Donnerstag | – B 1/2 Stunde |
| | Freitag | – N 3 x 200 m |
| | Samstag | – Wettkampf: 1.500 m |
| | Sonntag | – W 1 Stunde |
| 1 Woche lang: | Montag | – H 12 x |
| | Dienstag | – B 1/2 Stunde |
| | Mittwoch | – L 800 m |
| | Donnerstag | – W 1/2 Stunde |
| | Freitag | – W 1/2 Stunde |
| | Samstag | – Erster wichtiger Wettkampf |
| | Sonntag | – W 1 Stunde oder länger |
| Wettkampffortsetzung: | Montag | – B 1/2 bis 3/4 Stunde |
| | Dienstag | – N 4 x 200 m |
| | Mittwoch | – Wettkampf: 200 m oder Mittelstrecke |
| | Donnerstag | – B 1/2 bis 3/4 Stunde |
| | Freitag | – W 1/2 Stunde |
| | Samstag | – Wettkampf oder L |
| | Sonntag | – W 1 Stunde oder länger |

L – Zeitkontrolläufe
M – Lauf zur Verbesserung des Tempogefühls
N – Lauf mit entspanntem Schritt
O – Schnelles entspanntes Laufen
P – Kniehebelauf
Q – Training zur Verbesserung der Schrittlänge
R – Training zur Verbesserung des aufrechten Laufens
S – Dehn- und Lockerungsübungen
T – Seilspringen
U – Radfahren
V – Schwimmen
W – Jogging
X – Sprint-Starts
Y – Hürdentraining
Z – Wassersprungtraining

## 3.000 Meter – Frauen, Seniorinnen

| | | |
|---|---|---|
| So lange wie möglich: | Montag | – B 3/4 bis 1 Stunde |
| | Dienstag | – A 1 bis 1 1/2 Stunden |
| | Mittwoch | – L 5.000 m |
| | Donnerstag | – A 1 bis 1 1/2 Stunden |
| | Freitag | – B 3/4 Stunde |
| | Samstag | – L 10.000 m |
| | Sonntag | – A 1 1/2 Stunden oder länger |
| 4 Wochen lang: | Montag | – DE 3/4 bis 1 Stunde |
| | Dienstag | – A 1 bis 1 1/2 Stunden |
| | Mittwoch | – B 3/4 bis 1 Stunde |
| | Donnerstag | – DE 3/4 bis 1 Stunde |
| | Freitag | – F 10 x 100 m |
| | Samstag | – L 5.000 m |
| | Sonntag | – A 1 1/2 bis 2 Stunden |
| 4 Wochen lang: | Montag | – L 3.000 m |
| | Dienstag | – K 10 bis 15 x 400 m |
| | Mittwoch | – A 1 bis 1 1/2 Stunden |
| | Donnerstag | – K 12 bis 18 x 200 m |
| | Freitag | – F 10 x 100 m |
| | Samstag | – L 5.000 m |
| | Sonntag | – A 1 1/2 Stunden oder länger |
| 4 Wochen lang: | Montag | – J 8 bis 10 x |
| | Dienstag | – B 3/4 bis 1 Stunde |
| | Mittwoch | – L 200 m und Mittelstrecke |
| | Donnerstag | – W 1 Stunde |
| | Freitag | – N 3 x 300 m |
| | Samstag | – Wettkampf: 1.500 m oder 3.000 m |
| | Sonntag | – A 1 1/2 Stunden oder länger |

A – Langer aerober Dauerlauf
B – Leichtes Fartlek
C – Zügiges Fartlek
D – Hügel-Sprunglauf
E – Hügellauf (steil) oder Treppenläufe
F – Training zur Verbesserung der Schrittfrequenz
G – Sprinttraining
H – Alle 100 m schnelle Sprints über 45 m
J – Alle 200 m schnelle Sprints über 100 m
K – Wiederholungsläufe

| | | |
|---|---|---|
| 1 Woche lang: | Montag | – H 12 bis 16 x |
| | Dienstag | – W 1 Stunde |
| | Mittwoch | – L 3.000 m |
| | Donnerstag | – B 1/2 bis 3/4 Stunde |
| | Freitag | – N 3 x 200 m |
| | Samstag | – Wettkampf: 1.500 m |
| | Sonntag | – W 1 Stunde |
| 1 Woche lang: | Montag | – H 12 x |
| | Dienstag | – B 3/4 Stunde |
| | Mittwoch | – L 800 m |
| | Donnerstag | – W 3/4 Stunde |
| | Freitag | – W 1/2 Stunde |
| | Samstag | – Erster wichtiger Wettkampf |
| | Sonntag | – W 1 bis 1 1/2 Stunden |
| Wettkampffortsetzung: | Montag | – B 3/4 Stunde |
| | Dienstag | – N 4 x 200 m |
| | Mittwoch | – Wettkampf: 200 m oder Mittelstrecke |
| | Donnerstag | – B 3/4 Stunde |
| | Freitag | – W 1/2 Stunde |
| | Samstag | – Wettkampf oder L |
| | Sonntag | – W 1 bis 1 1/2 Stunden |

L – Zeitkontrolläufe
M – Lauf zur Verbesserung des Tempogefühls
N – Lauf mit entspanntem Schritt
O – Schnelles entspanntes Laufen
P – Kniehebelauf
Q – Training zur Verbesserung der Schrittlänge
R – Training zur Verbesserung des aufrechten Laufens
S – Dehn- und Lockerungsübungen
T – Seilspringen
U – Radfahren
V – Schwimmen
W – Jogging
X – Sprint-Starts
Y – Hürdentraining
Z – Wassersprungtraining

## 1.500 Meter-Hindernislauf – Männer, Senioren

| | | |
|---|---|---|
| So lange wie möglich: | Montag | – B 1/2 bis 3/4 Stunde |
| | Dienstag | – A 3/4 bis 1 Stunde |
| | Mittwoch | – L 3.000 m |
| | Donnerstag | – A 3/4 bis 1 Stunde |
| | Freitag | – B 1/2 bis 3/4 Stunde (Hügel) |
| | Samstag | – L 5.000 m |
| | Sonntag | – A 1 Stunde oder länger |
| 4 Wochen lang: | Montag | – F 8 x 100 m |
| | Dienstag | – A 1 Stunde |
| | Mittwoch | – DE 1/2 bis 3/4 Stunde |
| | Donnerstag | – B 3/4 Stunde |
| | Freitag | – F 8 x 100 m |
| | Samstag | – DE 1/2 bis 3/4 Stunde |
| | Sonntag | – A 1 Stunde oder länger |
| 4 Wochen lang: | Montag | – K 8 bis 12 x 400 m |
| | Dienstag | – L 2.000 m und Y bei 3/4 Einsatz |
| | Mittwoch | – B 3/4 Stunde |
| | Donnerstag | – K 8 bis 12 x 200 m |
| | Freitag | – PQR 2 x 100 m und O 3 x 100 m |
| | Samstag | – L 3.000 m oder 2.000 m und Y |
| | Sonntag | – A 1 Stunde oder länger |
| 4 Wochen lang: | Montag | – J 8 bis 10 x |
| | Dienstag | – L 1.500 m und Y bei 3/4 Einsatz |
| | Mittwoch | – L 200 m und 600 m |
| | Donnerstag | – B 1/2 Stunde |
| | Freitag | – YZ 1/2 Stunde |
| | Samstag | – Wettkampf 1.500 m, 800 m o. Y 1.500 m |
| | Sonntag | – W 1 Stunde oder länger |

A – Langer aerober Dauerlauf
B – Leichtes Fartlek
C – Zügiges Fartlek
D – Hügel-Sprunglauf
E – Hügellauf (steil) oder Treppenläufe
F – Training zur Verbesserung der Schrittfrequenz
G – Sprinttraining
H – Alle 100 m schnelle Sprints über 45 m
J – Alle 200 m schnelle Sprints über 100 m
K – Wiederholungsläufe

| | | |
|---|---|---|
| 1 Woche lang: | Montag | – H 16 x |
| | Dienstag | – B 1/2 Stunde |
| | Mittwoch | – L 1.500 m und Y schnell |
| | Donnerstag | – B bei 3/4 Einsatz |
| | Freitag | – N 3 x 200 m und YZ |
| | Samstag | – Wettkampf: 800 m |
| | Sonntag | – W 1 Stunde |
| 1 Woche lang: | Montag | – H 12 x |
| | Dienstag | – B 1/2 Stunde |
| | Mittwoch | – L 100 m und 400 m |
| | Donnerstag | – YW 1/2 Stunde |
| | Freitag | – W 1/2 Stunde |
| | Samstag | – Erster wichtiger Wettkampf |
| | Sonntag | – W 1 Stunde |
| Wettkampffortsetzung: | Montag | – B 1/2 Stunde |
| | Dienstag | – N 3 x 200 m und Y |
| | Mittwoch | – Wettkampf oder L |
| | Donnerstag | – B 3/4 Stunde |
| | Freitag | – N 3 x 200 m und Y |
| | Samstag | – Wettkampf oder L |
| | Sonntag | – W 1 Stunde oder länger |

L – Zeitkontrolläufe
M – Lauf zur Verbesserung des Tempogefühls
N – Lauf mit entspanntem Schritt
O – Schnelles entspanntes Laufen
P – Kniehebelauf
Q – Training zur Verbesserung der Schrittlänge
R – Training zur Verbesserung des aufrechten Laufens
S – Dehn- und Lockerungsübungen
T – Seilspringen
U – Radfahren
V – Schwimmen
W – Jogging
X – Sprint-Starts
Y – Hürdentraining
Z – Wassersprungtraining

## 2.000 Meter-Hindernislauf – Männer, Senioren

| | | |
|---|---|---|
| So lange wie möglich: | Montag | – B 1/2 bis 3/4 Stunde |
| | Dienstag | – A 3/4 bis 1 1/4 Stunden |
| | Mittwoch | – L 3.000 m |
| | Donnerstag | – A 3/4 bis 1 1/4 Stunden |
| | Freitag | – B 1/2 bis 3/4 Stunde (Hügel) |
| | Samstag | – L 5.000 m |
| | Sonntag | – A 1 1/4 Stunden oder länger |
| 4 Wochen lang: | Montag | – F 8 bis 10 x 100 m |
| | Dienstag | – A 3/4 bis 1 1/4 Stunden |
| | Mittwoch | – DE 1/2 bis 3/4 Stunde |
| | Donnerstag | – B 3/4 Stunde |
| | Freitag | – F 8 bis 10 x 100 m |
| | Samstag | – DE 1/2 bis 3/4 Stunde |
| | Sonntag | – A 1 1/4 Stunden oder länger |
| 4 Wochen lang: | Montag | – K 10 bis 15 x 400 m |
| | Dienstag | – L 3.000 m und Y bei 3/4 Einsatz |
| | Mittwoch | – B 3/4 Stunde |
| | Donnerstag | – K 12 bis 18 x 200 m |
| | Freitag | – PQR 2 x 100 m und O 4 x 100 m |
| | Samstag | – L 5.000 m oder YZ 3.000 m |
| | Sonntag | – A 1 1/2 Stunden oder länger |
| 4 Wochen lang: | Montag | – J 8 bis 10 x |
| | Dienstag | – L 2.000 m und Y bei 3/4 Einsatz |
| | Mittwoch | – L 200 m und 800 m |
| | Donnerstag | – B 3/4 Stunde |
| | Freitag | – YZ 1/2 Stunde |
| | Samstag | – Wettkampf: 1.500 m, 3.000 m oder YZ 1/2 Stunde |
| | Sonntag | – W 1 Stunde oder länger |

A – Langer aerober Dauerlauf
B – Leichtes Fartlek
C – Zügiges Fartlek
D – Hügel-Sprunglauf
E – Hügellauf (steil) oder Treppenläufe
F – Training zur Verbesserung der Schrittfrequenz
G – Sprinttraining
H – Alle 100 m schnelle Sprints über 45 m
J – Alle 200 m schnelle Sprints über 100 m
K – Wiederholungsläufe

| | | |
|---|---|---|
| 1 Woche lang: | Montag | – H 16 x |
| | Dienstag | – B 3/4 Stunde |
| | Mittwoch | – L 2.000 m und Y schnell |
| | Donnerstag | – B 1/2 Stunde |
| | Freitag | – N 4 x 200 m und YX |
| | Samstag | – Wettkampf: 800 m oder 1.500 m |
| | Sonntag | – W 1 Stunde |
| 1 Woche lang: | Montag | – H 12 x |
| | Dienstag | – B 1/2 Stunde |
| | Mittwoch | – L 100 m und 400 m |
| | Donnerstag | – YW 1/2 Stunde |
| | Freitag | – W 1/2 Stunde |
| | Samstag | – Erster wichtiger Wettkampf |
| | Sonntag | – W 1 Stunde oder länger |
| Wettkampffortsetzung: | Montag | – B 3/4 Stunde |
| | Dienstag | – N 4 x 200 m und YZ |
| | Mittwoch | – Wettkampf oder L |
| | Donnerstag | – B 1/4 Stunde |
| | Freitag | – N 4 x 200 m und Y |
| | Samstag | – Wettkampf oder L |
| | Sonntag | – W 1 Stunde oder länger |

L – Zeitkontrolläufe
M – Lauf zur Verbesserung des Tempogefühls
N – Lauf mit entspanntem Schritt
O – Schnelles entspanntes Laufen
P – Kniehebelauf
Q – Training zur Verbesserung der Schrittlänge
R – Training zur Verbesserung des aufrechten Laufens
S – Dehn- und Lockerungsübungen
T – Seilspringen
U – Radfahren
V – Schwimmen
W – Jogging
X – Sprint-Starts
Y – Hürdentraining
Z – Wassersprungtraining

## 3.000 Meter-Hindernislauf – Männer, Senioren

| | | |
|---|---|---|
| So lange wie möglich: | Montag | – B 1 Stunde |
| | Dienstag | – A 1 1/2 Stunden |
| | Mittwoch | – L 5.000 m |
| | Donnerstag | – A 1 1/2 Stunden |
| | Freitag | – B 3/4 Stunde (Hügel) |
| | Samstag | – L 10.000 m |
| | Sonntag | – A 1 1/2 Stunden oder länger |
| 4 Wochen lang: | Montag | – F 10 x 100 m |
| | Dienstag | – A 1 1/2 Stunden |
| | Mittwoch | – DE 1 Stunde |
| | Donnerstag | – B 1 Stunde |
| | Freitag | – F 10 x 100 m |
| | Samstag | – DE 1 Stunde |
| | Sonntag | – A 1 1/2 Stunden oder länger |
| 4 Wochen lang: | Montag | – K 15 bis 20 x 400 m |
| | Dienstag | – L 3.000 m und Y bei 3/4 Einsatz |
| | Mittwoch | – B 1 Stunde |
| | Donnerstag | – K 15 bis 20 x 200 m |
| | Freitag | – PQR 2 x 100 m und O 6 x 100 m |
| | Samstag | – L 5.000 m oder YZ 3.000 m |
| | Sonntag | – A 1 1/2 Stunden oder länger |
| 4 Wochen lang: | Montag | – J 10 bis 12 x |
| | Dienstag | – L 3.000 m und Y bei 3/4 Einsatz |
| | Mittwoch | – L 200 m und 800 m |
| | Donnerstag | – B 1 Stunde |
| | Freitag | – YZ 1/2 Stunde |
| | Samstag | – Wettkampf: 1.500 m, 3.000 m o. 5.000 m |
| | Sonntag | – W 1 1/2 Stunden |

A – Langer aerober Dauerlauf
B – Leichtes Fartlek
C – Zügiges Fartlek
D – Hügel-Sprunglauf
E – Hügellauf (steil) oder Treppenläufe
F – Training zur Verbesserung der Schrittfrequenz
G – Sprinttraining
H – Alle 100 m schnelle Sprints über 45 m
J – Alle 200 m schnelle Sprints über 100 m
K – Wiederholungsläufe

| | | |
|---|---|---|
| 1 Woche lang: | Montag | – H 20 x |
| | Dienstag | – B 1 Stunde |
| | Mittwoch | – L 3.000 m und Y schnell |
| | Donnerstag | – B 3/4 Stunde |
| | Freitag | – N 4 x 200 m und YZ |
| | Samstag | – Wettkampf: 800 m oder 1.500 m |
| | Sonntag | – W 1 bis 1 1/2 Stunden |
| 1 Woche lang: | Montag | – H 12 bis 16 x |
| | Dienstag | – B 3/4 Stunde |
| | Mittwoch | – L 100 m und 400 m |
| | Donnerstag | – YW 1/2 Stunde |
| | Freitag | – W 1 1/2 Stunden |
| | Samstag | – Erster wichtiger Wettkampf |
| | Sonntag | – W 1 1/2 Stunden |
| Wettkampffortsetzung: | Montag | – B 3/4 bis 1 Stunde |
| | Dienstag | – N 4 x 200 m und Y |
| | Mittwoch | – Wettkampf oder L |
| | Donnerstag | – B 3/4 Stunde |
| | Freitag | – N 4 x 200 m und Y |
| | Samstag | – Wettkampf oder L |
| | Sonntag | – W 1 bis 1 1/2 Stunden |

L – Zeitkontrolläufe
M – Lauf zur Verbesserung des Tempogefühls
N – Lauf mit entspanntem Schritt
O – Schnelles entspanntes Laufen
P – Kniehebelauf
Q – Training zur Verbesserung der Schrittlänge
R – Training zur Verbesserung des aufrechten Laufens
S – Dehn- und Lockerungsübungen
T – Seilspringen
U – Radfahren
V – Schwimmen
W – Jogging
X – Sprint-Starts
Y – Hürdentraining
Z – Wassersprungtraining

# Crosslauf

Für Crossläufer besteht oft die Notwendigkeit, frühzeitig mit der Saison zu beginnen, um ihre Vereins-Mannschaften zu unterstützen. Deshalb kann es erforderlich werden, die anaerobe Kapazität zu entwickeln, während Sie gleichzeitig versuchen, Ihre allgemeine Kondition zu verbessern. Dafür ist es am besten, leichte Fartlek-Einheiten und Zeitkontrolläufe durchzuführen, die in den Trainingsplan zu Beginn des Konditionstrainings eingebaut werden. Das ist nicht gerade die beste Art und Weise zu trainieren, kann jedoch für Crossläufer sehr wichtig sein.

Das Fartlek sollte bei relativ leichtem Einsatz mit Schwerpunkt auf die individuellen Schwächen erfolgen. Das Fartlek kann steile Hügelabschnitte, die mit hohem Knieeinsatz zu laufen sind, enthalten, damit die Beine allgemein, die Quadrizeps und besonders die Fußgelenke gestärkt werden. Im Fartlek sollten ebenfalls enthalten sein: Sprungläufe bergan zur Verbesserung der Fußgelenkbeweglichkeit und Schnellkraft sowie der Lauf mit langem Schritt bergab und auf flachen Abschnitten. Übertreiben Sie die anaeroben Abschnitte nicht so, daß die ganze Einheit schwerpunktmäßig anaerob wird.

Die Zeitkontrolläufe sollten mit hohem Einsatz und gleichmäßig gelaufen werden, und zwar auf einem Boden, der dem ähnelt, auf dem Sie schließlich den Wettkampf ausführen werden. Sie können auch auf einer Grasbahn gelaufen werden, wenn ein gleichmäßiges Lauftempo gewünscht wird. Laufen Sie nicht mit vollem Einsatz, sondern mit ungefähr 85 % Ihrer Leistungsfähigkeit, immer wissend, daß Sie schneller könnten und noch eine Kraftreserve haben.

Wenden Sie den Trainingsplan vernünftig an. Er ist nur ein Wegweiser. Wenn Ihre Beine nach Wettkämpfen übersäuert sind, joggen Sie ein paar Tage, bis sie sich wieder erholt haben, und vermeiden Sie Schnelligkeitstraining. Die Regeneration nach einem Crosslauf ist wichtig, da die Bodenbeschaffenheit Ihren Beinen sehr viel abverlangt.

Seien Sie vorsichtig beim anaeroben Training. Üben Sie das Überqueren von solchen Hindernissen, die Sie im Wettkampf antreffen werden. Das gibt Ihnen Selbstvertrauen.

Laufen Sie so oft wie möglich über weichen bzw. sandigen Boden, damit Sie sich an entspanntes Laufen gewöhnen. Versuchen Sie eine Zugbewegung mit bequem vorgeschobenen Hüften zu entwickeln. Reduzieren Sie Ihre Schrittlänge, und erhöhen Sie Ihre Schrittfrequenz.

Joggen Sie möglichst jeden Morgen als Ergänzung zu Ihrem eigentlichen Trainingspensum. Versuchen Sie dabei, einige steile Hügel hochzulaufen und Sprungläufe bergan sowie Treppenläufe durchzuführen. Schon 15 Minuten eines solchen Trainings helfen, die Kondition Ihrer Beine zu verbessern und später Ihre Schnelligkeit zu steigern.

## Crosslauf – Jungen, unter 12 Jahre

| | | |
|---|---|---|
| So lange wie möglich: | Montag | – A 1/4 bis 1/2 Stunde |
| | Dienstag | – B 1/4 bis 1/2 Stunde |
| | Mittwoch | – L 2.000 m |
| | Donnerstag | – A 1/4 bis 1/2 Stunde |
| | Freitag | – W 1/4 Stunde oder Ruhe |
| | Samstag | – L 2.000 m |
| | Sonntag | – A 1/2 Stunde oder länger |
| 4 Wochen lang: | Montag | – B 1/4 bis 1/2 Stunde |
| | Dienstag | – A 1/4 bis 1/2 Stunde |
| | Mittwoch | – L 2.000 m |
| | Donnerstag | – N 4 x 150 m |
| | Freitag | – W 1/4 Stunde oder Ruhe |
| | Samstag | – L 2.000 m |
| | Sonntag | – A 1/2 Stunde oder länger |
| 4 Wochen lang: | Montag | – H 6 bis 8 x |
| | Dienstag | – B 1/4 bis 1/2 Stunde |
| | Mittwoch | – L 1.500 m |
| | Donnerstag | – B 1/4 bis 1/2 Stunde |
| | Freitag | – W 1/4 Stunde oder Ruhe |
| | Samstag | – Aufbaurennen |
| | Sonntag | – W 1/2 Stunde oder länger |
| 1 Woche lang: | Montag | – H 6 bis 8 x |
| | Dienstag | – B 1/2 Stunde |
| | Mittwoch | – L 800 m |
| | Donnerstag | – N 4 x 150 m |
| | Freitag | – Ruhe |
| | Samstag | – Wettkampf: 2.000 m |
| | Sonntag | – W 1/2 bis 3/4 Stunde |

A – Langer aerober Dauerlauf
B – Leichtes Fartlek
C – Zügiges Fartlek
D – Hügel-Sprunglauf
E – Hügellauf (steil) oder Treppenläufe
F – Training zur Verbesserung der Schrittfrequenz
G – Sprinttraining
H – Alle 100 m schnelle Sprints über 45 m
J – Alle 200 m schnelle Sprints über 100 m
K – Wiederholungsläufe

| | | |
|---|---|---|
| 1 Woche lang: | Montag | – H 6 bis 8 x |
| | Dienstag | – B 1/4 bis 1/2 Stunde |
| | Mittwoch | – L 800 m |
| | Donnerstag | – W 1/2 Stunde |
| | Freitag | – W 1/4 Stunde oder Ruhe |
| | Samstag | – Wettkampf: 1.000 m |
| | Sonntag | – W 1/2 bis 3/4 Stunde |
| 1 Woche lang: | Montag | – H 6 bis 8 x |
| | Dienstag | – W 1/2 Stunde |
| | Mittwoch | – L 600 m |
| | Donnerstag | – W 1/4 Stunde |
| | Freitag | – Ruhe |
| | Samstag | – Erster wichtiger Wettkampf |
| | Sonntag | – W 1/2 Stunde oder länger |
| Wettkampffortsetzung: | Montag | – H 6 bis 8 x |
| | Dienstag | – B 1/4 bis 1/2 Stunde |
| | Mittwoch | – L 800 m |
| | Donnerstag | – B 1/4 bis 1/2 Stunde |
| | Freitag | – W 1/4 Stunde oder Ruhe |
| | Samstag | – Wettkampf |
| | Sonntag | – W 1/2 Stunde oder länger |

L – Zeitkontrolläufe
M – Lauf zur Verbesserung des Tempogefühls
N – Lauf mit entspanntem Schritt
O – Schnelles entspanntes Laufen
P – Kniehebelauf
Q – Training zur Verbesserung der Schrittlänge
R – Training zur Verbesserung des aufrechten Laufens
S – Dehn- und Lockerungsübungen
T – Seilspringen
U – Radfahren
V – Schwimmen
W – Jogging
X – Sprint-Starts
Y – Hürdentraining
Z – Wassersprungtraining

## Crosslauf – Jungen, 12 bis 13 Jahre

| | | |
|---|---|---|
| So lange wie möglich: | Montag | – A 1/2 bis 3/4 Stunde |
| | Dienstag | – B 1/2 Stunde |
| | Mittwoch | – L 3.000 m |
| | Donnerstag | – A 1/2 bis 3/4 Stunde |
| | Freitag | – F 4 bis 6 x 80 m |
| | Samstag | – L 3.000 m |
| | Sonntag | – A 3/4 bis 1 1/4 Stunden |
| 4 Wochen lang: | Montag | – DE 1/2 Stunde |
| | Dienstag | – A 1/2 bis 1 Stunde |
| | Mittwoch | – L 3.000 m |
| | Donnerstag | – K 4 bis 6 x 200 m |
| | Freitag | – F 4 bis 6 x 80 m |
| | Samstag | – L 3.000 m |
| | Sonntag | – A 3/4 bis 1 1/4 Stunden |
| 4 Wochen lang: | Montag | – J 4 bis 6 x |
| | Dienstag | – B 1/2 bis 3/4 Stunde |
| | Mittwoch | – L 3.000 m |
| | Donnerstag | – B 1/2 Stunde |
| | Freitag | – W 1/2 Stunde |
| | Samstag | – Aufbaurennen |
| | Sonntag | – A 3/4 bis 1 1/4 Stunden |
| 1 Woche lang: | Montag | – H 8 bis 10 x |
| | Dienstag | – B 1/2 Stunde |
| | Mittwoch | – L 1.000 m |
| | Donnerstag | – N 3 x 200 m |
| | Freitag | – W 1/2 Stunde |
| | Samstag | – Wettkampf |
| | Sonntag | – W 3/4 Stunde |

A – Langer aerober Dauerlauf
B – Leichtes Fartlek
C – Zügiges Fartlek
D – Hügel-Sprunglauf
E – Hügellauf (steil) oder Treppenläufe
F – Training zur Verbesserung der Schrittfrequenz
G – Sprinttraining
H – Alle 100 m schnelle Sprints über 45 m
J – Alle 200 m schnelle Sprints über 100 m
K – Wiederholungsläufe

| | | |
|---|---|---|
| 1 Woche lang: | Montag | – H 8 x |
| | Dienstag | – B 1/2 Stunde |
| | Mittwoch | – L 800 m |
| | Donnerstag | – B 1/2 Stunde |
| | Freitag | – W 1/2 Stunde |
| | Samstag | – Wettkampf: 1.500 m |
| | Sonntag | – W 1/2 bis 3/4 Stunde |
| 1 Woche lang: | Montag | – H 8 x |
| | Dienstag | – A 1/2 Stunde |
| | Mittwoch | – L 600 m |
| | Donnerstag | – W 1/2 Stunde |
| | Freitag | – W 1/2 Stunde oder Ruhe |
| | Samstag | – Erster wichtiger Wettkampf |
| | Sonntag | – W 3/4 Stunde oder länger |
| Wettkampffortsetzung: | Montag | – H 8 x |
| | Dienstag | – B 1/2 Stunde |
| | Mittwoch | – L 800 m |
| | Donnerstag | – B 1/2 Stunde |
| | Freitag | – W 1/2 Stunde |
| | Samstag | – Wettkampf |
| | Sonntag | – W 3/4 Stunde oder länger |

L – Zeitkontrolläufe
M – Lauf zur Verbesserung des Tempogefühls
N – Lauf mit entspanntem Schritt
O – Schnelles entspanntes Laufen
P – Kniehebelauf
Q – Training zur Verbesserung der Schrittlänge
R – Training zur Verbesserung des aufrechten Laufens
S – Dehn- und Lockerungsübungen
T – Seilspringen
U – Radfahren
V – Schwimmen
W – Jogging
X – Sprint-Starts
Y – Hürdentraining
Z – Wassersprungtraining

## Crosslauf – Jungen, 14 bis 15 Jahre

| | | |
|---|---|---|
| So lange wie möglich: | Montag | – B 1/2 bis 3/4 Stunde |
| | Dienstag | – A 3/4 bis 1 Stunde |
| | Mittwoch | – L 5.000 m |
| | Donnerstag | – A 3/4 bis 1 Stunde |
| | Freitag | – F 6 x 100 m |
| | Samstag | – L 3.000 m |
| | Sonntag | – A 1 Stunde oder länger |
| 4 Wochen lang: | Montag | – DE 1/2 bis 3/4 Stunde |
| | Dienstag | – A 3/4 bis 1 Stunde |
| | Mittwoch | – L 3.000 m |
| | Donnerstag | – K 6 bis 8 x 200 m |
| | Freitag | – F 6 x 100 m |
| | Samstag | – L 3.000 m |
| | Sonntag | – A 1 Stunde oder länger |
| 4 Wochen lang: | Montag | – J 6 bis 8 x |
| | Dienstag | – B 1/2 bis 3/4 Stunde |
| | Mittwoch | – L 3.000 m |
| | Donnerstag | – B 1/2 Stunde |
| | Freitag | – N 4 x 200 m |
| | Samstag | – Aufbaurennen |
| | Sonntag | – A 3/4 Stunde oder länger |
| 1 Woche lang: | Montag | – H 10 bis 12 x |
| | Dienstag | – B 1/2 Stunde |
| | Mittwoch | – L 1.000 m |
| | Donnerstag | – B 1/2 Stunde |
| | Freitag | – W 1/2 Stunde |
| | Samstag | – Wettkampf: 3.000 m |
| | Sonntag | – W 1/4 Stunde |

A – Langer aerober Dauerlauf
B – Leichtes Fartlek
C – Zügiges Fartlek
D – Hügel-Sprunglauf
E – Hügellauf (steil) oder Treppenläufe
F – Training zur Verbesserung der Schrittfrequenz
G – Sprinttraining
H – Alle 100 m schnelle Sprints über 45 m
J – Alle 200 m schnelle Sprints über 100 m
K – Wiederholungsläufe

| | | |
|---|---|---|
| 1 Woche lang: | Montag | – H 8 bis 10 x |
| | Dienstag | – B 1/2 Stunde |
| | Mittwoch | – L 1.000 m |
| | Donnerstag | – B 1/2 Stunde |
| | Freitag | – N 3 x 200 m |
| | Samstag | – Wettkampf: 2.000 m |
| | Sonntag | – W 3/4 Stunde |
| 1 Woche lang: | Montag | – H 8 x |
| | Dienstag | – B 1/2 Stunde |
| | Mittwoch | – L 800 m |
| | Donnerstag | – W 1/2 Stunde |
| | Freitag | – W 1/2 Stunde oder Ruhe |
| | Samstag | – Erster wichtiger Wettkampf |
| | Sonntag | – W 3/4 Stunde oder länger |
| Wettkampffortsetzung: | Montag | – H 8 bis 10 x |
| | Dienstag | – B 1/2 bis 3/4 Stunde |
| | Mittwoch | – L 1.000 m |
| | Donnerstag | – B 1/2 Stunde |
| | Freitag | – W 1/2 Stunde |
| | Samstag | – Wettkampf |
| | Sonntag | – W 3/4 Stunde oder länger |

L – Zeitkontrolläufe
M – Lauf zur Verbesserung des Tempogefühls
N – Lauf mit entspanntem Schritt
O – Schnelles entspanntes Laufen
P – Kniehebelauf
Q – Training zur Verbesserung der Schrittlänge
R – Training zur Verbesserung des aufrechten Laufens
S – Dehn- und Lockerungsübungen
T – Seilspringen
U – Radfahren
V – Schwimmen
W – Jogging
X – Sprint-Starts
Y – Hürdentraining
Z – Wassersprungtraining

## Crosslauf – Jungen, 16 bis 17 Jahre

| | | |
|---|---|---|
| So lange wie möglich: | Montag | – B 3/4 bis 1 Stunde |
| | Dienstag | – A 1 bis 1 1/2 Stunden |
| | Mittwoch | – L 5.000 m |
| | Donnerstag | – A 1 bis 1 1/2 Stunden |
| | Freitag | – F 8 bis 10 x 100 m |
| | Samstag | – L 5.000 m |
| | Sonntag | – A 1 1/2 Stunden oder länger |
| 4 Wochen lang: | Montag | – DE 3/4 Stunde |
| | Dienstag | – A 1 bis 1 1/2 Stunden |
| | Mittwoch | – L 5.000 m |
| | Donnerstag | – DE 3/4 Stunde |
| | Freitag | – F 8 bis 10 x 100 m |
| | Samstag | – L 5.000 m |
| | Sonntag | – A 1 1/2 Stunden oder länger |
| 4 Wochen lang: | Montag | – J 6 bis 8 x |
| | Dienstag | – B 3/4 bis 1 Stunde |
| | Mittwoch | – L 3.000 m |
| | Donnerstag | – K 8 bis 10 x 200 m |
| | Freitag | – N 4 x 300 m |
| | Samstag | – Aufbaurennen |
| | Sonntag | – A 1 1/2 Stunden oder länger |
| 1 Woche lang: | Montag | – H 16 x |
| | Dienstag | – B 3/4 bis 1 Stunde |
| | Mittwoch | – L 3.000 m |
| | Donnerstag | – K 3 x 300 m schnell |
| | Freitag | – W 1/2 Stunde |
| | Samstag | – Wettkampf: 5.000 m |
| | Sonntag | – W 1 bis 1 1/2 Stunden |

A – Langer aerober Dauerlauf
B – Leichtes Fartlek
C – Zügiges Fartlek
D – Hügel-Sprunglauf
E – Hügellauf (steil) oder Treppenläufe
F – Training zur Verbesserung der Schrittfrequenz
G – Sprinttraining
H – Alle 100 m schnelle Sprints über 45 m
J – Alle 200 m schnelle Sprints über 100 m
K – Wiederholungsläufe

| | | |
|---|---|---|
| 1 Woche lang: | Montag | – H 16 x |
| | Dienstag | – B 3/4 Stunde |
| | Mittwoch | – L 2.000 m |
| | Donnerstag | – B 1/2 Stunde |
| | Freitag | – O 3 x 200 m |
| | Samstag | – Wettkampf: 3.000 m |
| | Sonntag | – W 1 Stunde |
| 1 Woche lang: | Montag | – H 12 x |
| | Dienstag | – B 1/2 bis 3/4 Stunde |
| | Mittwoch | – L 1.500 m |
| | Donnerstag | – W 3/4 Stunde |
| | Freitag | – W 1/2 Stunde |
| | Samstag | – Erster wichtiger Wettkampf |
| | Sonntag | – W 1 bis 1 1/2 Stunden |
| Wettkampffortsetzung: | Montag | – H 12 bis 16 x |
| | Dienstag | – B 3/4 Stunde |
| | Mittwoch | – L 3.000 m |
| | Donnerstag | – B 1/2 Stunde |
| | Freitag | – W 1/2 Stunde |
| | Samstag | – Wettkampf |
| | Sonntag | – W 1 bis 1 1/2 Stunden |

L – Zeitkontrolläufe
M – Lauf zur Verbesserung des Tempogefühls
N – Lauf mit entspanntem Schritt
O – Schnelles entspanntes Laufen
P – Kniehebelauf
Q – Training zur Verbesserung der Schrittlänge
R – Training zur Verbesserung des aufrechten Laufens
S – Dehn- und Lockerungsübungen
T – Seilspringen
U – Radfahren
V – Schwimmen
W – Jogging
X – Sprint-Starts
Y – Hürdentraining
Z – Wassersprungtraining

## Crosslauf – Männer, 18 bis 20 Jahre

| | | |
|---|---|---|
| So lange wie möglich: | Montag | – B 1 Stunde |
| | Dienstag | – A 1 bis 1 1/2 Stunden |
| | Mittwoch | – L 5.000 m |
| | Donnerstag | – A 1 bis 1 1/2 Stunden |
| | Freitag | – F 10 x 100 m |
| | Samstag | – L 10.000 m |
| | Sonntag | – A 1 1/2 Stunden oder länger |
| 4 Wochen lang: | Montag | – DE 3/4 bis 1 Stunde |
| | Dienstag | – A 1 bis 1 1/2 Stunden |
| | Mittwoch | – L 5.000 m |
| | Donnerstag | – DE 3/4 bis 1 Stunde |
| | Freitag | – F 10 x 100 m |
| | Samstag | – L 5.000 m |
| | Sonntag | – A 1 1/2 Stunden oder länger |
| 4 Wochen lang: | Montag | – J 8 bis 12 x |
| | Dienstag | – B 1 Stunde |
| | Mittwoch | – L 5.000 m |
| | Donnerstag | – K 10 bis 12 x 200 m |
| | Freitag | – N 4 x 300 m |
| | Samstag | – Aufbaurennen |
| | Sonntag | – A 1 1/2 Stunden oder länger |
| 1 Woche lang: | Montag | – H 16 bis 20 x |
| | Dienstag | – B 1 Stunde |
| | Mittwoch | – L 3.000 m |
| | Donnerstag | – B 3/4 Stunde |
| | Freitag | – W 1/2 Stunde |
| | Samstag | – Wettkampf: 5.000 m |
| | Sonntag | – W 1 1/2 Stunden |

A – Langer aerober Dauerlauf
B – Leichtes Fartlek
C – Zügiges Fartlek
D – Hügel-Sprunglauf
E – Hügellauf (steil) oder Treppenläufe
F – Training zur Verbesserung der Schrittfrequenz
G – Sprinttraining
H – Alle 100 m schnelle Sprints über 45 m
J – Alle 200 m schnelle Sprints über 100 m
K – Wiederholungsläufe

| | | |
|---|---|---|
| 1 Woche lang: | Montag | – H 16 x |
| | Dienstag | – B 3/4 Stunde |
| | Mittwoch | – L 2.000 m |
| | Donnerstag | – B 1/2 Stunde |
| | Freitag | – O 3 x 200 m |
| | Samstag | – Wettkampf: 3.000 m |
| | Sonntag | – W 1 Stunde |
| 1 Woche lang: | Montag | – H 16 x |
| | Dienstag | – B 3/4 Stunde |
| | Mittwoch | – L 1.500 m |
| | Donnerstag | – W 3/4 Stunde |
| | Freitag | – W 1/2 Stunde |
| | Samstag | – Erster wichtiger Wettkampf |
| | Sonntag | – W 1 1/2 Stunden oder länger |
| Wettkampffortsetzung: | Montag | – H 16 x |
| | Dienstag | – B 3/4 Stunde |
| | Mittwoch | – L 3.000 m |
| | Donnerstag | – B 1/2 Stunde |
| | Freitag | – W 1/2 Stunde |
| | Samstag | – Wettkampf |
| | Sonntag | – W 1 1/2 Stunden |

L – Zeitkontrolläufe
M – Lauf zur Verbesserung des Tempogefühls
N – Lauf mit entspanntem Schritt
O – Schnelles entspanntes Laufen
P – Kniehebelauf
Q – Training zur Verbesserung der Schrittlänge
R – Training zur Verbesserung des aufrechten Laufens
S – Dehn- und Lockerungsübungen
T – Seilspringen
U – Radfahren
V – Schwimmen
W – Jogging
X – Sprint-Starts
Y – Hürdentraining
Z – Wassersprungtraining

## Crosslauf – Männer

| | | |
|---|---|---|
| So lange wie möglich: | Montag | – B 1 Stunde |
| | Dienstag | – A 1 1/2 Stunden |
| | Mittwoch | – L 5.000 m |
| | Donnerstag | – A 1 1/2 Stunden |
| | Freitag | – F 10 x 100 m |
| | Samstag | – L 10.000 m |
| | Sonntag | – A 2 Stunden oder länger |
| 4 Wochen lang: | Montag | – DE 1 Stunde |
| | Dienstag | – A 1 1/2 Stunden |
| | Mittwoch | – L 5.000 m |
| | Donnerstag | – DE 1 Stunde |
| | Freitag | – G 10 x 100 m |
| | Samstag | – L 10.000 m |
| | Sonntag | – A 2 Stunden oder länger |
| 4 Wochen lang: | Montag | – J 10 bis 12 x |
| | Dienstag | – B 1 Stunde |
| | Mittwoch | – L 5.000 m |
| | Donnerstag | – K 10 bis 15 x 200 m |
| | Freitag | – N 4 x 300 m |
| | Samstag | – Aufbaurennen |
| | Sonntag | – A 2 Stunden |
| 1 Woche lang: | Montag | – H 20 x |
| | Dienstag | – B 1 Stunde |
| | Mittwoch | – L 3.000 m |
| | Donnerstag | – B 3/4 Stunde |
| | Freitag | – W 1/2 Stunde |
| | Samstag | – Wettkampf: 10.000 m |
| | Sonntag | – W 1 1/2 Stunden |

A – Langer aerober Dauerlauf
B – Leichtes Fartlek
C – Zügiges Fartlek
D – Hügel-Sprunglauf
E – Hügellauf (steil) oder Treppenläufe
F – Training zur Verbesserung der Schrittfrequenz
G – Sprinttraining
H – Alle 100 m schnelle Sprints über 45 m
J – Alle 200 m schnelle Sprints über 100 m
K – Wiederholungsläufe

| | | |
|---|---|---|
| 1 Woche lang: | Montag | – H 20 x |
| | Dienstag | – B 3/4 Stunde |
| | Mittwoch | – L 2.000 m |
| | Donnerstag | – B 1/2 Stunde |
| | Freitag | – O 3 x 200 m |
| | Samstag | – Wettkampf: 3.000 m |
| | Sonntag | – W 1 Stunde |
| 1 Woche lang: | Montag | – H 16 x |
| | Dienstag | – B 3/4 Stunde |
| | Mittwoch | – L 1.500 m |
| | Donnerstag | – W 3/4 Stunde |
| | Freitag | – W 1/2 Stunde |
| | Samstag | – Erster wichtiger Wettkampf |
| | Sonntag | – W 1 1/2 Stunden |
| Wettkampffortsetzung: | Montag | – H 16 x |
| | Dienstag | – B 3/4 Stunde |
| | Mittwoch | – L 3.000 m |
| | Donnerstag | – B 1/2 Stunde |
| | Freitag | – W 1/2 Stunde |
| | Samstag | – Wettkampf |
| | Sonntag | – W 1 1/2 Stunden oder länger |

L – Zeitkontrolläufe
M – Lauf zur Verbesserung des Tempogefühls
N – Lauf mit entspanntem Schritt
O – Schnelles entspanntes Laufen
P – Kniehebelauf
Q – Training zur Verbesserung der Schrittlänge
R – Training zur Verbesserung des aufrechten Laufens
S – Dehn- und Lockerungsübungen
T – Seilspringen
U – Radfahren
V – Schwimmen
W – Jogging
X – Sprint-Starts
Y – Hürdentraining
Z – Wassersprungtraining

## Crosslauf – Mädchen, unter 12 Jahre

| | | |
|---|---|---|
| So lange wie möglich: | Montag | – A 1/4 bis 1/2 Stunde |
| | Dienstag | – B 1/4 bis 1/2 Stunde |
| | Mittwoch | – L 2.000 m |
| | Donnerstag | – A 1/4 bis 1/2 Stunde |
| | Freitag | – W 1/4 Stunde oder Ruhe |
| | Samstag | – L 2.000 m |
| | Sonntag | – A 20 min oder länger |
| 4 Wochen lang: | Montag | – B 1/4 bis 1/2 Stunde |
| | Dienstag | – A 1/4 bis 1/2 Stunde |
| | Mittwoch | – L 2.000 m |
| | Donnerstag | – N 4 x 150 m |
| | Freitag | – W 1/4 Stunde oder Ruhe |
| | Samstag | – L 2.000 m |
| | Sonntag | – A 20 min oder länger |
| 4 Wochen lang: | Montag | – H 6 bis 8 x |
| | Dienstag | – B 1/4 bis 1/2 Stunde |
| | Mittwoch | – L 1.500 m |
| | Donnerstag | – B 1/4 bis 1/2 Stunde |
| | Freitag | – W 1/4 bis 1/2 Stunde |
| | Samstag | – Aufbaurennen |
| | Sonntag | – W 1/2 Stunde |
| 1 Woche lang: | Montag | – H 6 bis 8 x |
| | Dienstag | – B 1/4 bis 1/2 Stunde |
| | Mittwoch | – L 800 m |
| | Donnerstag | – N 3 x 150 m |
| | Freitag | – W 1/4 Stunde oder Ruhe |
| | Samstag | – Wettkampf: 2.000 m |
| | Sonntag | – W 1/2 Stunde |

A – Langer aerober Dauerlauf
B – Leichtes Fartlek
C – Zügiges Fartlek
D – Hügel-Sprunglauf
E – Hügellauf (steil) oder Treppenläufe
F – Training zur Verbesserung der Schrittfrequenz
G – Sprinttraining
H – Alle 100 m schnelle Sprints über 45 m
J – Alle 200 m schnelle Sprints über 100 m
K – Wiederholungsläufe

| | | |
|---|---|---|
| 1 Woche lang: | Montag | – H 6 bis 8 x |
| | Dienstag | – B 1/4 bis 1/2 Stunde |
| | Mittwoch | – L 600 m |
| | Donnerstag | – W 1/4 Stunde |
| | Freitag | – W 1/4 Stunde oder Ruhe |
| | Samstag | – Wettkampf: 1.000 m |
| | Sonntag | – W 1/2 Stunde |
| 1 Woche lang: | Montag | – H 6 x |
| | Dienstag | – W 1/4 Stunde |
| | Mittwoch | – L 600 m |
| | Donnerstag | – W 1/4 Stunde |
| | Freitag | – Ruhe |
| | Samstag | – Erster wichtiger Wettkampf |
| | Sonntag | – W 1/2 Stunde |
| Wettkampffortsetzung: | Montag | – H 6 x |
| | Dienstag | – B 1/4 bis 1/2 Stunde |
| | Mittwoch | – L 800 m |
| | Donnerstag | – B 1/4 bis 1/2 Stunde |
| | Freitag | – W 1/4 Stunde oder Ruhe |
| | Samstag | – Wettkampf |
| | Sonntag | – W 1/2 Stunde |

L – Zeitkontrolläufe
M – Lauf zur Verbesserung des Tempogefühls
N – Lauf mit entspanntem Schritt
O – Schnelles entspanntes Laufen
P – Kniehebelauf
Q – Training zur Verbesserung der Schrittlänge
R – Training zur Verbesserung des aufrechten Laufens
S – Dehn- und Lockerungsübungen
T – Seilspringen
U – Radfahren
V – Schwimmen
W – Jogging
X – Sprint-Starts
Y – Hürdentraining
Z – Wassersprungtraining

## Crosslauf – Mädchen, 12 bis 13 Jahre

| | | |
|---|---|---|
| So lange wie möglich: | Montag | – A 1/2 bis 3/4 Stunde |
| | Dienstag | – B 1/4 bis 1/2 Stunde |
| | Mittwoch | – L 2.500 m |
| | Donnerstag | – A 1/2 bis 3/4 Stunde |
| | Freitag | – F 4 bis 6 x 80 m |
| | Samstag | – L 3.000 m |
| | Sonntag | – A 1/2 Stunde oder länger |
| 4 Wochen lang: | Montag | – DE 1/4 Stunde |
| | Dienstag | – A 1/2 bis 3/4 Stunde |
| | Mittwoch | – L 2.500 m |
| | Donnerstag | – K 4 bis 6 x 200 m |
| | Freitag | – F 4 bis 6 x 80 m |
| | Samstag | – L 3.000 m |
| | Sonntag | – A 1/2 Stunde oder länger |
| 4 Wochen lang: | Montag | – J 4 bis 6 x |
| | Dienstag | – B 1/4 bis 1/2 Stunde |
| | Mittwoch | – L 2.000 m |
| | Donnerstag | – B 1/4 bis 1/2 Stunde |
| | Freitag | – W 1/4 Stunde oder Ruhe |
| | Samstag | – Aufbaurennen |
| | Sonntag | – A 1/2 Stunde oder länger |
| 1 Woche lang: | Montag | – H 8 bis 10 x |
| | Dienstag | – B 1/4 bis 1/2 Stunde |
| | Mittwoch | – L 800 m |
| | Donnerstag | – N 3 x 150 m |
| | Freitag | – W 1/4 Stunde oder Ruhe |
| | Samstag | – Wettkampf: 2.000 m |
| | Sonntag | – W 1/2 Stunde oder länger |

A – Langer aerober Dauerlauf
B – Leichtes Fartlek
C – Zügiges Fartlek
D – Hügel-Sprunglauf
E – Hügellauf (steil) oder Treppenläufe
F – Training zur Verbesserung der Schrittfrequenz
G – Sprinttraining
H – Alle 100 m schnelle Sprints über 45 m
J – Alle 200 m schnelle Sprints über 100 m
K – Wiederholungsläufe

| | | |
|---|---|---|
| 1 Woche lang: | Montag | – H 6 bis 8 x |
| | Dienstag | – B 1/4 bis 1/2 Stunde |
| | Mittwoch | – L 600 m |
| | Donnerstag | – B 1/4 bis 1/2 Stunde |
| | Freitag | – W 1/4 Stunde oder Ruhe |
| | Samstag | – Wettkampf: 1.000 m |
| | Sonntag | – W 1/2 Stunde |
| 1 Woche lang: | Montag | – H 6 x |
| | Dienstag | – W 1/2 Stunde |
| | Mittwoch | – L 600 m |
| | Donnerstag | – W 1/4 Stunde |
| | Freitag | – Ruhe |
| | Samstag | – Erster wichtiger Wettkampf |
| | Sonntag | – W 1/2 Stunde oder länger |
| Wettkampffortsetzung: | Montag | – H 6 bis 8 x |
| | Dienstag | – B 1/4 bis 1/2 Stunde |
| | Mittwoch | – L 600 m |
| | Donnerstag | – B 1/4 bis 1/2 Stunde |
| | Freitag | – W 1/4 Stunde oder Ruhe |
| | Samstag | – Wettkampf |
| | Sonntag | – W 1/2 Stunde oder länger |

L – Zeitkontrolläufe
M – Lauf zur Verbesserung des Tempogefühls
N – Lauf mit entspanntem Schritt
O – Schnelles entspanntes Laufen
P – Kniehebelauf
Q – Training zur Verbesserung der Schrittlänge
R – Training zur Verbesserung des aufrechten Laufens
S – Dehn- und Lockerungsübungen
T – Seilspringen
U – Radfahren
V – Schwimmen
W – Jogging
X – Sprint-Starts
Y – Hürdentraining
Z – Wassersprungtraining

## Crosslauf – Mädchen, 14 bis 15 Jahre

| | | |
|---|---|---|
| So lange wie möglich: | Montag | – B 1/2 Stunde |
| | Dienstag | – A 3/4 bis 1 Stunde |
| | Mittwoch | – L 3.000 m |
| | Donnerstag | – A 3/4 bis 1 Stunde |
| | Freitag | – F 4 bis 6 x 80 m |
| | Samstag | – L 3.000 m |
| | Sonntag | – A 3/4 Stunde oder länger |
| 4 Wochen lang: | Montag | – DE 1/2 Stunde |
| | Dienstag | – A 3/4 bis 1 Stunde |
| | Mittwoch | – L 3.000 m |
| | Donnerstag | – K 6 bis 8 x 200 m |
| | Freitag | – F 6 bis 8 x 80 m |
| | Samstag | – L 3.000 m oder vereinsinterner Wettkampf |
| | Sonntag | – A 3/4 Stunde oder länger |
| 4 Wochen lang: | Montag | – J 6 bis 8 x |
| | Dienstag | – B 1/2 bis 3/4 Stunde |
| | Mittwoch | – L 2.000 m |
| | Donnerstag | – B 1/2 Stunde |
| | Freitag | – N 4 x 200 m |
| | Samstag | – Aufbaurennen |
| | Sonntag | – A 3/4 Stunde oder länger |
| 1 Woche lang: | Montag | – H 8 bis 10 x |
| | Dienstag | – B 1/2 Stunde |
| | Mittwoch | – L 1.000 m |
| | Donnerstag | – B 1/2 Stunde |
| | Freitag | – W 1/2 Stunde |
| | Samstag | – Wettkampf: 2.500 m |
| | Sonntag | – W 3/4 bis 1 Stunde |

A – Langer aerober Dauerlauf
B – Leichtes Fartlek
C – Zügiges Fartlek
D – Hügel-Sprunglauf
E – Hügellauf (steil) oder Treppenläufe
F – Training zur Verbesserung der Schrittfrequenz
G – Sprinttraining
H – Alle 100 m schnelle Sprints über 45 m
J – Alle 200 m schnelle Sprints über 100 m
K – Wiederholungsläufe

| | | |
|---|---|---|
| 1 Woche lang: | Montag | – H 6 bis 8 x |
| | Dienstag | – B 1/2 Stunde |
| | Mittwoch | – L 800 m |
| | Donnerstag | – B 1/2 Stunde |
| | Freitag | – N 3 x 200 m |
| | Samstag | – Wettkampf: 1.000 m |
| | Sonntag | – W 3/4 Stunde |
| 1 Woche lang: | Montag | – H 6 x |
| | Dienstag | – B 1/2 Stunde |
| | Mittwoch | – L 600 m |
| | Donnerstag | – W 1/2 Stunde |
| | Freitag | – W 1/4 Stunde oder Ruhe |
| | Samstag | – Erster wichtiger Wettkampf |
| | Sonntag | – W 1 Stunde |
| Wettkampffortsetzung: | Montag | – H 6 bis 8 x |
| | Dienstag | – B 1/2 bis 3/4 Stunde |
| | Mittwoch | – L 800 m oder 1.000 m |
| | Donnerstag | – B 1/2 Stunde |
| | Freitag | – W 1/2 Stunde |
| | Samstag | – Wettkampf |
| | Sonntag | – W 1 Stunde |

L – Zeitkontrolläufe
M – Lauf zur Verbesserung des Tempogefühls
N – Lauf mit entspanntem Schritt
O – Schnelles entspanntes Laufen
P – Kniehebelauf
Q – Training zur Verbesserung der Schrittlänge
R – Training zur Verbesserung des aufrechten Laufens
S – Dehn- und Lockerungsübungen
T – Seilspringen
U – Radfahren
V – Schwimmen
W – Jogging
X – Sprint-Starts
Y – Hürdentraining
Z – Wassersprungtraining

## Crosslauf – Frauen, 16 bis 17 Jahre

| | | |
|---|---|---|
| So lange wie möglich: | Montag | – B 3/4 Stunde |
| | Dienstag | – A 1 Stunde oder länger |
| | Mittwoch | – L 4.000 m |
| | Donnerstag | – A 1 Stunde oder länger |
| | Freitag | – F 6 bis 8 x 80 m |
| | Samstag | – L 5.000 m |
| | Sonntag | – A 1 Stunde oder länger |
| 4 Wochen lang: | Montag | – DE 1/2 bis 3/4 Stunde |
| | Dienstag | – A 1 Stunde oder länger |
| | Mittwoch | – L 3.000 m |
| | Donnerstag | – K 8 bis 10 x 200 m |
| | Freitag | – F 8 bis 10 x 80 m |
| | Samstag | – L 4.000 m |
| | Sonntag | – A 1 Stunde oder länger |
| 4 Wochen lang: | Montag | – J 6 bis 8 x |
| | Dienstag | – B 3/4 Stunde |
| | Mittwoch | – L 3.000 m |
| | Donnerstag | – B 1/2 Stunde |
| | Freitag | – N 4 bis 6 x 200 m |
| | Samstag | – Aufbaurennen |
| | Sonntag | – A 1 Stunde oder länger |
| 1 Woche lang: | Montag | – H 12 bis 16 x |
| | Dienstag | – B 3/4 Stunde |
| | Mittwoch | – L 1.500 m |
| | Donnerstag | – B 1/2 Stunde |
| | Freitag | – W 1/2 Stunde |
| | Samstag | – Wettkampf: 3.000 m |
| | Sonntag | – W 1 Stunde |

A – Langer aerober Dauerlauf
B – Leichtes Fartlek
C – Zügiges Fartlek
D – Hügel-Sprunglauf
E – Hügellauf (steil) oder Treppenläufe
F – Training zur Verbesserung der Schrittfrequenz
G – Sprinttraining
H – Alle 100 m schnelle Sprints über 45 m
J – Alle 200 m schnelle Sprints über 100 m
K – Wiederholungsläufe

| | | |
|---|---|---|
| 1 Woche lang: | Montag | – H 12 bis 16 x |
| | Dienstag | – B 3/4 Stunde |
| | Mittwoch | – L 1.000 m |
| | Donnerstag | – B 1/2 Stunde |
| | Freitag | – N 3 x 200 m |
| | Samstag | – Wettkampf: 2.000 m |
| | Sonntag | – W 1 Stunde |
| 1 Woche lang: | Montag | – H 12 x |
| | Dienstag | – B 1/2 Stunde |
| | Mittwoch | – L 600 m |
| | Donnerstag | – W 1/2 Stunde |
| | Freitag | – W 1/2 Stunde oder Ruhe |
| | Samstag | – Erster wichtiger Wettkampf |
| | Sonntag | – W 1 Stunde |
| Wettkampffortsetzung: | Montag | – H 6 bis 8 x |
| | Dienstag | – B 1/2 bis 3/4 Stunde |
| | Mittwoch | – L 1.000 m |
| | Donnerstag | – B 1/2 Stunde |
| | Freitag | – W 1/2 Stunde |
| | Samstag | – Wettkampf |
| | Sonntag | – W 1 Stunde oder länger |

L – Zeitkontrolläufe
M – Lauf zur Verbesserung des Tempogefühls
N – Lauf mit entspanntem Schritt
O – Schnelles entspanntes Laufen
P – Kniehebelauf
Q – Training zur Verbesserung der Schrittlänge
R – Training zur Verbesserung des aufrechten Laufens
S – Dehn- und Lockerungsübungen
T – Seilspringen
U – Radfahren
V – Schwimmen
W – Jogging
X – Sprint-Starts
Y – Hürdentraining
Z – Wassersprungtraining

## Crosslauf – Frauen, Seniorinnen

| | | |
|---|---|---|
| So lange wie möglich: | Montag | – B 3/4 bis 1 Stunde |
| | Dienstag | – A 1 bis 1 1/2 Stunden |
| | Mittwoch | – L 5.000 m |
| | Donnerstag | – A 1 bis 1 1/2 Stunden |
| | Freitag | – F 8 bis 10 x 100 m |
| | Samstag | – L 5.000 m |
| | Sonntag | – A 1 1/2 Stunden oder länger |
| 4 Wochen lang: | Montag | – DE 3/4 bis 1 Stunde |
| | Dienstag | – A 1 bis 1 1/2 Stunden |
| | Mittwoch | – L 3.000 m |
| | Donnerstag | – DE 3/4 bis 1 Stunde |
| | Freitag | – F 8 bis 10 x 100 m |
| | Samstag | – L 5.000 m |
| | Sonntag | – A 1 1/2 Stunden oder länger |
| 4 Wochen lang: | Montag | – J 10 bis 12 x 100 m |
| | Dienstag | – B 3/4 bis 1 Stunde |
| | Mittwoch | – L 3.000 m |
| | Donnerstag | – K 3 x 300 m schnell |
| | Freitag | – N 4 x 300 m |
| | Samstag | – Aufbaurennen |
| | Sonntag | – A 1 1/2 Stunden oder länger |
| 1 Woche lang: | Montag | – H 16 bis 20 x |
| | Dienstag | – B 3/4 bis 1 Stunde |
| | Mittwoch | – L 2.000 m |
| | Donnerstag | – B 3/4 Stunde |
| | Freitag | – W 1/2 Stunde |
| | Samstag | – Wettkampf: 5.000 m |
| | Sonntag | – W 1 Stunde |

A – Langer aerober Dauerlauf
B – Leichtes Fartlek
C – Zügiges Fartlek
D – Hügel-Sprunglauf
E – Hügellauf (steil) oder Treppenläufe
F – Training zur Verbesserung der Schrittfrequenz
G – Sprinttraining
H – Alle 100 m schnelle Sprints über 45 m
J – Alle 200 m schnelle Sprints über 100 m
K – Wiederholungsläufe

| | | |
|---|---|---|
| 1 Woche lang: | Montag | – H 16 x |
| | Dienstag | – B 3/4 Stunde |
| | Mittwoch | – L 2.000 m |
| | Donnerstag | – B 1/2 Stunde |
| | Freitag | – O 3 x 200 m |
| | Samstag | – Wettkampf: 2.000 m |
| | Sonntag | – W 1 Stunde |
| 1 Woche lang: | Montag | – H 16 x |
| | Dienstag | – B 1/2 Stunde |
| | Mittwoch | – L 1.000 m |
| | Donnerstag | – W 3/4 Stunde |
| | Freitag | – W 1/2 Stunde |
| | Samstag | – Erster wichtiger Wettkampf |
| | Sonntag | – W 1 1/2 Stunden |
| Wettkampffortsetzung: | Montag | – H 16 x |
| | Dienstag | – B 3/4 Stunde |
| | Mittwoch | – L 3.000 m |
| | Donnerstag | – B 1/2 Stunde |
| | Freitag | – W 1/2 Stunde |
| | Samstag | – Wettkampf |
| | Sonntag | – W 1 Stunde oder länger |

L – Zeitkontrolläufe
M – Lauf zur Verbesserung des Tempogefühls
N – Lauf mit entspanntem Schritt
O – Schnelles entspanntes Laufen
P – Kniehebelauf
Q – Training zur Verbesserung der Schrittlänge
R – Training zur Verbesserung des aufrechten Laufens
S – Dehn- und Lockerungsübungen
T – Seilspringen
U – Radfahren
V – Schwimmen
W – Jogging
X – Sprint-Starts
Y – Hürdentraining
Z – Wassersprungtraining

# Marathonlauf

Der Schwerpunkt des Marathon-Trainings liegt auf der Entwicklung einer guten Herz-Kreislauf-Effizienz, was ganz allgemein heißt, verbesserte Aufnahme, verbesserter Transport und verbesserte Ausnutzung des Sauerstoffs. Durch fortgesetztes Laufen wird schnell eine verbesserte Sauerstoffaufnahme und ein verbesserter Sauerstofftransport erzielt; eine verbesserte Ausnutzung durch die Muskeln dauert länger. Die notwendige Entwicklung der Muskelausdauer kann nur durch kontinuierliches Training von Muskelgruppen über lange Zeiträume erreicht werden.

Training von Muskelgruppen, besonders über zwei oder mehr Stunden, beeinflußt nicht nur unterentwickelte Kapillarnetze, sondern trägt auch zur Entstehung neuer Kapillarnetze bei, was zu einer bedeutenden Steigerung der Muskelausdauer führt. Das heißt, erfolgreiches Marathonlaufen bedeutet, oft Langläufe durchzuführen, je mehr, desto besser. Das Endergebnis ist eine wirksamere Ausnutzung des Blutzuckers und ein wirksameres Ausscheiden der Abfallstoffe.

Der Kern des Trainingsprogramms sind drei lange Dauerläufe pro Woche, abwechselnd mit anderen Läufen, die meistens kürzer sind und über hügeliges Gelände führen. Weil Marathonläufe überwiegend mit hohem, aber aerobem Tempo gelaufen werden, gibt es normalerweise keinen Grund, viel anaerobes Training durchzuführen – die Zeitkontrolläufe über 5.000 und 10.000 m reichen aus, um die anaerobe Kapazität zu entwickeln.

Das Fartlek, eine Mischung verschiedener Laufformen im Gelände, hat seinen Wert, vorausgesetzt, Sie passen diese Mischung Ihrer Tagesform an.

Wenn Sie mit dem Marathon-Training beginnen, trainieren Sie lieber auf Zeit, als darauf, eine bestimmte Distanz zu bewältigen. Auf diese Weise tasten Sie sich voran, und Sie unterliegen nicht dem Zwang, das Training zu überziehen und sich zu strapazieren. Es erlaubt Ihnen auch, überall zu laufen, ohne eine vorbestimmte Strecke einhalten zu müssen. Wenn Sie einer gewohnten Route folgen, werden Sie versucht sein, bestimmte Abschnittszeiten zu erreichen, um zuletzt sogar mit sich selbst zu konkurrieren. Die Versuchung, etwas schneller zu laufen als bei Ihrem letzten Lauf auf derselben Strecke, oder vielleicht eine persönliche Bestzeit herauszulaufen, weil Sie sich an diesem Tag gut fühlen, würde ausreichen, um das Grundziel des Trainingslaufs zu zerstören.

Sie könnten in einen anaeroben Laufbereich kommen.

Das gleiche gilt, wenn Sie von anderen Läufern begleitet werden. Hier ist Vorsicht geboten. Sie müssen immer gemäß Ihrem eigenen Fitneßzustand laufen, nicht gemäß dem Fitneßzustand eines anderen Läufers. Beim Konditionstraining können Sie niemals zu langsam laufen, um die Sauerstoffaufnahme zu verbessern, aber Sie können zu schnell laufen.

Es ist wichtig, sich daran zu gewöhnen, bei Hitze zu laufen. Wenn Sie sich darauf nicht vorbereiten, kann es für Sie üble Folgen haben. Training bei hohen Temperaturen entwickelt die Hautarteriolen dergestalt, daß mehr Blut zur Kühlung zur Hautoberfläche gelangen kann. Saunabäder können diese Entwicklung unterstützen, aber bleiben Sie nicht zu lange in der Sauna.

Bleiben Sie bei Training und Wettkampf innerhalb Ihrer Leistungsreserven. Beginnen Sie mit einem gleichbleibenden Einsatz, und begehen Sie nicht den Fehler, am Anfang zu schnell zu laufen.

Im Kapitel 14 »Frauentraining« befindet sich ein abgeänderter Marathon-Trainingsplan für Frauen.

Bitte lesen Sie die nachfolgenden 18 Punkte der Marathon-Checkliste sorgfältig durch, besonders, wenn Sie auf dieser Wettkampfstrecke ein Neuling sind.

1. Nehmen Sie am Tag vor dem Wettlauf Ihre gewohnten ausgewogenen Mahlzeiten zu sich. Proteine, Kohlenhydrate und Fette sind für einen ausgewogenen Stoffwechsel bei einem Marathonrennen notwendig.

2. Essen Sie während der letzten zwei Tage vor dem Wettkampf zusätzlich zu Ihren normalen Mahlzeiten ca 250 g Honig oder andere Süßigkeiten.

3. Essen Sie nach Möglichkeit nur bis spätestens drei Stunden vor dem Start, aber essen Sie wenig.

4. Nehmen Sie ein leichtes Frühstück zu sich; vorzugsweise bestehend aus Cornflakes, Honig und Toast mit Tee oder Kaffee.

5. Tragen Sie gut sitzende Schuhe und Kleidung, die nicht scheuert und auf das Wetter des betreffenden Tages abgestimmt ist.

6. Reiben Sie die Achselhöhlen, den Leistenbereich und die Brustwarzen mit Olivenöl, Lanolin oder ähnlichem ein.

7. Beim Anziehen Ihrer Laufschuhe drücken Sie Ihre Ferse kräftig in den Schuh. Schnüren Sie die Schuhe fest, aber nicht zu fest, zu. Dadurch werden Fußbewegungen innerhalb der Schuhe, die zu Blasen und dem Verlust von Zehennägeln führen, vermieden.

8. Laufen Sie nicht zu viel vor dem Start. Sparen Sie Ihre Energie.

9. Dehnen und lockern Sie sich ein wenig.

10. Beginnen Sie innerhalb Ihrer Leistungsgrenzen, und erwärmen Sie sich während des Laufs. Bremsen Sie sich, es wird sich später auszahlen.

11. Übertreiben Sie nicht die Kniearbeit. Versuchen Sie, vom Start weg entspannt zu sein und die Knie nicht höher zu ziehen als notwendig. Sie müssen die Muskeln schonen, die die Beine hochbringen.

12. Kümmern Sie sich nicht um die anderen Läufer. Laufen Sie mit dem Einsatz, der Ihnen liegt.

13. Bereiten Sie für einen heißen Tag Elektrolytgetränke vor. »Sustalyte« bzw. »Thirst-Aid« sind zwei, aber machen Sie die Lösung schwächer als angegeben und fügen Sie etwas Honig hinzu.

14. Nehmen Sie keinesfalls Salztabletten, obgleich Kalium als Schutz gegen Hitze empfohlen wird.

15. An einem heißen Tag trinken Sie während des Rennens entweder nur Wasser oder die besagten Elektrolytgetränke. Ein Glas kurz vor dem Start kann helfen. Wenn Sie kein geeignetes Trinkgefäß haben, stoppen Sie, um zu trinken, damit Sie keine Luft schlucken.

16. Halten Sie Ihren Körper naß bzw. feucht. Das Abreiben mit einem feuchten Schwamm ist der beste Schutz gegen Dehydratation und hohe Körpertemperaturen. Schneiden Sie sich einen Schwamm so zu, daß Sie ihn in Ihrer Hand halten können; befestigen Sie ihn mit einem Band. Er dient Ihnen als Wasservorrat zwischen den Wasserstationen.

17. Drängen Sie während des Rennens nicht unüberlegt nach vorn, Sie vergeuden nur Energie und Kraft.

18. Verwenden Sie keine Anti-Schwitzmittel, Sie müssen schwitzen.

## Marathonanfänger

| | | |
|---|---|---|
| So lange wie möglich: | Montag | – A 1/2 bis 3/4 Stunde |
| | Dienstag | – A 1 Stunde |
| | Mittwoch | – A 1/2 Stunde |
| | Donnerstag | – A 1 Stunde |
| | Freitag | – A 1/2 bis 3/4 Stunde |
| | Samstag | – A 1 bis 2 Stunden |
| | Sonntag | – A 3/4 bis 1 Stunde |
| 6 Wochen lang: | Montag | – A 3/4 bis 1 Stunde |
| | Dienstag | – A 1 bis 1 1/2 Stunden |
| | Mittwoch | – B 1/2 bis 3/4 Stunde |
| | Donnerstag | – A 1 bis 1 1/2 Stunden |
| | Freitag | – B 1/2 Stunde |
| | Samstag | – A 1 1/2 bis 2 Stunden |
| | Sonntag | – A 3/4 bis 1 Stunde |
| 6 Wochen lang: | Montag | – L 5.000 m |
| | Dienstag | – A 1 bis 1 1/2 Stunden |
| | Mittwoch | – L 10.000 m |
| | Donnerstag | – A 1 bis 1 1/2 Stunden |
| | Freitag | – B 1/2 bis 3/4 Stunde |
| | Samstag | – A 1 1/2 bis 2 1/2 Stunden |
| | Sonntag | – W 1 Stunde |
| 4 Wochen lang: | Montag | – O 8 x 200 m |
| | Dienstag | – A 1 bis 1 1/2 Stunden |
| | Mittwoch | – L 5.000 m |
| | Donnerstag | – B 1/2 bis 1 Stunde |
| | Freitag | – N 6 x 200 m |
| | Samstag | – A 1 1/2 bis 2 1/2 Stunden |
| | Sonntag | – W 1 Stunde |

A – Langer aerober Dauerlauf
B – Leichtes Fartlek
C – Zügiges Fartlek
D – Hügel-Sprunglauf
E – Hügellauf (steil) oder Treppenläufe
F – Training zur Verbesserung der Schrittfrequenz
G – Sprinttraining
H – Alle 100 m schnelle Sprints über 45 m
J – Alle 200 m schnelle Sprints über 100 m
K – Wiederholungsläufe

| | | |
|---|---|---|
| 1 Woche lang: | Montag | – B 1/2 bis 3/4 Stunde |
| | Dienstag | – A 1 Stunde |
| | Mittwoch | – L 3.000 m |
| | Donnerstag | – B 1/2 bis 3/4 Stunde |
| | Freitag | – W 1/2 Stunde |
| | Samstag | – A 1 Stunde |
| | Sonntag | – B 1/2 Stunde |
| 1 Woche lang: | Montag | – W 3/4 Stunde |
| | Dienstag | – L 2.000 m |
| | Mittwoch | – W 3/4 Stunde |
| | Donnerstag | – W 1/2 Stunde |
| | Freitag | – W 1/2 Stunde oder Ruhe |
| | Samstag | – Marathon-Wettkampf |
| | Sonntag | – W 3/4 bis 1 Stunde |

Fortsetzung: Für 7 bis 10 Tage leichtes Jogging, danach:

| | | |
|---|---|---|
| | Montag | – B 3/4 bis 1 Stunde |
| | Dienstag | – A 1 bis 1 1/2 Stunden |
| | Mittwoch | – L 3.000 m |
| | Donnerstag | – A 1 bis 1 1/2 Stunden |
| | Freitag | – W 1 Stunde |
| | Samstag | – 5.000 m |
| | Sonntag | – W 1 1/2 Stunden oder länger |

L – Zeitkontrolläufe
M – Lauf zur Verbesserung des Tempogefühls
N – Lauf mit entspanntem Schritt
O – Schnelles entspanntes Laufen
P – Kniehebelauf
Q – Training zur Verbesserung der Schrittlänge
R – Training zur Verbesserung des aufrechten Laufens
S – Dehn- und Lockerungsübungen
T – Seilspringen
U – Radfahren
V – Schwimmen
W – Jogging
X – Sprint-Starts
Y – Hürdentraining
Z – Wassersprungtraining

## Marathon – Erfahrene Läufer

| | | |
|---|---|---|
| So lange wie möglich: | Montag | – A 1 Stunde |
| | Dienstag | – A 1 1/2 Stunden |
| | Mittwoch | – B 1 Stunde Hügellauf |
| | Donnerstag | – A 1 1/2 Stunden |
| | Freitag | – W 1 Stunde |
| | Samstag | – A 2 Stunden oder länger |
| | Sonntag | – A 1 1/2 Stunden |
| 4 Wochen lang: | Montag | – DE 1 Stunde |
| | Dienstag | – A 1 1/2 Stunden |
| | Mittwoch | – L 5.000 m |
| | Donnerstag | – DE 1 Stunde |
| | Freitag | – F 10 x 100 m |
| | Samstag | – B 1 Stunde |
| | Sonntag | – A 2 Stunden oder länger |
| 4 Wochen lang: | Montag | – K 15 bis 20 x 200 m |
| | Dienstag | – A 1 1/2 Stunden |
| | Mittwoch | – L 5.000 m |
| | Donnerstag | – B 1 Stunde |
| | Freitag | – F 10 x 100 m |
| | Samstag | – L 10.000 m |
| | Sonntag | – A 2 Stunden oder länger |
| 2 Wochen lang: | Montag | – J 10 bis 12 x |
| | Dienstag | – A 1 1/2 Stunden |
| | Mittwoch | – L 5.000 m |
| | Donnerstag | – A 1 1/2 Stunden |
| | Freitag | – B 1/2 Stunde |
| | Samstag | – L 25 km |
| | Sonntag | – W 1 1/2 Stunden |

A – Langer aerober Dauerlauf
B – Leichtes Fartlek
C – Zügiges Fartlek
D – Hügel-Sprunglauf
E – Hügellauf (steil) oder Treppenläufe
F – Training zur Verbesserung der Schrittfrequenz
G – Sprinttraining
H – Alle 100 m schnelle Sprints über 45 m
J – Alle 200 m schnelle Sprints über 100 m
K – Wiederholungsläufe

| | | |
|---|---|---|
| 1 Woche lang: | Montag | – J 10 bis 12 x |
| | Dienstag | – A 1 1/2 Stunden |
| | Mittwoch | – L 3.000 m |
| | Donnerstag | – B 1 Stunde |
| | Freitag | – W 1/2 Stunde |
| | Samstag | – L 20 km |
| | Sonntag | – W 1 1/2 Stunden |
| 1 Woche lang: | Montag | – H 20 x |
| | Dienstag | – B 3/4 Stunde |
| | Mittwoch | – W 1 Stunde |
| | Donnerstag | – W 1 Stunde |
| | Freitag | – W 1/2 Stunde |
| | Samstag | – L volle Marathondistanz |
| | Sonntag | – W 1 Stunde |
| 1 Woche lang: | Montag | – W 1 Stunde |
| | Dienstag | – W 1 Stunde |
| | Mittwoch | – L 5.000 m |
| | Donnerstag | – W 1 1/2 Stunden |
| | Freitag | – W 1 Stunde |
| | Samstag | – L 5.000 m |
| | Sonntag | – A 2 Stunden |

L – Zeitkontrolläufe
M – Lauf zur Verbesserung des Tempogefühls
N – Lauf mit entspanntem Schritt
O – Schnelles entspanntes Laufen
P – Kniehebelauf
Q – Training zur Verbesserung der Schrittlänge
R – Training zur Verbesserung des aufrechten Laufens
S – Dehn- und Lockerungsübungen
T – Seilspringen
U – Radfahren
V – Schwimmen
W – Jogging
X – Sprint-Starts
Y – Hürdentraining
Z – Wassersprungtraining

| | | |
|---|---|---|
| 1 Woche lang: | Montag | – J 10 x |
| | Dienstag | – A 1 1/2 Stunden |
| | Mittwoch | – L 3.000 m |
| | Donnerstag | – B 1 Stunde |
| | Freitag | – W 1/2 Stunde |
| | Samstag | – L 10.000 m |
| | Sonntag | – W 1 1/2 Stunden |
| 1 Woche lang: | Montag | – H 20 x |
| | Dienstag | – B 1 Stunde |
| | Mittwoch | – L 3.000 m |
| | Donnerstag | – W 1 Stunde |
| | Freitag | – W 1/2 Stunde |
| | Samstag | – L 5.000 m |
| | Sonntag | – W 1 1/2 Stunden |
| 1 Woche lang: | Montag | – B 3/4 Stunde |
| | Dienstag | – L 2.000 m |
| | Mittwoch | – W 1 Stunde |
| | Donnerstag | – W 1/2 Stunde |
| | Freitag | – W 1/2 Stunde oder Ruhe |
| | Samstag | – Marathon-Wettkampf |
| | Sonntag | – W 1 Stunde |
| Fortsetzung (Erholungsphase): | Montag | – W 1 Stunde |
| | Dienstag | – W 1 1/2 Stunden |
| | Mittwoch | – W 1 Stunde |
| | Donnerstag | – B 1 Stunde |
| | Freitag | – W 1/2 Stunde |
| | Samstag | – W 1 Stunde |
| | Sonntag | – W 1 1/2 Stunden |
| Fortsetzung (Bahn): | Montag | – J 10 x |
| | Dienstag | – A 1 1/2 Stunden |
| | Mittwoch | – L 3.000 m |
| | Donnerstag | – B 1 Stunde |
| | Freitag | – W 1/2 Stunde |
| | Samstag | – Wettkampf: 5 km oder 10 km |
| | Sonntag | – A 1 1/2 Stunden oder länger |

# 13. Laufen für Jungen und Mädchen

In welchem Alter sollen Jugendliche mit Laufen und Training beginnen? Sowohl nach meiner Erfahrung als auch nach Untersuchungen und Erfahrungen in anderen Ländern scheint sieben Jahre das Alter für Jungen und Mädchen zu sein, von dem ab sie größere Laufumfänge ohne unerwünschte Nebenwirkungen durchstehen können.

Jugendliche unter 15 Jahren können große aerobe Trainingsumfänge vertragen, weil ihre Fähigkeit, Sauerstoff im Verhältnis zu ihrem Körpergewicht zu verbrauchen, größer ist als die eines Erwachsenen. Sie haben jedoch gewöhnlich ein sehr sensibles Nervensystem und können deshalb große anaerobe Trainingsumfänge nicht so gut durchstehen. Es ist nicht ungewöhnlich für Jungen und Mädchen von 10 bis 12 Jahren, wöchentlich 120 oder sogar 160 Kilometer zu laufen und sich dabei sportlich weiter zu verbessern.

Wettbewerbsmäßiges Laufen kann Jugendlichen nicht schaden, vorausgesetzt, die Rennen sind auf bestimmte Distanzen begrenzt – Sprints bis 200 Meter und Mittel- oder Langstrecken von 800 Meter und darüber. Es sind gewöhnlich die verlängerten Kurzstrecken von 300 bis 400 Meter, die Probleme verursachen, weil die Sauerstoffschuld aufgrund des anhaltend hohen Tempos größer ist, als Jugendliche bewältigen können. Das sind die Strecken, die dazu führen, daß Jugendliche sich erbrechen, daß sie einen Blackout erleiden oder nachher Beschwerden haben. Die meisten Jugendlichen können 200 m ziemlich schnell laufen. Sie gehen jedoch eine große Sauerstoffschuld ein. In einem 400 m-Rennen bedeutet das, daß sie am Anfang der Zielgeraden erschöpft sind. Das ist der Gefahrenpunkt, bei dem sie sich selbst zwingen oder gezwungen werden können, ihre Leistungsgrenze zu überschreiten.

Die 800 m sind eine ganz andere Sache. Jugendliche erkennen, daß es sich hierbei um keinen Sprint handelt, und schlagen ein Tempo ein, welches sie, ohne sich besonders zu quälen, halten können.

In Neuseeland nehmen Jugendliche bereits in frühem Alter an Crossläufen teil. Jungen ab acht Jahren laufen 3.000 bis 5.000 m.

Das mag gewaltig erscheinen, aber wir haben bewiesen, daß sie überhaupt keinen Schaden erleiden, solange ihre Herzen gesund sind. Die hohe Intensität, nicht der Umfang, verursacht Schäden. Dies ist ein Unterschied im Trainingskonzept, der, wenn er übersehen wird, über die Jahre viele potentielle Talente in vielen Ländern zerstört.

Ich erinnere mich immer an die Worte von Gundar Haeggs Trainer Holmar: »Wenn man einen Jungen zwischen 13 und 19 Jahren dazu bewegen kann, nur zu trainieren und keine Rennen zu bestreiten, bis er voll durchtrainiert ist, dann hat man den Grundstein zu einem Olympiasieger gelegt.«

Ermutigen Sie den jungen Athleten, zwingen Sie ihn nicht. Lassen Sie die jungen Sportler in und mit dem Sport spielen. Wenn Sie sie geistig auf diese Einstellung festlegen und ihren frühen Wettbewerbsdrang dämpfen können, und somit auch jegliche Entmutigung aufgrund eines verlorenen Rennens vermeiden, dann werden ihre Trainierbarkeit und die daraus gezogenen Vorteile verblüffend sein.

Ich habe Tausende von Jungen und Mädchen beim Crosslauf beobachtet, habe gesehen, wie sie Bäche und Zäune überquerten und durch Matsch liefen, wie sie sich in frischer Luft bei Sonne und Regen eines Sports erfreuten, der keine der Beschränkungen eines festgelegten Aktionsfeldes kennt. Ich habe noch nie einen Jugendlichen erschöpft zusammenbrechen sehen, sondern alle bereiten sich auf ein späteres, ernsthafteres Laufen vor.

Einer der großen Vorteile des Crosslaufs ist, daß die Eltern nicht nebenher laufen können und ihre Kinder drängen, schneller und mit größerem Einsatz zu laufen, als diese körperlich und geistig verkraften können. Der elterliche Einfluß beim Sport kann eine wundervolle Mithilfe sein, er kann aber auch eine wirkliche Gefahr darstellen oder sich sogar zerstörend auswirken. Zu viele Eltern sind mehr daran interessiert, zu sehen, wie ihre Kinder andere Kinder besiegen, als sie vielmehr zu ermutigen, sich einfach zu vergnügen. Sie zwingen ihr Kind, Überlegenheit zu zeigen. Aber das geht auf Kosten dieses Kindes, nicht auf Kosten jener, die es besiegt.

Auch Jugendliche sollen nach einem Trainingsplan trainieren. Viele Jugendliche aus Auckland schließen regelmäßig die 35 km lange Trainingsstrecke WAITAKERE RANGES in ihre wöchentlichen Läufe ein, auf der bereits Snell, Halberg, Magee und meine anderen Läufer trainierten. Ihr Lauftempo wählen sie dabei selbst, so daß sie sich nicht unwohl fühlen. Es handelt sich hier um eine Trainingsstrecke mit steilen Hügeln, die sogar von erfahrenen Läufern als sehr hart eingestuft wird; aber ihnen gefällt sie, weil der einzige Druck durch sie selbst gewählt wird und sie sich immer innerhalb ihrer Leistungsgrenze bewegen.

Mädchen von ihrer Pubertät an bis ungefähr 15 Jahre und Jungen von ihrer Pubertät an bis ungefähr 17 oder 18 Jahre haben eine große, natürliche Ausdauer, die sie zu guten Leistungen befähigt, nicht selten ohne umfangreiches Training. Nachdem die natürliche Entwicklung der Ausdauer abgeschlossen ist, wird der jugendliche Läufer keine Fortschritte mehr machen, es sei denn, er legt hohe Kilometerumfänge in aerobem Tempo zurück.

Es ist einleuchtend, daß Mädchen und Frauen genauso umfangreich und intensiv trainieren können wie Jungen und Männer, obgleich sie aufgrund ihrer Muskelausdauer nicht die gleichen Endleistungen erreichen können. Es wurde mittlerweile auch überzeugend bewiesen, daß ihre Weiblichkeit nicht im geringsten beeinflußt wird, wenn sie wie die Männer trainieren. Hormone verändern sich nämlich nicht. Frauen, die ihr ganzes Leben trainiert haben, haben an Attraktivität sogar gewonnen.

# 14. Frauentraining

Es hat die Sportfunktionäre lange Überlegungen gekostet, Mittel- und Langstreckenläufe für Frauen zu fördern und endlich zu genehmigen. Sogar heute noch besteht einiger Widerstand, sie größere Strecken als 1.500 m laufen zu lassen. Aber in die Olympischen Spiele wurde schließlich ein Lauf über 3.000 m für Frauen aufgenommen. In den vergangenen Jahren haben sich die Frauen gerächt, indem sie ernsthaft begannen, Marathon zu laufen. Es gibt keinen physiologischen Grund, warum Frauen nicht Marathon laufen sollten. Neuerdings haben sie auch überzeugend demonstriert, daß sie diese Strecke auch gut laufen können.

1973 beobachtete ich in Auckland ein 800 m-Rennen für Schulmädchen, das für Teilnehmerinnen von 13 bis 19 Jahren gedacht war. Es war kein anderer Mittelstreckenlauf für 13jährige Mädchen vorgesehen, und wenn diese auf den Kurzstrecken nicht schnell genug waren, aber trotzdem ein Rennen laufen wollten, waren sie gezwungen, gegen viel reifere Mädchen anzutreten. Ein 13jähriges Mädchen brach nach der ersten Runde zusammen, weil das durch die älteren Mädchen vorgegebene Tempo für sie viel zu schnell war.

Ich äußerte mich gegenüber einer Lehrerin, die im Ausschuß für die Programmplanung war, daß sie für den Zusammenbruch des Mädchens wegen der unrealistischen Programmgestaltung verantwortlich sei. Ich habe mich gefreut, als ich bemerkte, daß in den darauffolgenden Jahren Mittelstreckenrennen für verschiedene Altersgruppen aufgenommen wurden.

Aber Mädchen aller in höheren Schulen vertretenen Jahrgänge brauchen längere Rennen – beispielsweise 3.000 m. Wie sonst sollen die jüngeren und langsameren Läuferinnen ermutigt werden, für eine Sportart zu trainieren, die ihnen nur guttun kann? Es könnte gut sein, daß unter ihnen eine Spitzenläuferin ist, sie aber nicht weiter beachtet wird, weil sie kein Kurzstreckentalent ist.

Heutzutage erbringen Frauen auf der ganzen Welt gute Leistungen auf Mittel-und Langstrecken. Besonders die Frauen der Sowjetunion, der DDR, der Bundesrepublik Deutschland und Bulgariens, die ihr Training wie die Männer durchführen und bis zu 200 km pro Woche laufen. Läuferinnen in vielen anderen Ländern haben einen vergleichsweise ungenügenden Trainingsumfang. Außerdem kontrollieren sie meiner Meinung nach ihr Gewicht nicht so aufmerksam.

In dem 1978 erschienen Buch »Run the Lydiard Way« wiesen wir darauf hin, daß Frauen Marathon bereits unter 2:40 Stunden laufen. Die ersten brauchten lediglich 2 Jahre, um das zu erreichen. Das ist nicht überraschend, denn sobald die Frauen erkannt hatten, daß sie physisch dazu fähig waren, Marathon wettbewerbsmäßig zu laufen und nicht bloß mitzulaufen, mußten sich ihre Leistungen einfach schnell verbessern.

Glücklicherweise wird jetzt nicht mehr so viel in der Art über weibliche Athleten geredet, daß sie durch Langstreckenläufe zu Amazonen würden. Dies ist sowohl in mythischer wie auch physiologischer Hinsicht falsch. Durch das Laufen werden Frauen nicht maskuliner und entwickeln auch keine Muskelpakete. Warum sollten sie auch? Männer tun es auch nicht! Viele der weltbesten weiblichen Athleten sind außerordentlich feminin und attraktiv, obgleich sie wie Männer trainieren und Höchstleistungen erbringen.

Die Gestalt ist die Grundform und Struktur des Körpers und setzt sich aus Knochen, Muskeln und Fett zusammen. Die Frau kann niemals so starke Muskeln wie der Mann entwickeln, deshalb wird Widerstands- und Krafttraining bei Frauen niemals eine maskuline Festigkeit der Muskeln hervorbringen, noch wird die Muskelgröße im gleichen Maß wie bei Männern zunehmen. Da die Muskelfasern nicht zunehmen können, brauchen Frauen nichts derartiges zu befürchten.

Die angeborenen anatomischen Merkmale der Frau befähigen sie zu großen sportlichen Leistungen. Die Frauen sind mit einem Körper ausgestattet, der sie befähigt, ökonomischer, wenn auch mit geringerer Kraftentfaltung, zu arbeiten.

Es wurde z. B. erkannt, daß Frauen Vorteile beim Marathonlauf besitzen, weil sie einen größeren Anteil Muskelfett als die Männer haben, der es ihnen ermöglicht, ihre Reserven weitaus mehr zu schonen. Dadurch können sie den toten Punkt umgehen, den viele männliche Läufer bei ungefähr 32 km erleben, wenn die Körperreserven aufgebraucht sind und die Sauerstoffschuld zunimmt.

Frauen können die Läufe anscheinend in einem frischeren Zustand beenden als Männer, und zeitmäßig kommen sie in zunehmender Anzahl weiter nach vorn.

Viele irrige Ansichten bestehen hinsichtlich der Beeinflussung des Trainings und der Teilnahme am Sport während der Menstruation. Es wird allgemein akzeptiert, daß Frauen vor, während und nach ihrer Periode anstrengende Aktivitäten meiden sollten. Diese allgemeine Auffassung beruht allerdings nicht auf Tatsachen. Die Menstruation ist ein biologisches Phänomen, das zu einem nicht unerheblichen Blutverlust führt. Es wurde deshalb angenommen, daß jede zusätzliche körperliche Belastung während dieses Zeitraums zu einer Überlastung der physiologischen Funktionen führen und sich negativ auf den Zyklus auswirken würde.

Es finden Veränderungen statt. Aber es ist festgestellt worden, daß sie von Person zu Person verschieden sind und sowohl vorteilhaft als auch schädlich sein können. Mit anderen Worten, es ist eine gänzlich individuelle Angelegenheit. Die Aktivität, die der einen Frau schadet, muß nicht unbedingt einer anderen schaden.

Die Einschränkung körperlicher Aktivität während der Menstruation sollte deshalb kein allgemeines Prinzip sein, sondern muß besonnen und mit Bezug auf den individuellen Einzelfall angewendet werden.

Jede Frau, die die folgenden Voraussetzungen erfüllt, braucht ihre Aktivitäten während der Menstruation nicht einzuschränken: Sie erfreut sich einer guten Gesundheit und ist körperlich fit genug, die jeweilige Aktivität durchzuführen, ihre Aktivitäten erfordern keine Bauchmuskelkontraktionen und setzen den Körper keinen übermäßigen Stößen aus, sie führt keine explosiven Bewegungen wie beim Kugelstoßen oder Diskuswerfen aus, sie vermeidet extreme Hitze oder Kälte, sie wird nicht gegen ihren Willen zur Teilnahme genötigt oder gezwungen.

Neueste biologische und medizinische Erkenntnisse belegen, daß Frauen, die Wettkampfsport betreiben, bei der Geburt und in der Phase danach Vorteile haben.

Eine Frau hat einen leichteren und schwächeren Körperbau, mit geringerer Muskelmasse. Das heißt, bezogen auf einen einzelnen Muskel und damit auf die gesamte Körperkraft, ist eine Frau im allgemeinen ungefähr ein Drittel schwächer als ein Mann. Ihre kardiopulmonale Leistungsfähigkeit ist ebenfalls ein Drittel geringer als die des Mannes. Sie erreicht daher während körperlicher Belastung nicht das gleiche maximale Sauerstoffaufnahmevermögen sowie Ventilations- und Herzminutenvolumen wie ein Mann.

Ihre Bauchorgane, das geneigte Becken, das eine große Unterleibsfläche bietet, und der Beckenboden bilden »Schwachstellen« in ihrem Körperbau. Sie hat aber trotzdem die Qualitäten und alle physiologischen Voraussetzungen, die gleichen Bewegungsarten und körperlichen Aktivitäten wie der Mann auszuführen. Lediglich im Hinblick auf Belastungsintensität und Kraft ist sie im Nachteil. Relativ gesehen kann sie dem Mann hinsichtlich Schnelligkeit, Kraft, Ausdauer und Gewandtheit ebenbürtig sein.

Als ich das erste Mal junge Männer zwischen 13 und 19 Jahren trainierte, war ich vorsichtig, weil ich nicht wußte, was ein Jugendlicher aushalten konnte, ohne dabei seine Leistung zu verschlechtern. Nach Jahren des Experimentierens kam ich zu der Überzeugung, daß Jungen bis zu 160 km pro Woche laufen können – vorausgesetzt, die Laufgeschwindigkeit ist ökonomisch, und sie können einen entsprechenden Umfang an ergänzendem Jogging bewältigen. Das gleiche trifft auch auf das Frauentraining zu. Relativ gesehen können sie genauso lange trainieren wie Männer.

Frauen, die mit dem Training beginnen, sollten täglich auf Grasboden joggen – Parks und Golfplätze sind ideal dafür -, damit sich ihre Muskeln schonend darauf einstellen können, während das Atmungssystem und der Kreislauf trainiert werden. Fünfzehn Minuten pro Tag sind anfangs genug. Wenn aber der anfängliche Muskelkater verschwunden ist, sollte der Laufumfang zunehmen, so daß jeden zweiten oder dritten Tag ein längerer Lauf durchgeführt wird. Alle täglich gelaufenen Strecken können dann erweitert werden, solange das Gleichgewicht zwischen langen und kürzeren Läufen erhalten bleibt, um eine Regeneration und Leistungsverbesserung erreichen zu können.

Das ist leichter, als es erscheinen mag, denn die Reaktion des Körpers auf dieses Training ist eine beeindruckend schnelle Verbesserung der Ausdauer und der allgemeinen Kondition. Cross-Trainingsläufe und -Rennen sollten in das System aufgenommen werden, bevor die Läuferin zu intensiveren Belastungen übergeht, die dem Körper mehr abverlangen und deren Erfolg von einer schnellen Regeneration abhängt, die nur bei ausreichender Ausdauer und guter Kondition gewährleistet ist.

Dieses Buch enthält auch Trainingspläne für Frauen. Ihr Marathon-Trainingsplan sollte jedoch eine Abänderung des Plans für Männer sein und ungefähr wie folgt aussehen:

| | |
|---|---|
| Montag: | 1 Stunde gleichmäßiges Laufen |
| Dienstag: | 1/2 Stunde Fartlek |
| Mittwoch: | 1 1/2 Stunden gleichmäßiges Laufen |
| Donnerstag: | 1 Stunde gleichmäßiges Laufen |
| Freitag: | 1/2 Stunde Fartlek |
| Samstag: | 1 1/2 Stunden gleichmäßiges Laufen |
| Sonntag: | 1 Stunde gleichmäßiges Laufen |

Beim Fartlek ist der Schwerpunkt weniger auf Sprints als auf das Laufen mit langem Schritt zu legen. Laufen Sie während dieser halben Stunde überwiegend mit gleichmäßigem Tempo, und schieben Sie in regelmäßigen Abständen Abschnitte bis 200 m Länge ein, auf denen Sie Ihre Schritte länger ziehen. Erhöhen Sie gelegentlich das Tempo auf ansteigenden Streckenabschnitten, und laufen Sie leicht und mit langen Schritten bergab, vorausgesetzt, das Gefälle ist nicht zu steil.

# 15. Training in den Ball- und Mannschaftsspielen

Die große Mehrheit der Mannschaftsspieler kommt zu Beginn der Saison mit dem blinden Vertrauen zu ihren Trainern, daß der liebe »Alte« sie fit machen, ihnen etwas beibringen, die Grundlagen ihres Spiels aufpolieren und sie wettbewerbsmäßig spielen lassen wird. Alles auf einmal – erfolgreich natürlich. Das ist das gleiche wie aus einem Schweinsohr ein Seidentäschchen zu fertigen oder mit einem Käfer einen Grand Prix zu gewinnen.

Wie sieht das tägliche Training aus? Unmittelbar vor der Saison ein Schnellkurs im Laufen, im Sprinten und in den Grundtechniken des jeweiligen Spiels, und wenn es Hügel um das Trainingsgebiet gibt, werden diese Schellkurse sehr anstrengend. Alles wird in unvertretbar harten Trainingseinheiten zusammengepackt, die genau die falsche Art von körperlicher Kondition hervorbringen (was an den schmerzenden Muskeln sehr gut deutlich wird). Dies kann zu frühen ernsten Verletzungen, zu einem Motivationsverlust in der Mitte der Saison und bestenfalls zu mittelmäßigen Leistungen während der Saison führen.

Glücklicherweise geht der Trend von dieser masochistischen Einstellung weg und mehr in die Richtung Spaß am Sport. Man sieht jetzt nicht mehr ganz so viele eigenartig verkleidete Ballspieler, die mühsam trabend ihre Sommerbäuche auf den Straßen und auf Parkrunden herumtragen, die von Staub umhüllt nach Luft schnappen und sich in dem verzweifelten Bestreben, ihr Übergewicht loszuwerden, zu warm angezogen haben. Man sieht nicht mehr ganz so viele jener halbherzig durchgeführten Sprinttrainingseinheiten, in denen die Spieler sich Belastungen aussetzen, denen sie nicht gewachsen sind, in dem verzweifelten Bemühen, sich für das erste Spiel der Saison fit zu machen.

In der Vergangenheit jedoch ist das gar nicht so schlecht gewesen. Denn jede andere Mannschaft, auf die man zu Saisonanfang traf, befand sich erwartungsgemäß auf dem gleichen unzureichenden Konditionsniveau. Deshalb glich sich alles aus. Die Spieler konnten mit Sicherheit darauf setzen, daß, wenn sie den Ball vom Spielfeld schossen oder den Ablauf verzögerten, um sich und ihren Mannschaftskameraden eine Verschnaufpause zu gönnen, die andere Seite genauso erleichtert war. So standen sie also alle herum, die Hände auf den Knien, nach Sauerstoff ringend, durch die gemeinsam erlittenen Qualen geeint. Wenn sie auch noch die Kraft hatten, den Ball so weit wie möglich in die Tribüne oder auf das nächste Feld zu schießen, konnten sie darauf bauen, daß derjenige, der den Ball holte, sich Zeit nahm.

Im Bereich des Amateursports, der ja zumindest theoretisch zum Vergnügen betrieben wird, ist das vielleicht keine besorgniserregende Situation. Wenn aber in den goldenen Höhen des professionellen oder internationalen Footballs die Situation ähnlich ist, dann blicken wir in der Tat auf eine chaotische Szene menschlicher Bemühungen.

Es wird eine Menge amerikanischer Trainer geben, die folgende Erfahrung gemacht haben: Sie verdienen fünfzig- bis sechzigtausend Dollar im Jahr als Trainer ihrer College-Mannschaft. Ihr College schaut auf sie und erwartet Ergebnisse. Sie durchstöbern das Land, um die besten verfügbaren Spieler zu finden. Man zahlt ihnen hohe Verpflichtungsprämien, Stipendien, das Auto und andere Subventionen. Sie sind eine große Investition und werden hoch geachtet. Zu Saisonanfang kommen die Spieler hinaus auf das Feld, und sie beginnen, hart mit ihnen zu arbeiten, wie man es von ihnen erwartet. Aber bevor die Saison beginnt, sitzen einige der Spieler mit Sehnenzerrungen oder -rissen am Spielfeldrand. Es ist wahrscheinlich, daß sie dort für die meiste Zeit der Saison sitzen bleiben, von den College-Geldern leben und ihren Ruf als Trainer zerstören.

Die plötzlich auftretende Verletzung ist das schlimmste Resultat einer schlechten Vorbereitung. Genauso schlecht dran ist der Spieler, der niemals so fit ist, sich den hohen Anforderungen des Spiels stellen zu können. Er setzt sich mehr als notwendig den bei Kontaktsportarten unvermeidbaren Verletzungsrisiken aus.

Während meiner Gespräche mit Football-Trainern in den Staaten erkannte ich, daß eine Menge der Probleme auf ihre Fehler zurückzuführen waren. Sogar einige der höchst bezahlten Männer waren sich der leistungsphysiologischen Grundlagen ihrer Sportart nicht bewußt und waren logischerweise auch nicht in der Lage, das Training ihres teuren Spielermaterials so zu gestalten, daß diese von Verletzungen verschont bleiben.

Sie arbeiteten gemäß der deutschen Theorie des Intervalltrainings, die besagt, daß Sie, solange Sie anaerob trainieren, Ihre anaerobe Kapazität verbessern. Dies ist, wie wir jetzt wissen, physiologisch falsch. Sie können Ihre Sauerstoffschuld-Toleranz bis zu einem Maximum von etwa 15 bis 18 Litern entwickeln. Wenn Sie jedoch versuchen, dieses Limit zu überschreiten, ist das einzig mögliche Ergebnis ein Nachlassen der Leistungsfähigkeit aufgrund eines allmählichen Zusammenbruchs.

Das war genau das, was die Trainer erreichten. Es war Tradition, daß die aus ihren Sommerferien zurückkommenden Spieler sehr schnell mit Trainingsprogrammen begannen, die Sprints und andere anaerobe Belastungen einschlossen, für die sie gar nicht vorbereitet waren.

Football-Spieler werden argumentieren, daß Football hauptsächlich aus Sprints besteht. Ich werde nicht dagegen argumentieren, aber ich behaupte, daß das Training dafür eben nicht nur aus Sprints bestehen sollte. Meine Athleten können sprinten, aber sie werden es niemals tun, bevor sie nicht eine hohe maximale Sauerstoffaufnahmefähigkeit entwickelt haben, die es ihnen erlaubt, leicht zu sprinten, oder bis sie ihre Muskeln so trainiert haben, daß sie den Sprintbelastungen widerstehen.

Football-Spieler müssen dies ebenfalls tun – und das ist sogar wichtiger, wenn Sie bedenken, daß ein Läufer einmal im Rennen wegzieht, ohne körperlichen Kontakt zu riskieren. Ein Football-Spieler dagegen muß unzählige Male sprinten und dabei zusätzlich zahllose Schläge und Stöße hinnehmen.

Mag sein, daß sie durch eine Folge von 12 harten, schnellen Sprints durchkommen, bevor sie erschöpft zusammenbrechen. Sie sollten jedoch imstande sein, 30 Sprints zu absolvieren. Wenn sie das nicht können, welche Erwartungen haben sie, wenn der 25ste oder 30ste Sprint im Verlauf des Spiels auf sie zukommt?

Die Trainer, die ich traf, schienen dies zuerst nicht zu verstehen. Es war fremd für sie, gesagt zu bekommen, daß sie ihre Spieler rausschicken und ihnen auftragen sollten, sich zu lockern, zu joggen, ihre Sauerstoffaufnahmefähigkeit zu entwickeln, ihre Muskeln und ihr Herz-Kreislauf-System zu trainieren und ihre Sehnen zu dehnen. Und das alles, bevor sie überhaupt ans Sprinten denken konnten, wenn sie Verletzungen vermeiden, volle Leistungsfähigkeit erreichen und ihre Ballbeherrschung bis zu einem Höchstmaß anwenden wollten.

Die lähmenden, frühsaisonalen Verletzungen treten deshalb auf, weil kraftvolle, starke Muskeln ohne vorangegangenes Dehnen der Sehnen und des Bindegewebes belastet werden.

Es ist psychologisch richtig, den Athleten zu Beginn auf die körperlichen und mechanischen Konsequenzen seiner Handlungen aufmerksam zu machen. Nur wenige Athleten werden mit Leib und Seele ihr Training durchführen, wenn sie ohne Angabe von Gründen losgeschickt werden, etwas für sich zu tun. Was für ein Spiel Sie auch betreiben mögen, und was auch immer Ihre Spielposition sein mag, Sie sind ein Athlet mit den gleichen physiologischen Problemen und dem gleichen mechanischen Verhalten wie der Meilen- oder Kurzstreckenläufer.

Trainingspläne können manchmal so aufgebaut sein, daß sie auf dem Papier unfehlbar erscheinen. Die Entwicklung scheint mathematisch vorprogrammiert zu sein. Aber Trainern und Athleten, die auf diese Weise arbeiten, fehlt ausnahmslos die praktische Erfahrung, wie das Training auszuwerten und mit welcher Intensität die Belastungsformen durchzuführen sind. Viele Athleten halten bestimmte Trainingsaspekte für besonders wichtig und sind geneigt, diese auf Kosten von anderen Trainingselementen zu bevorzugen – z. B. zahllose Sprints oder endlose Wiederholungen spezieller Footballübungen.

Ich habe Trainern zugehört, die ihre Spieler psychologisch bearbeitet haben, ihnen versicherten, daß sie nicht verlieren könnten und daß sie in Hochform seien. Und das, obwohl die Spieler noch nicht einmal ein ausgewogenes Trainingsprogramm absolviert hatten und somit auch für einen Wettbewerb körperlich unvorbereitet waren. Ich habe Trainer gekannt, die sich mehr um die Technik als um grundlegende Fitneß sorgten, im Glauben, daß überlegenes technisches Können konditionelle Mängel ausgleiche und man die gegnerische Mannschaft, die genau anders herum vorbereitet war, auf diese Weise besiegen könne. Derjenige Spieler aber, der zwar in der Ballbehandlung geschickt, aber nicht fähig ist, ein Spiel konditionell durchzustehen, ist für einen Gegner, der vielleicht jeden zweiten Paßball fallen läßt, aber andererseits fit genug ist, dem Gegenspieler den Ball jedesmal abzujagen, ein gefundenes Fressen.

Ich kenne aber auch Athleten, die hart trainieren, indem sie lange Strecken laufen, aber sich nicht darum kümmern, ihren Laufstil zu verbessern – und deshalb nicht den vollen Nutzen aus ihren umfangreichen Trainingseinheiten ziehen können – oder die die Entwicklung ihrer Schnelligkeit oder anaeroben Kapazität vernachlässigen.

Jahre mit enttäuschenden Ergebnissen können folgen, wenn Athleten und ihre Trainer sich auf Vermutungen statt auf einen ausgewogenen und ausgearbeiteten Trainingsplan verlassen. Sportliches Training ist wie ein Puzzle – jedes Teil wird gebraucht, wenn das Bild vollständig sein soll, und jedes Teil ergibt nur im Gesamtkomplex einen Sinn.

Trainer und Athleten können nicht einfach die Weiterentwicklung im Sport ignorieren und mit Trainingsmethoden weiter arbeiten, die Jahre vorher erfolgreich waren. Ich glaube nicht, daß es revolutionäre Änderungen geben sollte. Aber es muß konstante, gleichmäßige Änderungen in dem Maße geben, in dem wir mehr über die extremen Belastungen lernen, die der Mensch ohne Leistungseinbußen tolerieren kann, und die besten Trainingsmethoden und ihre Anwendung verstehen.

Viele Trainer sind nur auf schnelle Ergebnisse aus und lassen die Athleten schließlich unverhältnismäßig hohe aerobe und anaerobe Trainingsumfänge bewältigen. Das mag nichts ausgemacht haben, solange wir die Unterschiede nicht kannten. Aber nun, da wir die Unterschiede kennen, werden diese Trainer zu einer Bedrohung für den Sport und ihre Athleten, wenn sie dieses Wissen nicht anwenden und die Probleme ignorieren, die, wie jetzt bekannt ist, bei übertriebenem anaeroben Training entstehen. Sie tragen damit die Verantwortung, wenn sich die Entwicklung ihrer talentiertesten Athleten verzögert. Anaerobes Laufen und Trainieren ist notwendig, aber ihr Wert und ihre Anwendung müssen klar verstanden sein, bevor Erfolge erzielt werden können.

Für den modernen Trainer ist es ebenso wesentlich, die Athleten zu motivieren, ihre Konditionsprogramme auch außerhalb der Saison beizubehalten, während des Urlaubs und zu fast jeder Zeit, wenn sie erfolgreich sein wollen.

Erfreulicherweise stellt sich die Motivation leicht ein, wenn man erst einmal in den Genuß der erzielbaren Vorteile aus einem verhältnismäßig leichten Form-Erhaltungs-Programm gekommen ist. Außerhalb der Saison mögen die Athleten vielleicht nicht so hart arbeiten, wie sie es unter den Augen eines Trainers tun würden, aber sie werden mehr tun, als sie vor der Motivation durch den Trainer je getan hätten -, und jede Kleinigkeit hilft. Sogar der Athlet, der nur halbherzig bei der Sache ist, gewinnt körperlich gegenüber demjenigen, der sich den ganzen Tag über am Strand sonnt, anstatt dort ein wenig zu laufen.

In Amerika sind professionelle Football-Spieler wohlhabende Leute. Das sollte ein Ansporn sein, ernsthaft zu trainieren. Aber es gibt auch andere Gründe, z. B. das Gefühl, leistungsfähiger in eine Saison einzusteigen, als Sie es je waren, und fähig zu sein, neue Techniken und Taktiken aufzunehmen und sie sofort in die Tat umsetzen zu können.

Viele sind bereits große Läufer und Hürdenläufer – solche wie Earl Mc Cullough, Bob Hayes, Jim Hines und Tommy Smith. Sie brauchen nicht nach deren leichtathletischen Leistungen zu streben, aber Sie müssen sich klar sein, daß der einzige Weg, bei dem Sie hoffen können, mit diesen Männern zu konkurrieren, darin besteht, wenigstens etwas von deren Konditionstraining durchzuführen.

Ein kleiner Vorschlag, den ich Trainern machte, war folgender: Bauen Sie eine Rampe von ungefähr 30 bis 40 Metern Länge und einem Neigungsverhältnis von 1:2 oder 1:3, und bedecken Sie sie mit einer Kokosmatte. Lassen Sie die Spieler diese Rampe täglich hinaufspringen. Das ist vergleichbar mit den Sprungläufen bergan, die unsere Athleten ausführen, um ihre Muskeln zu dehnen, bevor sie zur Schnelligkeitsarbeit übergehen. Eine Trainingseinheit, die gerade lang genug ist, um die Beine zu ermüden, macht sich außerordentlich bezahlt.

Ein anderer Vorschlag ist, Treppen hochzulaufen. Es stärkt die Hebemuskeln, und die Kniearbeit verbessert sich. Erhöhen Sie dabei auch die Schrittfrequenz, und vergrößern Sie die Schrittweite. Das kommt ganz besonders den anfälligen Kniesehnen zugute.

Das sind relativ mäßige Übungen, die schnell eine Grundlage für ein späteres, härteres Training bilden. Es ist wesentlich billiger, die Holzrampe zu bauen oder die Tribünen-Treppen zu benutzen, als irgendeinem Spieler große Geldsummen zu zahlen, ihn jedoch niemals in Spielen einsetzen zu können, weil ihn ein unpassendes Konditionstraining lahmlegte.

Im Gegensatz zum Rugby oder zum Fußball, wo ein Mann das ganze Spiel über eingesetzt bleibt, werden beim amerikanischen Football die Spieler fortwährend ausgewechselt. Sie bekommen dadurch während des laufenden Spiels Verschnaufpausen. Aber es bleibt wichtig, sich zu vergegenwärtigen, daß Fitneß hauptsächlich aus einer höheren Sauerstoffaufnahme resultiert. Und selbst wenn ein Mann nur kurzzeitig auf dem Spielfeld sein wird, werden seine Konzentration und Bewegungskoordination durch diese höhere Sauerstoffaufnahme verbessert sein. Die Wirkung von zusätzlichem Sauerstoff und hämoglobinreicherem Blut auf das zentrale Nervensystem verbessert die Reflexe und bewirkt, daß der Spieler seine Fertigkeiten besser einsetzen kann.

Wir haben das viele Male bei Golfspielern bewiesen, die ihre Ergebnisse nicht verbessern konnten, selbst wenn sie ihre Technik verbesserten. Wir veranlaßten sie, 15 Minuten pro Tag zu joggen, was ihre Handicaps wegen der verbesserten körperlichen Kondition, Reflexe sowie Bewegungskoordination und Konzentration um bis zu 10 Schläge verringerte.

Ein Trainer, der über Zeit verfügt und das Training versteht, kann aus einem normal talentierten Athleten einen Champion machen. Sie werden gemacht, nicht geboren, obgleich einige größere natürliche Fähigkeiten haben als andere. Alle Talente müssen durch Training weiterentwickelt werden, bevor ihre volle Leistungsfähigkeit sichtbar wird. Viele Athleten besitzen ein weitaus größeres Talent, als sie sich vorstellen können, und finden es niemals heraus.

Aber man muß erst gehen lernen, bevor man laufen kann – das heißt, Sie müssen erst einmal das harte Training auf sich nehmen und durchstehen, bevor sich Erfolg einstellen kann. Deshalb, wenn Sie es nicht bereits getan haben, gehen Sie zum Anfang des Buches zurück, und lesen Sie es noch einmal. Einiges davon zielt speziell auf Läufer ab, aber alles im Buch hat bis zu einem gewissen Grad Bedeutung für alle Sportler und Trainer.

Football – oder irgendein anderes Mannschaftsspiel – ist ein Sport, bei dem viel gelaufen wird. Das verlangt vom individuellen Spieler die Fähigkeit, bis zu 80 Minuten lang wiederholt zu sprinten. Allein so lange bei gleichbleibendem Einsatz zu laufen, erfordert eine gute Ausdauer – ein hohes Steady State. Es ist deshalb offensichtlich, daß für solch einen Einsatz, mit einer Reihe von harten Sprints, mit Körperkontakten, plötzlichen Stops und Starts sowie mit Richtungswechseln vermischt, eine sorgfältige Vorbereitung und ein hohes Maß an Fitneß verlangt werden.

Wir kommen jetzt zur Herzleistung. Sie können sie von Saison zu Saison wieder aufleben lassen, dann werden Sie jedoch nur ein halbherziger Football-Spieler sein. Wirkliche Herzleistung läßt sich nur durch leichtes aerobes Laufen erzielen, innerhalb und außerhalb der Saison, das ganze Jahr hindurch, zur Verringerung der Sauerstoffschuld bei relativ gleichen Belastungen und zur Verbesserung der Fähigkeit, anaerobe Belastungen ohne Eingehen einer Sauerstoffschuld zu ertragen.

Zur Zeit verhält es sich so, daß sich zu viele Football-Spieler gegen das Gedränge lehnen und anderen das Drücken überlassen. Sie legen Ruhepausen ein und überlassen es anderen, dem Ball nachzujagen. Sie erwarten vom Trainer, daß er sie in zwei Trainingseinheiten fit macht. Das ist eine Zumutung für den Trainer, weil er einen Körper nicht mit harten anaeroben Trainingsformen belasten kann, wenn dieser Körper nicht aerob darauf vorbereitet ist. Und wenn der Trainer das nicht tun kann, kann nicht gleichzeitig von ihm erwartet werden, die Ball- und Spielfertigkeiten sowie die taktischen Fähigkeiten zu verbessern und Mannschaften hervorzubringen, die hochmotiviert sind und hervorragend spielen können.

Gewiß, mit fortschreitender Saison wird sich Ihre Kondition verbessern, aber bis dahin können die ersten Spiele verloren worden sein, und Sie sind wahrscheinlich ebenfalls auf dem Weg, Ihre Form aufgrund von Motivationsverlust zu verlieren, weil Ihr System abbaut, Ihr Blut-pH-Wert wahrscheinlich ganz niedrig ist und es nichts gibt, was Sie dagegen tun können, es sei denn, Sie gehen zurück zu den Grundlagen. Die Hochsaison ist dafür nicht die richtige Zeit.

Das aerobe Konditionstraining ist in vorherigen Kapiteln beschrieben worden. Wenn Sie sich erst einmal an ein regelmäßiges Laufprogramm dieser Art gewöhnt haben, sollten Sie auf einen Traininsplan von 30 bis 60 Minuten pro Tag hinarbeiten, unabhängig von der in dieser Zeit zurückgelegten Distanz. Immer längere und kürzere Strecken, mit nicht mehr als drei längeren Läufen pro Woche. Wenn Sie den Lauf über eine Stunde erst einmal bequem bewältigen, sollten Sie damit beginnen, Ihre Distanzen auf Zeit zu laufen. Laufen Sie eine Woche lang auf abgemessenen Strekken, ohne auf die Zeit zu achten und ohne die Beeinflussung eines anderen Läufers. Versuchen Sie vom Einsatz her, so gleichmäßig wie möglich und so zügig, wie Ihre Kondition es erlaubt, zu laufen. Wenn Sie die insgesamt gelaufene Zeit festhalten, werden Sie eine ziemlich gute Aussage über Ihren Trainingszustand erhalten und eine Ausgangsbasis haben, auf der Sie Ihr Training weiter aufbauen können.

In der nächsten Woche nehmen Sie diese Zeiten als Kontrolle über die gleichen Distanzen. Jetzt allerdings stoppen Sie die einzelnen Kilometerabschnitte. Wenn Sie in der ersten Woche in einer Stunde 16 km gelaufen sind, dann versuchen Sie jetzt, jeden Kilometerabschnitt in 3:45 Minuten zurückzulegen, wobei Sie allerdings das Gelände berücksichtigen sollten.

Wenn es offensichtlich ist, daß die Ausgangszeiten zu langsam sind, dann erhöhen Sie Ihr Durchschnittstempo um 3 Sekunden auf ca. 3:42 Minuten pro Kilometer. Auf diese Weise tragen Sie der verbesserten Sauerstoffaufnahme Rechnung, die es Ihnen jetzt erlaubt, schneller und damit mit nahezu aerober Höchstgeschwindigkeit zu laufen. Machen Sie sich keine Sorgen, wenn Sie die Laufzeit nicht immer exakt einhalten können. So lange Sie aerob laufen, ist der Trainingseffekt auf das Herz gewährleistet.

Die besten Ergebnisse werden durch Laufen von ungefähr 160 Kilometern pro Woche und durch zusätzlich gelaufene Kilometer bei geringem Einsatz erzielt. Durch Variieren der Laufstrecken (z. B. 16 km heute, 32 km morgen) werden bessere Ergebnisse erzielt als durch das tägliche Laufen von ca. 24 km. Sie als Football-Spieler brauchen jedoch so lange Distanzen nicht zu laufen. Eine Stunde pro Tag ist ausreichend. Wenn möglich, sollten Sie abends noch 15 Minuten zusätzlich zur Auffrischung joggen.

Es besteht überhaupt keine Notwendigkeit für anaerobes Laufen während des Konditionstrainings unmittelbar nach der Saison. Die anaerobe Leistung hängt von Ihrer aeroben Kapazität ab und kann später schnell entwickelt werden, wenn die Spielsaison näherrückt. Während der Spielsaison sollten Sie so oft wie möglich leichte Läufe durchführen, um die Sauerstoffaufnahme weiterzuentwickeln und um die Regeneration nach einem anaeroben Wettkampf und Training zu beschleunigen.

Wenn Sie sich in dieser Phase befinden, schlagen Sie im Buch zurück, und lesen Sie erneut den Abschnitt über Schnelligkeitsentwicklung. Hier finden Sie Aussagen zur Verbesserung der Kraft und Beweglichkeit des Fußgelenks, die wichtig sind, weil die meisten Football-Spieler schwache und steife Fußgelenke haben. Führen Sie Sprungläufe bergan durch, laufen Sie Treppen hinauf, und verbessern Sie Ihre Kniearbeit. Es macht Sie nicht nur schneller auf dem Spielfeld, es erschwert auch dem Gegner ein Tackling, wenn Sie im vollen Lauf sind.

Wenn Sie dieses Programm absolviert haben, suchen Sie sich zur Verbesserung der Schrittfrequenz ein flaches Gebiet aus oder eine leicht abfallende 120 bis 150 Meter lange Strecke. Wärmen Sie sich ungefähr 15 Minuten auf, danach laufen Sie die Strecke im Abstand von 3 Minuten zehnmal, und fixieren Sie dabei Ihre Gedanken auf folgende Punkte:

1. Bewegen Sie Ihre Beine so schnell wie möglich, ohne dabei an die Schrittlänge zu denken.

2. Halten Sie Ihren Oberkörper so entspannt wie möglich.

3. Behalten Sie die normale Schrittlänge bei, aber bringen Sie die Knie gut nach oben und »peitschen Sie die Beine durch«, um die Quadrizeps stark zu belasten.

Diese Übung lockert die Muskeln und entwickelt eine hervorragende Schnelligkeit. Ihre Beine mögen vielleicht müde werden, aber wenn Sie diese Trainingsform beibehalten, fällt Sie Ihnen allmählich leichter, und die Erfolge stellen sich von selbst ein.

Laufen Sie sich nach den Wiederholungen stets 15 Minuten aus.

Gehen Sie jetzt im Buch zurück, und lesen Sie das Kapitel über anaerobe Trainingsformen und ihre Wirkungen auf Ihren Blut-pH-Wert. Das ist wichtig, weil Sie mit einem Programm arbeiten müssen, das auf Sie persönlich abgestimmt ist. Gleiches Training bedeutet nicht gleiche Resultate. Einige Spieler werden sich damit verbessern, andere werden sich verschlechtern. Merkmale des Programms sind ein reduzierter Trainingsumfang und eine erhöhte Trainingsintensität. Lassen Sie Ihren pH-Wert nicht zu weit absinken, und lassen Sie ihn wieder ansteigen, bevor Sie Ihr Training intensivieren. Am besten wenden Sie anaerobe Trainingsformen nur einmal pro Woche an. Dies bringt uns zu einem anderen Punkt, den viele Spieler und Trainer übersehen.

Nach einem Spiel sollte zwei Tage lang kein hartes Training durchgeführt werden. Wenn Sie am Samstag spielen, sollte erst für Montag und Dienstag hartes Training angesetzt werden, damit dem Blut-pH-Wert Zeit genug gelassen wird, sich wieder zu regulieren.

Während der Spielsaison ist hartes Training nur notwendig, um Ihre spielspezifische Kondition zu verbessern. Ein fortlaufend hartes Training, woran immer noch eine Menge Football-Spieler festhalten, ist ein Fehler. Sie müssen jetzt frisch und spritzig bleiben, und das werden Sie nicht sein, wenn Sie andauernd harte Wiederholungsarbeit leisten. Sie müssen sich für eine dieser Möglichkeiten entscheiden, beides zusammen ist unvereinbar.

Der folgende Lauf-Trainingsplan eines Ballspielers ist eine Richtlinie:

Beginn 18 Wochen vor Saisonanfang

| | |
|---|---|
| Montag: | 1/2 Stunde zügiger Hügellauf, Gewichttraining |
| Dienstag: | 1 Stunde Dauerlauf in gleichmäßigem Tempo |
| Mittwoch: | 1/2 Stunde zügiger Hügellauf, Gewichttraining |
| Donnerstag: | 1 Stunde Dauerlauf in gleichmäßigem Tempo |
| Freitag: | Ruhe, Gewichttraining |
| Samstag: | 1 Stunde Dauerlauf in gleichmäßigem Tempo |
| Sonntag: | 1/2 Stunde leichtes Fartlek |

Die drei Dauerläufe sind der Schwerpunkt des Konditionstrainingsplanes. Die drei anderen Tage werden dazu benutzt, um über hügeliges Gelände zu laufen, um so die Beinmuskeln an die Belastungen des Bergauf- und Bergablaufens zu gewöhnen.

Beginn 12 Wochen vor Saisonanfang

| | |
|---|---|
| Montag: | 1/2 Stunde Hügel-Sprungläufe und Hügellauf (steil), Gewichttraining |
| Dienstag: | 1 Stunde Dauerlauf in gleichmäßigem Tempo |
| Mittwoch: | Bis zu 10 x 120 Meter Läufe zur Verbesserung der Schrittfrequenz mit dreiminütigen Jogging-Intervallen |
| Donnerstag: | 1 Stunde Dauerlauf in gleichmäßigem Tempo |
| Freitag: | Ruhe, Gewichttraining |
| Samstag: | 1/2 Stunde Hügellauf in gleichmäßigem Tempo |
| Sonntag: | 1 Stunde Dauerlauf in gleichmäßigem Tempo |

Während dieser Periode ist der Lauf zur Verbesserung der Schrittfrequenz mit ins Training aufgenommen, um die Muskeln zu lockern und die muskulären Reaktionen zu verbessern.

Beginn 8 Wochen vor Saisonanfang

| | |
|---|---|
| Montag: | Bis zu 1 Stunde Fartlek, Gewichttraining |
| Dienstag: | Football-Training oder anaerobe Wiederholungen (10 x 200 m mit 200 m Jogging-Intervallen) |
| Mittwoch: | Stürmer – bis zu 1 Stunde Fartlek, Gewichttraining<br>Verteidiger – Sprinttraining, Gewichttraining |
| Donnerstag: | Football-Training oder anaerobe Wiederholungen |
| Freitag: | Ruhe, Gewichttraining |
| Samstag: | Football-Training oder anaerobe Wiederholungen |
| Sonntag: | 10 x 120 m zur Verbesserung der Schrittfrequenz |

Während Sie in dieser Phase Ihre anaerobe Kapazität entwickeln, müssen Sie Zeit finden, das umfangreiche Laufen beizubehalten. Football-Training setzt sich zusammen aus hartem Spiel zur Verbesserung der Kondition im Mann-gegen-Mann-Kampf, aus einem Arbeiten an den Grundlagen und aus einem Kombinationstraining.

Beginn der Spielsaison

| | |
|---|---|
| Montag: | Bis zu 1 Stunde Jogging, Gewichttraining |
| Dienstag: | Football-Training einschließlich 100 m Sprints |
| Mittwoch: | Leichtes Fartlek oder Sprinttraining, Gewichttraining |

| | |
|---|---|
| Donnerstag: | Football-Training |
| Freitag: | Ruhe |
| Samstag: | Football-Spiel |
| Sonntag: | Leichtes Jogging |

Football-Spieler trainieren, um gut zu spielen, aber sie müssen sich auch über einen langen Zeitraum fit halten. Deshalb ist anaerobes Training donnerstags und freitags zu unterlassen. Donnerstags kann das Training zwar schnell sein, sollte aber nicht bis zur Erschöpfung durchgeführt werden. Zum Beispiel: Rückwärtslaufen im Rahmen des Kombinationstrainings, Vorwärtsdribblings und Paßbewegungen, Spiele zur Verbesserung des taktischen Verhaltens.

Diese Trainingspläne sind ein bloßer Leitfaden für ein ausgewogenes Training. Wenn Sie sich vernünftig durch das Programm arbeiten, steht außer Zweifel, daß Sie Ihre allgemeine Fitneß und konditionellen Fähigkeiten bemerkenswert verbessern können. Aber dies ist ein optimaler Trainingsplan. Sie mögen vielleicht nicht, oder sind vielleicht nicht in der Lage, die gesamte Zeit außerhalb der Saison zu trainieren. Deshalb sollten Sie zu Trainingsbeginn darauf abzielen, so viele aerobe Kilometer wie möglich zu laufen, bevor Ihr Trainer Sie dem rigorosen Mannschafts-Training aussetzt.

Oder Sie können während der ganzen Zeit außerhalb der Saison ein weniger umfangreiches Laufpensum absolvieren als vorgeschlagen; Sie müssen jedoch das angegebene, ausgewogene Verhältnis beibehalten. Konzentrieren Sie sich beispielsweise nicht auf das Gewichttraining, um einen großen Muskelzuwachs zu erreichen, ohne im gleichen Maße Ihre Herzleistung zu verbessern. Auch ist es nutzlos, viel zu laufen, ohne die Muskeln entsprechend aufzubauen. Das kann für Läufer gut sein, aber Football-Spieler brauchen eine Mischung aus beidem.

Sie können zu wenig oder zu viel tun, Sie können es zu intensiv oder zu lokker tun -, und Sie können eine Menge Zeit und Einsatz vergeuden. Denken Sie darüber sorgfältig nach, und stellen Sie einen ausgewogenen Plan auf. Wenn Sie sich an den Plan halten, dürften Sie keine Probleme bekommen.

Selbst, wenn Sie den Übungsplan nur zur Hälfte einhalten, machen Sie nichts falsch. Selbst, wenn Sie richtig faulenzen und nur jeden zweiten Tag 15 Minuten joggen, bis Sie das normale Mannschaftstraining aufnehmen, würden Sie immer noch davon profitieren. Es hängt nur alles davon ab, wie gut Sie sein wollen.

Wenden wir uns jetzt dem Gewichttraining und der Kraft zu: Muskelstärke ist, einfach gesagt, die Fähigkeit, explosive Kraft gegen einen Gegen-

stand anzuwenden. Weil Football ein Sport mit Körperkontakt ist, müssen Sie Ihre Muskeln allgemein so trainieren, daß sie befähigt werden, schnell zu reagieren und die harten Körperkontakte während der gesamten Spieldauer auszuhalten.

Auf welche Muskeln Sie sich konzentrieren müssen, hängt von der Art des von Ihnen gespielten Footballs und von Ihrer Position innerhalb der Mannschaft ab. Aber alle Spieler profitieren davon, wenn sie ein allgemeines Kräftigungsprogramm absolvieren. Dies muß anfänglich unter der Leitung eines erfahrenen Trainers durchgeführt werden, und zwar regelmäßig. Das mindert das Risiko, daß Sie eine Muskelgruppe gegenüber anderen Muskelgruppen unverhältnismäßig entwickeln; das könnte sich nachteilig auswirken.

Professor M. Howell, Kanada, hat einige Beobachtungen gemacht, die sich auf Experimente beziehen, die von Müller und Hettinger, zwei international anerkannten Fachleuten des Gewichttrainings, durchgeführt wurden.

Die optimale Trainingswirkung wird erreicht, wenn lediglich 40 bis 50 Prozent der maximalen Kraft bei willkürlich durchgeführter isometrischer Muskelarbeit angewandt werden.

Beim Einsatz von 20 bis 30 Prozent der Muskelkraft verändert sich diese nicht. Kraftverlust tritt dann ein, wenn weniger als 20 Prozent der Muskelkraft eingesetzt werden.

Eine maximale isometrische Muskelkontraktion für nur zwei Sekunden zu halten, reicht aus, um einen Trainingsreiz zu geben. Wenn nur zwei Drittel des Kraftmaximums angewandt werden, sollte die Muskelkontraktion für vier bis sechs Sekunden beibehalten werden. Bei geringerem Aufwand ist die Zeit entsprechend länger.

Der maximale Muskelzuwachs ist dann gewährleistet, wenn pro Tag ein Trainingsreiz gesetzt wird. Mehrere nacheinander durchgeführte Muskelkontraktionen bei maximalem Einsatz führen nicht zu einem schnelleren Kraftzuwachs.

Wenn jeden zweiten Tag trainiert wird, nimmt die Muskelkraft um ungefähr 80 Prozent des bei täglichem Training erreichbaren Gewinns zu; wird zweimal pro Woche trainiert, um circa 60 Prozent, und bei einmal wöchentlichem Training um circa 40 Prozent. Ein einmaliger Reiz alle 14 Tage hat keinen Trainingseffekt.

Als Richtschnur ist im folgenden ein Trainingsplan aufgeführt, der auf Ihr gegenwärtiges Fitneßniveau, Ihre individuelle Muskelkraft und Leistungsfähigkeit abgestimmt werden sollte. Bei diesem Trainingsprogramm besteht ein Satz aus einer Serie von Übungswiederholungen, die ohne ein

Absetzen des Gewichts durchgeführt werden. Ein Satz kann aus einer beliebigen Anzahl von Wiederholungen bestehen, aber bei Ihrer ersten Trainingseinheit sollten Sie lediglich jeweils einen Satz jeder Übung durchführen und dann allmählich steigern.

Das Kraftniveau ist individuell sehr unterschiedlich, deshalb können wir kaum ein standardisiertes Startgewicht festlegen. Allgemein kann man sagen, daß ein Gewicht, das Sie bequem zehnmal heben können, das richtige Startgewicht darstellt. Wechseln Sie zwischen Übungen für den Ober- und Unterkörper, um sich gleichmäßig zu belasten.

1. Beidarmiges Stoßen – stoßen Sie die Hantel im Stand aus Schulterhöhe über den Kopf. Ungefähres Startgewicht 22, 25 oder 27 kg. Drei Sätze mit 3 bis 5 Wiederholungen. Stoßen Sie die Hantel explosiv nach oben, nicht langsam und bedächtig.

2. Armbeugen zur Ausbildung des Bizeps – ungefähres Startgewicht 18, 20 oder 22 kg. Drei Sätze mit 10 Wiederholungen.

3. Tiefe Kniebeugen mit der Hantel auf den Schultern – ungefähres Startgewicht 32, 36 oder 40 kg. Drei Sätze mit 10 bis 12 Wiederholungen. Konzentrieren Sie sich auf einen geraden Rücken, einen erhobenen Kopf und eine schnelle Bewegungsausführung. In der Kniebeuge sind die Oberschenkel parallel zum Boden. Die Übung kann entweder mit flach aufgesetzten Füßen, mit einer Erhöhung (4 bis 5 cm) unter den Fersen ausgeführt werden, oder Sie stellen sich beim Aufrichten aus der Hocke jedesmal auf die Fersen.

4. Hochstrecksprünge mit seitlich am Körper gehaltenen Hanteln – ungefähres Startgewicht 7, 11 oder 13 kg. Drei Sätze mit ungefähr 15 Wiederholungen.

5. Bankdrücken – ungefähres Startgewicht 7, 9 oder 11 kg. Drei Sätze mit 8 bis 10 Wiederholungen. Die Stemmbewegung schnell ausführen.

6. Aufrichten aus der Rückenlage – beginnen Sie ohne Gewichte. Drei Sätze mit 10 bis 15 Wiederholungen. Legen Sie sich zu Anfang in Rükkenlage flach auf den Boden. Legen Sie sich dann auf ein geneigtes Brett, und befestigen Sie Ihre Füße mit Schlingen. Führen Sie danach die gleiche Übung auf dem Brett mit einem Gewicht im Nacken aus.

7. Beidarmiges Umsetzen und Stoßen – Startgewicht 36, 40 oder 45 kg. Drei Sätze mit 2 bis 4 Wiederholungen. Die Übung dient der allgemeinen Kraftentwicklung, der Verbesserung der Bewegungskoordination und des Timings.

8. Klimmzüge mit Ristgriff – zwei bis drei Sätze mit soviel Wiederholungen, wie Sie schaffen. Wiederholen Sie die Übung mit dem Kammgriff.

9. Abstoßen mit den Fingern von einer Wand – drei Sätze mit 10 bis 15 Wiederholungen. Die Arme bleiben starr, gebrauchen Sie nur die Finger.

10. Liegestütze auf den Fingerspitzen – drei Sätze mit 10 bis 15 Wiederholungen. Führen Sie die Übung mit geradem Rücken aus.

Wenn Sie mit drei Trainingseinheiten pro Woche beginnen, dann steigern Sie das Gewicht entsprechend den Reaktionen und dem Fortschritt um 2 bis 4 1/2 kg pro Woche. Führen Sie die Trainingseinheiten nicht an aufeinanderfolgenden Tagen durch.

Ruhen Sie sich zwischen den Sätzen 1 Minute und zwischen den Übungsserien 3 Minuten aus. Notieren Sie sorgfältig, was Sie machen und wie bzw. in welchen Abständen Sie die Gewichte steigern.

Verringern Sie die Gewichttrainingseinheiten zwei Wochen vor Saisonbeginn auf zwei pro Woche, wenn die Spielsaison beginnt, auf eine pro Woche.

Dies sind die Grundsätze. Sie selbst und ein spezieller Krafttrainer sollten Ihre gundsätzlichen Schwachpunkte und individuellen Bedürfnisse beobachten und zusammen an ihnen arbeiten.

Viele Football-Clubs besitzen bereits Krafttrainingsgeräte oder benutzen die anderer Vereine mit. Jene Clubs, die solche Geräte noch nicht besitzen, würden besser daran tun, aus der Clubkasse solche Geräte anzuschaffen, als sich eine Plüschbar für Mitglieder, Anhänger und Schmarotzer einzurichten.

Wenn Sie keine Hanteln haben, können Sie sich anderweitig behelfen. Hier ist eine einfache Übung, die jeden Muskel kräftigen wird, einschließlich der Muskeln, die Sie bisher gar nicht kannten und von denen Sie nicht wußten, daß Sie solche überhaupt haben. Suchen Sie sich einen Haufen Altmetall, und schaufeln Sie diesen an einem Tag von einer Seite auf die andere und am darauffolgenden Tag wieder zurück.

Ein Rohr mit Sandsäcken an den Enden, ein Expander, zwei sandgefüllte Plastikflaschen mit Handgriffen – alles sind billige Hilfen für das Krafttraining. Wenn Sie den Willen haben, etwas zu schaffen, werden Sie auch einen Weg finden, es durchzusetzen.

Das hier aufgezeigte Trainingsprogramm ist im Grunde für alle Mannschaftsspiele und alle Spielpositionen gleichermaßen geeignet. Spezielle Übungen werden nur in den letzten 10 Wochen angewandt.

Wenn Sie zum Beispiel ein Football- oder Rugby-Abwehrspieler sind, müssen Sie lernen, Ihren Körper einen Meter weit zu bewegen, bevor sich irgendein anderer um einen Zoll bewegt. Sie müssen ein schneller, spritziger Sprinter sein, denn wenn Sie über 10 oder 20 m blitzschnell antreten können, werden Sie sicherlich Ihre Gegner überlisten.

Vor Jahren, als ich am Training einer Rugbymannschaft teilnahm, standen wir häufig mit dem Gesicht zur Wand und hatten den Rücken einem etwa 15 m entfernten Punkt zugewandt. Der Trainer pfiff, wir drehten uns um und sprinteten auf den Punkt zu. Wir taten dies vielleicht 20, 30 oder 40 mal. Wenn wir gut genug waren, gab uns dies wirklich den letzten Schliff.

Die Abwehrspieler absolvierten ein hartes Sprinttraining. Gleichzeitig verbesserten sie ihre Koordination, z. B. durch Slalomläufe und Sidesteps.

Rugbystürmer führen in einem Spiel zahlreiche Sprints durch, sogar mehr als viele Abwehrspieler, denn von ihnen werden ständig Spurts verlangt. Sie müssen deshalb ein vier- bis sechswöchiges Sprinttraining absolvieren.

Obgleich Neuseeland während der meisten Jahre nach dem Zweiten Weltkrieg immer unter den Spitzenmannschaften im Rugby zu finden war, hat es nie wirklich schnelle Spieler gehabt. Ich habe es gesehen, wenn wir gegen britische Mannschaften antraten. Die britischen Spieler hatten eine derart hohe Schrittfrequenz, daß sie die neuseeländischen Abwehrreihen einfach umliefen. Das gelang ihnen aufgrund des entscheidenden, schnellen Antritts auf den ersten Metern.

Einer der besten Stürmer der Nachkriegszeit, Kel Tremain, bewies es jedesmal, wenn er spielte. Aber die meisten Trainer sahen es nicht. Kel trainierte außerhalb der Saison täglich und lief bis zu 160 Kilometer pro Woche, um sich für Football fit zu halten. Er war immer dort, wo der Ball war oder sein würde. Und er zeigte am Ende des Spiels noch Einsatz, wenn andere bereits erschöpft waren. Er erzielte in den letzten Spielabschnitten noch eine Menge Versuche (3 Punkte), weil er sich auf eine Spielzeit von 80 Minuten Dauer vorbereitet hatte.

Colin und Stan Heads waren ähnlich. Sie waren Farmer und liefen über ihre Ländereien, um ihre Arbeit zu tun und gleichzeitig fit zu bleiben.

Welches Spiel Sie auch betreiben, Sie können Ihre Spielfähigkeiten durch leichtes Laufen und Gewichttraining verbessern. Jogging, das Golfspielern helfen kann, kann auch Kanuten, Tennisspielern, Squashspielern, Billardspielern, Seglern, Ruderern usw. zugute kommen.

Gewichttraining kann in jeder Sportart angewandt werden, bei der spezielle Treff-, Schlag- und Wurfaktionen oder andere Handlungen gefordert werden. Füllen Sie einfach zwei mit Henkeln versehene Plastikfla-

schen mit Sand. Halten Sie in jeder Hand eine Flasche, und führen Sie die für Ihre Sportart typischen Bewegungen aus. Der Aufschlag, die Vorhand und die Rückhand beim Tennis können durch diesen zusätzlichen Widerstand verbessert werden. Der Swing des Golfers wird ebenso verbessert wie spezielle Aktionen beim Badminton, Squash, Tischtennis usw.

Um die Beine zu kräftigen, hängen Sie sich die Plastikflaschen an Ihre Zehen und führen so Dehn- und Flexibilitätsübungen durch. Der Einsatz ist leicht, das Ergebnis hervorragend.

Sie brauchen kein Programm. Alles, was Sie zu tun haben, ist festzustellen, welche Muskeln Sie bei Ausübung Ihrer Sportart speziell anwenden. Dann trainieren Sie sie mit Hilfe Ihrer improvisierten Gewichte, wie und wann Sie dazu Lust haben. Nehmen Sie sich kurz Zeit, um sich aufzuwärmen bzw. um sich von Ihrem regelmäßig durchgeführten Jogging zu erholen. Durch einen bemerkenswert geringen Einsatz werden Sie größere Befriedigung und Freude bei der Ausübung Ihres Sports empfinden.